大学体育文化探索与运动训练研究

凌红平 著

吉林文史出版社

图书在版编目（CIP）数据

大学体育文化探索与运动训练研究 / 凌红平著 . --
长春：吉林文史出版社，2023.10
ISBN 978-7-5472-9897-8

Ⅰ . ①大… Ⅱ . ①凌… Ⅲ . ①体育文化 – 研究 – 高等
学校②运动训练 – 教学研究 – 高等学校 Ⅳ . ① G807.4
② G808.1

中国国家版本馆 CIP 数据核字 (2023) 第 200959 号

大学体育文化探索与运动训练研究
DAXUE TIYU WENHUA TANSUO YU YUNDONG XUNLIAN YANJIU

著　　　者：凌红平
责任编辑：姜沐雨
出版发行：吉林文史出版社
电　　话：0431-81629369
地　　址：长春市福祉大路 5788 号
邮　　编：130117
网　　址：www.jlws.com.cn
印　　刷：河北万卷印刷有限公司
开　　本：710mm×1000mm　1/16
印　　张：16.5
字　　数：258 千字
版　　次：2023 年 10 月第 1 版
印　　次：2024 年 1 月第 1 次印刷
书　　号：ISBN 978-7-5472-9897-8
定　　价：98.00 元

21 世纪，我们的社会进入了一个以信息和知识为基础的新时代。在这个时代，体育已经不再是一项单纯的运动，而是融入了更多的文化元素，成为一种深入人心的文化现象。在这种背景下，大学体育文化的建设显得尤为重要。

大学是一个培养高素质人才、传播科学文化知识的地方，是我国文化繁荣发展的重要基地。随着社会发展的需求，大学教育的任务也在不断拓展，从过去的单一的知识传授，到现在的全人教育，越来越注重学生的全面发展。在这个过程中，体育文化逐渐被赋予了新的内涵和重要的地位。它不仅可以提升学生的身心素质、培养团队精神和社会责任感，还可以丰富学生的校园生活、增强大学的文化底蕴。

本书正是在这样的背景下应运而生。全书共分为九章，详细探讨了大学体育文化的理论概述，内容与结构，精神、物质和制度建设，以及各种运动训练的理论分析、素质训练、技术训练等方面的内容。本书不仅关注体育训练的科学性，更加强调了体育训练与体育文化的深度融合。本书力求从理论到实践、从内容到方法、从宏观到微观，全方位、多角度、深层次地探讨大学体育文化与运动训练的各个方面。

在理论概述部分，我们引入了相关的社会学、心理学、教育学理论，阐释了大学体育文化的内涵和外延，并从多元的角度解析了大学体育文化的内容和结构。在运动训练部分，我们结合实际案例，详细介绍了力量与速度素质训练、各种球类、田径、体操、武术、健美操、体育舞蹈、瑜伽、游泳和户外运动等训练方法，本书力图将理论与实践、科学与文化、技术与价值紧密结合，为推动大学体育文化的发展、提升大学体育教育的质量、培养全面发展的大学生做出贡献。我们期待本书能引起读者的共鸣，对推动大学体育事业的发展起到积极的推动作用。

凌红平

2023 年 6 月

第一章　大学体育文化概述 ……………………………………… 001

　　第一节　大学体育文化的理论概述 …………………………… 001

　　第二节　大学校园体育文化的内容和结构 …………………… 006

　　第三节　大学体育文化的精神、物质和制度建设 …………… 009

第二章　大学体育运动训练的理论分析 …………………… 018

　　第一节　运动训练的基础 ……………………………………… 018

　　第二节　运动训练的原则 ……………………………………… 037

　　第三节　运动训练的要素 ……………………………………… 041

第三章　大学体育力量与速度素质训练 …………………… 062

　　第一节　力量素质及影响力量的因素 ………………………… 062

　　第二节　速度素质及影响速度的因素 ………………………… 071

　　第三节　力量与速度素质训练的方法与注意事项 …………… 076

第四章　田径与体操的文化探索与训练方法 ……………… 083

　　第一节　田径文化探索与运动训练 …………………………… 083

　　第二节　体操文化探索与运动训练 …………………………… 093

第五章　篮球、排球与足球的文化诠释与技能提升 ·················· 100

　　第一节　篮球的文化诠释与技能提升 ·················· 100

　　第二节　排球的文化诠释与技能提升 ·················· 112

　　第三节　足球的文化诠释与技能提升 ·················· 122

第六章　网球、乒乓球与羽毛球的文化解析与训练 ·················· 129

　　第一节　网球的文化解析与训练 ·················· 129

　　第二节　乒乓球的文化解析与训练 ·················· 143

　　第三节　羽毛球的文化解析与训练 ·················· 152

第七章　武术的文化阐释与技能磨练 ·················· 162

　　第一节　武术的文化阐释 ·················· 162

　　第二节　武术技能训练的有效策略 ·················· 168

第八章　健美操、体育舞蹈与瑜伽的文化透视与训练 ·················· 182

　　第一节　健美操的文化透视与训练 ·················· 182

　　第二节　体育舞蹈的文化透视与训练 ·················· 194

　　第三节　瑜伽的文化透视与训练 ·················· 203

第九章　游泳与户外运动的文化探索与训练技巧 ·················· 216

　　第一节　游泳的文化探索与训练技巧 ·················· 216

　　第二节　户外运动的文化探索与训练技巧 ·················· 222

参考文献 ·················· 243

第一章　大学体育文化概述

第一节　大学体育文化的理论概述

体育文化是一种特殊的文化形态，是社会文化的重要组成部分，其形成和发展都离不开特定的社会历史环境。它既是一种具有独立性的文化现象，又与经济、政治、教育等各个方面密切相关，它通过对身体和运动的理解、体验和利用，塑造人的精神世界，满足人们对精神生活的需求，对社会的进步和发展起着重要的推动作用。

在现代社会中，大学体育文化作为一种独特的体育文化形态，有着其不可替代的独特地位和功能。大学体育文化在推动大学生全面发展、塑造健康人格、培养社会主义建设者和接班人等方面，发挥着不可忽视的作用。这是因为，大学是人才的摇篮，是社会主义建设的重要力量，大学体育文化教育是对大学生进行全面教育的重要环节，是提高大学生素质、培养社会主义建设者和接班人的重要手段[①]。

一、体育文化的研究对象

大学体育文化的理论研究对象主要包括大学体育观念，大学体育行为规范，大学体育价值观，大学体育道德，等等[②]。这些构成了大学体育文化的理论基础。在具体实践中，大学体育文化的内容主要体现在大学体育教学、大学体育比赛、

---

① 冯佳荷，张少猛，张军．大学生思政教育与心理健康教育的融合探索 [J]．世纪桥，2022（12）：70−72.

② 赵钟晖，陈再勇．浙江省高校体育文化的研究 [J]．浙江体育科学，2010，32（4）：48−51.

大学体育健身活动、大学体育科研活动，以及大学体育文化的传播和推广等各个方面[①]。

从概念上看，大学体育文化是指在大学体育活动中形成的一种特殊的文化现象，是人们在进行体育活动的过程中，对自我、对他人、对自然的认识和理解的表现，是大学生通过体育活动，建立健康生活方式，塑造良好人格，提高综合素质的具体实践。在这个过程中，大学体育文化既包括大学体育的精神文化，如大学体育的价值观念、道德观念、审美观念，也包括大学体育的物质文化，如大学体育的设施设备、教学方法、训练方式等。

大学体育文化是大学文化的重要组成部分，是以身心健康和精神文化为目标的一种特殊的文化。它体现了大学精神的要素，旨在提升学生的身体素质，培养良好的健康习惯，激发积极向上的生活态度，并倡导团队协作精神和公平竞争的原则。

在探讨大学体育文化的研究对象时，我们将重点关注四个方面，即体育观、体育行为准则、体育价值观、体育道德。这些方面不仅涵盖了体育运动的社会现象，还反映了体育文化所体现的人类智慧以及它在社会生活中的实践性质。当然，这些研究对象也包括体育运动的物质、制度和精神文化。

关于大学体育文化的概念，自19世纪末以来，人们对此有了广泛的理解。我们在这里的讨论将主要关注体育文化的两个层次：内涵和外延。体育文化的内涵主要指与体育有关的哲学思想、价值判断、健康观、审美观、意识形态等思想体系，这些因素共同决定了体育文化的具体形态、发展原则和发展方向。体育文化的外延则涉及中国体育运动的七大发展方向，包括发展体育运动以增强人民体质、执着追求卓越的冠军精神、奥林匹克精神、运动改造大脑、中国体育的发展、普及运动项目文化，以及体育文化与工匠精神的契合。

二、体育文化的功能

大学体育文化有着广泛的功能。下面我们从凝聚功能、教育功能、社会功能、调适功能、科学研究功能五个方面进行论述。

---

① 柳鸣毅，曾洪涛，敬艳，等．体育强国建设的人民性 [J]．天津体育学院学报，2022，37（6）：718-724．

（一）凝聚功能

大学体育文化在促进团体和个人之间的凝聚上起着重要的作用。体育是一种公平的竞争活动，无论个人的性别、种族、年龄、宗教信仰和社会经济地位如何，都可以在体育场上平等竞争。这种公平竞争的精神有助于构建一个平等、公正的社会环境，同时也正是大学体育文化的重要价值所在。

大学体育文化的凝聚功能首先表现在它能够提供一个共享的体验和记忆的空间。体育赛事可以成为同学们共享的记忆，增进他们的共识和友谊。比如，每个人都可能记得学校的一场重大比赛，或者自己参加的一次运动项目。这些共享的记忆和体验不仅成了连接他们的纽带，更增强了他们的凝聚力。

大学体育文化的凝聚功能也表现在它能够塑造和弘扬学校精神。在大学体育文化中，公平竞争的体育精神、团队合作的精神、不断挑战自我的精神等都被弘扬和提倡。这些精神不仅在体育活动中得到体现，也会被学生带入日常生活和学习。大学体育文化的塑造和弘扬有助于培养学生的团队精神，增强他们的集体荣誉感，从而增强大学的凝聚力。

大学体育文化的凝聚功能还体现在它能够提高学校的凝聚力。通过体育活动和赛事，学生能够在比赛中体验到快乐和成功，也能够在失败中学会坚韧和勇敢。这些体验不仅增强了他们的自尊心和自信心，也提高了他们对学校的认同感。这种认同感可以增强学校凝聚力，也可以使学生在毕业后成为学校的忠实拥护者。

（二）教育功能

大学体育文化充满了教育的活力，它通过各种方式将教育带入学生的日常生活。体育活动不仅可以促进学生的身体健康，更重要的是，它可以教导学生如何积极地面对生活中的各种挑战，培养团队合作和公平竞争的精神，树立良好的生活习惯，这些都是成长为复合型人才的必要素质。

在繁忙的学习生活中，体育活动为学生提供了一个释放压力、保持身心健康的平台。在运动中，学生可以释放压力、调整心理状态，更好地面对生活和学习中的困难。同时，通过体育活动，学生可以认识到运动对身体健康的重要性，从而养成良好的生活习惯。

体育文化的教育功能还体现在培养学生的团队合作能力上。在团队体育活动中，学生需要学习如何与他人合作，互相信任，共同努力以达到团队的目标。这种体验将会深深地烙印在他们的心中，对他们的人际交往技能和团队合作精神的培养起到重要作用。

公平竞争原则是体育文化的核心价值之一。在体育活动中，无论胜负，重要的是公平竞争的过程。这种精神可以让学生理解到，成功不只在于结果，更在于过程，这种理念对他们的人生观的形成具有深远影响。

（三）社会功能

大学体育文化的社会功能主要体现在其推动公众健康意识的提升、传播体育精神和价值观、丰富公众的业余生活等多个方面。在大学环境中，体育文化的影响力更是难以忽视，它极大地丰富了学生的生活、提高了整个社区的健康水平、促进了社区成员的全面发展[①]。

大学体育文化通过举办各类体育活动和比赛，提高了公众对健康的关注度。当大家看到运动员在比赛中的出色表现时，他们会感受到运动的乐趣和挑战，从而提高了运动的积极性。体育活动也让人们意识到运动对健康的重要性，推动了全民健身运动的开展。

传播体育精神和价值观是大学体育文化的另一个重要社会功能。在体育比赛中，大家可以看到运动员们团结协作、公平竞争、坚韧不拔的体育精神，这些精神和价值观对社会的发展具有积极的推动作用。运动员们的精神面貌和价值观也会通过大众媒体等方式传播给公众，从而影响和改变公众的行为和态度。

体育文化同时丰富了公众的业余生活，给人们提供了一种健康的娱乐方式。在现代社会，人们追求的不仅是物质生活的丰富，更重要的是精神生活的丰富。体育活动不仅可以提供一种娱乐方式，还可以帮助人们释放压力、改善心理健康。此外，体育活动也能促进人们之间的交流和互动，提升社区的凝聚力。

大学体育文化不仅可以提高学生的健康水平、促进他们的全面发展，还可以对整个社会产生积极的影响。

---

① 丛伟.大学体育文化发展研究[M].青岛：中国海洋大学出版社，2016：52.

（四）调适功能

体育文化在大学环境中发挥着独特的调适功能。这种功能的体现不仅在于创造一致的精神氛围、促进人际关系的融洽、挖掘和发挥个体潜能，更进一步地，它可以通过体育运动的开展，创造物质财富，激励社会经济的发展。

体育文化的调适功能，首先是形成一致的精神氛围。在体育赛场上，人们共同欢呼、共同激动，无论你我，无论高低贵贱，所有的差异都被一种积极向上的、团结协作的精神氛围所包容，从而在整个社区营造出一种积极的氛围[①]。

同时，体育文化也在协调人际关系、形成融洽的文化氛围过程中发挥着关键作用。通过参与体育活动，人们可以在互相配合、互相竞争中，建立友谊，增强团队精神，形成和谐的社会关系。

在体育文化的引领下，人们可以充分地挖掘和发挥个体的潜能。无论是对运动技能的学习，还是对比赛策略的研究，甚至是对自我突破的挑战，体育文化都为每一个人提供了舞台，允许他们展示自我、实现自我。

最后，体育文化的调适功能在于其激励社会经济发展的作用。体育文化的发展推动了体育运动的开展，进一步推动了体育产业的发展，从而为社会创造了物质财富。而这些财富，不仅提高了人民的生活质量，也推动了社会经济的发展。

（五）科学研究功能

体育文化在大学环境中所扮演的角色绝非仅限于一种消遣和娱乐，它还充当着一种科学研究的载体。体育科学的研究提供了大量关于人体健康、运动表现以及预防运动伤害等方面的知识，同时还通过揭示人类行为和社会关系的各种动态，指导我们如何通过运动提升生活质量。

体育文化是一种全面的，涵盖人类生理、心理和社会关系的学科。体育科学的研究有助于我们深入理解人类身体如何通过运动达到最佳状态，帮助我们找到提高运动表现的有效方法，同时也能为我们预防运动中可能出现的伤害提

---

① 杜文. 大学体育文化中的审美教育研究 [M]. 成都：西南财经大学出版社，2011：62.

供宝贵的指导。这一切，都能让我们更好地理解人体在运动中的动态变化，从而帮助我们更有效地调控身体，提高健康水平。

同时，体育科学研究也关注于人类行为和社会关系的动态。通过研究团队协作、竞争态度以及领导力等方面，我们可以更深入地理解人类社会行为的内在规律。更为重要的是，这些研究成果不仅可以指导我们在运动中形成更有效的团队合作，也可以被应用到日常生活和工作中，从而帮助我们更好地处理人际关系，提高工作效率。

体育文化还在一种更为深远的层面上影响着我们的生活，那就是通过运动提高生活质量。运动不仅能够帮助我们保持身心健康，提高生活质量，而且能够帮助我们减轻压力。这一切，都证明了体育文化在提高人们生活质量方面发挥着至关重要的作用。

总的来说，大学体育文化是一种独特而重要的文化形态，它深深地影响了学生的生活，并在教育、社会和科学研究等各个领域发挥着重要的作用。对大学体育文化的研究可以帮助我们更好地理解体育的价值和意义，以及它如何塑造我们的生活。

第二节　大学校园体育文化的内容和结构

一、体育文化的内容

大学体育文化是一个复杂且富有内涵的概念，它可以从多个角度和层面进行理解和解析。

（一）体育教育

体育教育是大学体育文化的基础，包括体育课程、体育训练和体育技能的学习。这个层面强调的是健康和身体的发展，以及通过运动对个人的全面教育。

体育教育作为大学教育的一部分，主要以提高学生身体素质和运动技能为目标。此外，体育教育也促进了学生的身心健康，建立了积极的生活习惯，以应对学习压力。体育教育也为学生提供了一个学习团队合作、领导力、解决问题和决策的平台。

（二）体育活动和比赛

这包括校园内的各类体育比赛，如大学联赛、院系间比赛、友谊赛等。它们为学生提供了竞技体验，也为整个学校社区营造了团结氛围、增强了学校凝聚力。

体育活动和比赛是体育文化的重要表现形式，它们为学生提供了实践运动技能、提高竞技水平的机会。比赛不仅可以提高学生的竞技水平，同时还能增强学生的团队合作精神和竞争意识。这些比赛往往能激发学生的集体荣誉感和归属感，从而增强大学的社区凝聚力。

（三）团队精神与领导力培养

通过团队运动，如足球、篮球、排球等，学生可以学习合作、交流，培养领导力和团队精神。

体育运动，特别是团队运动，可以锻炼学生的团队合作精神和领导力。在团队运动中，学生需要学会沟通、协作，有时候他们还需要承担领导者的角色，这对他们未来的职业生涯和社会生活有着重要的影响。

（四）社区建设

体育活动常常作为校园社区活动的一部分，如校运会、体育节等，这些活动带动了学校文化的传播、增强了学校的社区认同感。

体育活动是大学社区生活的重要部分，能够有效地提高学生的参与度和归属感。无论是校运会、体育节还是其他体育比赛，这些活动都能够使学生们有共享经验，从而增强他们对学校的认同感。

（五）文化交流与包容

由于很多大学都招收来自全球各地的学生，因此体育活动也成了文化交流的一个重要平台。它能够帮助学生理解和接纳不同的文化，同时也能让他们有机会展示自己的文化。

在大学校园里，体育活动通常会吸引来自不同文化背景的学生参与。在运动场上，他们有机会理解和接纳不同的文化，同时也能有机会展示自己的文化。体育活动的这种包容性对大学的文化多样性和社区和谐是非常重要的。

（六）体育伦理与公平竞争

体育活动也是传播体育伦理和公平竞争精神的重要途径。在体育比赛中，公平竞争、尊重对手、坚持精神等体育伦理被广泛提倡和实践，这有助于塑造健康的校园文化和社会风气。

二、体育文化的结构

大学校园体育文化的结构是一个整合的、多元的系统，主要包括以下几个部分。

（一）体育教学

大学体育教学作为体育文化的基石，强调身心的发展。它旨在通过各种体育课程和活动，为学生提供增强体质、提升技能的机会。体育教学应鼓励学生培养积极的体育习惯和态度，诸如公平竞争、坚持到底和团队协作；它还可以培养学生的批判性思维、决策能力，以及应对压力的能力。优质的体育教学可以培养学生对运动的热爱，这种热爱将在他们的大学生活乃至毕业后的生活中起到积极的作用。

（二）体育活动

体育活动是大学体育文化中最直观、最活跃的部分。从课程中的体育练习到大型的校园体育赛事，这些活动提供了丰富多样的参与机会，以满足不同学生的兴趣和需要。体育活动可以增强学生的团队合作精神、竞争意识，以及公平竞争的价值观。此外，定期举办的大型体育赛事如田径运动会、篮球比赛等，可以增强校园社区的凝聚力、激发学生的团队合作精神。

（三）体育设施

高质量的体育设施是支持大学体育文化的重要基础。体育馆、运动场、健身中心等设施，为学生提供了广泛的运动和健身机会。合理的设施布局和充足的设备保障了体育活动的顺利进行，从而鼓励学生积极参与运动，养成良好的体育习惯。

（四）体育组织和管理

有效的体育组织和管理确保了体育活动的正常进行，这包括规划体育课程、组织体育赛事、维护体育设施等。通过有效的组织和管理，可以提高学生参与体育活动的积极性，同时也保证了体育活动的质量。此外，透明公正的管理还可以体现出公平竞争的体育精神，为学生树立良好的道德榜样。

（五）体育精神文化

体育精神文化是大学体育文化的核心，它体现了大学体育的理念和价值。公平竞争、坚韧不拔、团队合作、尊重他人等价值观是体育精神文化的主要内容。这些精神文化通过体育活动得以实践和传播，进而塑造大学的整体文化氛围。弘扬体育精神文化，不仅能促进学生的全面发展，也能培养他们成为具有社会责任感和公民素质的人[1]。

第三节 大学体育文化的精神、物质和制度建设

一、大学体育文化的精神建设

（一）体育精神的培养和提升

体育精神是体育活动中最为核心的精神内涵，其主要包含奋斗、公平竞争、

---

[1] 李彦薇 . 探索高校思政铸魂与艺术教育融合的有效途径 [J]. 鞋类工艺与设计，2023，3（6）：58-60.

互助协作、自我挑战等精神元素。大学体育文化的精神建设首要的就是通过体育活动的开展，充分培养和提升学生的体育精神。

大学阶段是学生性格形成和人生观塑造的关键时期，大学体育文化的精神建设在这一时期，可以更有效地影响学生。借助体育活动，可以有效地培育学生积极向上的精神面貌，使他们在挑战自我、追求卓越的过程中，形成坚韧不拔的毅力和积极向上的生活态度。大学体育文化的精神建设可以帮助学生培养良好的生活习惯，增强他们的团队精神和公平竞争意识，同时，还能够提高学生的身心素质，增强他们的社会适应能力[①]。

在体育精神的培养和提升中，我们应当强调体育精神在日常生活和学习工作中的应用。体育精神不仅存在于体育活动中，更应该渗透日常生活的各个方面。比如，公平竞争的精神应该被运用到学习、工作中，使学生能够在公平的环境中竞争和成长；奋斗的精神应该被运用到个人的事业和人生目标的追求中，鼓励学生积极面对生活中的困难和挑战；互助协作的精神应该被运用到团队合作和人际交往中，使学生能够在团队中更好地发展。

在实际的操作过程中，我们应该在体育课程设置、体育活动组织、体育赛事策划等方面下功夫，构建有利于体育精神培养的教育环境。体育课程的设置应当充分考虑学生的兴趣和能力，同时关注体育精神的塑造；体育活动的组织应该注重体育精神的传播和实践；体育赛事的策划则应在激发学生的体育热情的同时，让他们在比赛中体验和领悟体育精神。

通过体育精神的培养和提升，我们可以让学生在体育活动中得到全面的身心锻炼，塑造积极向上、团结互助的良好人格，形成公平公正、坚韧不拔的生活态度，从而在面对未来的人生道路时，具有更强的应对能力和更高的生活质量。

（二）体育道德与公平竞争意识的弘扬

体育道德是体育文化的重要组成部分，它代表着在体育活动中应当遵循的道德规范，是体育精神在实践中的具体体现。公平竞争是体育道德的核心原则之一，弘扬公平竞争意识、是大学体育文化精神建设的重要任务。

---

① 常静. 新编大学体育文化与运动教程 [M]. 长春：吉林大学出版社，2013：25.

体育道德主张在运动中要尊重对手、公平竞赛、遵守规则、诚实不作弊。这是体育活动中最基本的道德要求，也是体育精神得以实现的基础。而公平竞争则是体育道德的核心，它是我们在比赛中追求胜利的手段，要以公平公正的态度去对待每一次比赛、每一个对手。这种公平竞争意识不仅是体育比赛中的一种行为准则，更是一种人格品质、一种社会价值观。

在大学体育文化的精神建设中，我们应该通过各种方式来弘扬体育道德和公平竞争意识。在体育课程教学中，教师可以通过理论教学和实践教学相结合的方式，引导学生理解和领会体育道德和公平竞争的内涵，培养他们的道德品质。在体育活动和赛事中，我们可以通过设立公平竞赛奖项，以表彰那些在比赛中表现出公平竞争精神的学生，从而进一步弘扬公平竞争的价值观。

在这个过程中，我们还应该注意体育道德和公平竞争意识的传播和普及。通过体育讲座、体育展览、体育报告会等形式，将体育道德和公平竞争的理念传播给每一个学生，让他们在了解和理解的基础上，自觉地将这些价值观融入自己的行为中去。通过这样的方式，我们不仅可以提升学生的体育道德水平和公平竞争意识，同时也可以推动大学体育文化的进一步发展和提升。

（三）全民健身和生活方式的引导

在现代社会，全民健身已经成为一种广泛的社会现象。对于大学生来说，体育运动不仅可以锻炼身体，提高健康水平，还能够培养团队精神和竞争意识，丰富校园生活。因此，全民健身和健康生活方式的引导是大学体育文化精神建设的重要内容。

全民健身是指通过开展各种形式的体育活动，提高全体公民的身体素质，提升全民健康水平的一种社会行动。大学作为全民健身的重要基地，应该通过开设丰富多样的体育课程，举办各种体育活动，鼓励和引导学生参与全民健身活动。同时，通过健康教育课程，教授学生科学的健康知识，引导他们树立正确的健康观念、培养健康的生活习惯。

健康生活方式是指以保持和提高健康水平为目标，遵循健康科学规律，选择和实施的一种生活方式。大学体育文化精神建设应该关注学生的生活方式，引导他们形成科学合理的饮食习惯、适当的运动习惯、良好的生活作息习惯。

通过大学体育文化的引导，让学生认识到运动对健康的重要性，培养他们热爱运动、积极运动的习惯。

二、大学体育文化的物质建设

（一）体育设施的建设与优化

体育设施的建设与优化是大学体育文化物质建设中重要的一环。体育设施作为体育活动的物质基础，是体育文化得以实现和传承的重要场所。一所大学的体育设施的完善程度和科学性直接关系体育教育的质量、学生的体育运动体验，以及体育文化的发展。

对于体育设施的建设，首要的是科学规划和设计。体育设施的规划和设计应以满足学生体育运动需求为出发点，充分考虑学生的年龄特征、体育运动喜好、运动习惯等因素，实现体育设施的个性化和多功能化。体育设施的布局应注重合理利用空间，便于运动者的活动和观众的观赏[①]。

同时，体育设施的建设还应着重考虑安全性和舒适性。所有的体育设施应符合相关的安全标准，保证运动者的安全。舒适性是指体育设施的使用体验，包括设施的舒适度、环境的清洁度、设施的易用性等。

在体育设施的建设完成后，还需要进行持续的维护和优化。对体育设施的维护应定期进行，以保证设施的正常使用；对体育设施的优化则是通过使用反馈和体育科技的发展，不断提升设施的功能性和使用体验[②]。

在大学体育文化的物质建设中，体育设施的建设与优化是至关重要的。一所大学的体育设施不仅是学生体育运动的场所，也是体育文化传承和发展的载体。因此，大学应该注重体育设施的建设与优化，以提升体育教育的质量，提供良好的体育运动环境，促进体育文化的繁荣发展。

① 李彦薇.探索高校思政铸魂与艺术教育融合的有效途径[J].鞋类工艺与设计,2023,3(6):58-60.

② 侯彦朝.现代体育教育与运动训练协同发展研究[M].长春:吉林人民出版社,2022:84.

（二）体育器材的配备和更新

体育器材是体育活动的重要工具，对于大学体育文化的物质建设有着重要的作用。它既是教师进行体育教学的必需品，又是学生开展体育锻炼的关键因素，同时也是举办体育赛事的重要保障。

体育器材的配备需要根据学生的运动需求和特性、学校的教学计划，以及各种体育活动的具体要求来进行。例如，如果学校有足球、篮球、羽毛球等运动项目的教学和活动，就需要配备相应的足球、篮球、羽毛球等运动器材。此外，体育器材的数量和规格也需要合理确定，以满足各类体育活动的需求。

在体育器材的配备过程中，我们还需要注意器材的质量问题。高质量的体育器材不仅可以提高运动效果、延长使用寿命，而且可以大大减少运动伤害的风险。因此，大学在采购体育器材时，应严格把控器材的质量，选择性能优良、安全可靠的体育器材。

体育器材的更新也是大学体育文化物质建设的重要环节。随着科技的发展，一些新的体育器材，如虚拟现实体育设备、智能健身器材等，正在逐渐流行。这些器材不仅提供了新的运动体验，也带来了更高效、更个性化的运动方式。因此，大学需要及时关注体育器材的科技动态，积极引入新的体育器材，提升体育活动的科技含量和吸引力。

体育器材的配备和更新是大学体育文化物质建设的重要任务。它既需要充分考虑学生的运动需求、教学计划、体育活动等实际情况，又需要关注体育器材的质量和科技动态，只有这样才能确保大学体育文化的物质建设步伐始终走在在时代的前沿，满足学生的体育需求，推动大学体育文化的发展。

（三）体育环境的维护与改善

大学体育文化的物质建设离不开体育环境的维护与改善。一个优良的体育环境不仅可以帮助学生更好地进行体育锻炼，提高体育技能，也可以使体育活动变得更加安全、舒适，有助于促进学生的全面发展。

体育环境包括体育设施、器材以及运动环境等，其维护主要包括设备的定期检修、场地的清洁保养、设施设备的科学使用和管理等。定期进行体育设施和器材的维护保养，可以有效地保证其使用寿命，降低损坏率，增强设备的可用性和安全性。同时，对于体育场地的清洁卫生和绿化、美化也是体育环境维护的一部分，一个清洁、整洁、美观的体育环境可以给学生提供一个更舒适的运动环境[①]。

体育环境的改善则需要从校园规划、设施配置、环境优化等方面进行考虑。例如，学校在校园规划设计时，应充分考虑体育活动的需求，合理布局体育设施，确保学生有足够的空间进行各种体育活动。在设施配置方面，学校应根据学生的兴趣和需求，科学配置各种体育设施，满足学生多元化的体育需求。而在环境优化方面，学校则应注重体育场所的绿化和美化，提升体育环境的舒适度和吸引力。

此外，环保和可持续发展也是体育环境改善的重要方向。学校可以通过采用环保材料、节能技术等方式，降低体育活动对环境的影响，推动体育活动的绿色化和可持续化。同时，学校还可以通过开展环保教育、倡导健康生活方式等形式，引导学生树立环保意识，提高学生的环保素养。

三、大学体育文化的制度建设

（一）体育课程与教学的制度化

体育课程与教学的制度化是大学体育文化的重要环节，也是实现体育教育目标的重要途径。制度化教学可以使体育教育的实施过程具有明确性、稳定性和连续性，从而保证教育质量，提升教育效果。

体育课程的制度化主要表现在体育课程的设置、内容、评价等方面。体育课程的设置应结合学生的年龄、身体状况、兴趣等因素，以及学校的环境、设施等条件，合理确定体育课程的种类、数量和时间。体育课程的内容应充分考虑运动的多元性和全面性，包括体育技能的训练、体育理论的学习、体育伦理的培养等，以全面提升学生的体育素养。体育课程的评价则应遵循公平、公正、科学的原则，充分考虑学生的运动能力、学习态度、健康状况等因素，以提供真实、准确、有价值的反馈信息[②]。

---

① 姜志明，樊欣. 大学校园体育文化研究 [M]. 北京：中国林业出版社，2010：62.
② 蒋玉梅. 大学体育与校园文化 [M]. 武汉：中国地质大学出版社，2010：14.

体育教学的制度化则主要体现在教学目标、教学方法、教学组织、教学评价等方面。教学目标应明确、具体、可操作，能够引导教学活动的开展，指导教学计划的制订。教学方法应灵活、多样、有效，能够适应学生的学习需求、促进学生的学习效果。教学组织应高效、合理、人性化，能够提供良好的教学环境，促进教学活动的顺利进行。教学评价则应全面、客观、公正，能够准确评价教学效果，提供有用的反馈信息。

通过体育课程与教学的制度化，学校可以为学生提供系统的、结构化的体育教育，帮助学生全面提升体育素养、培养良好的体育习惯、形成健康的生活方式。同时，制度化教学也可以提高教师的教学水平，提升教学质量，使体育教育真正成为学校教育的重要组成部分。

（二）体育活动与赛事的规范管理

规范的体育活动与赛事管理是构建大学体育文化、提升大学体育文化内涵的重要环节。体育活动与赛事的规范管理，有利于提升体育活动与赛事的质量，提高学生的运动技能，弘扬体育精神，培养学生的团队精神和竞争意识。

体育活动的规范管理主要包括活动的策划、组织、实施和评估。活动的策划应根据学生的需求，参照国内外成功的活动模式，创新设计活动方案。活动的组织应以明确的组织结构，设立专门的组织团队，负责活动的各个环节。活动的实施应保证活动的流畅进行，及时解决活动过程中遇到的问题。活动的评估应客观公正，及时反馈活动效果，为下一次活动提供改进建议。

体育赛事的规范管理则需要考虑赛事的规划、组织、实施和评价。赛事的规划需要依据学校的实际情况，结合国家和地方的体育政策，制定符合学校特色的赛事方案。赛事的组织需要明确组织架构，设立专门的赛事组织机构，负责赛事的各个环节。赛事的实施需要严格执行赛事规则，确保赛事的公平公正。赛事的评价则需要全面反馈赛事效果，对赛事进行综合评价，为后续赛事提供改善建议。

规范的体育活动与赛事管理能够帮助学生树立正确的体育观念，培养学生的运动技能，激发学生的体育热情，促进学生的全面发展。同时，也能提升学校的教育品质、增强学校的教育效果、提高学校的社会影响力。因此，大学应高度重视体育活动与赛事的规范管理，将其作为提升体育文化内涵的重要手段。

（三）体育科研与服务的系统构建

体育科研与服务的系统构建是大学体育文化发展的重要支撑。这不仅涉及科研活动的开展，也包括体育服务的提供，以及体育科研与服务的组织与管理。大学体育科研应贯穿理论研究、技术开发、实践应用等各个环节，提供科学依据和技术支持；而大学体育服务则应以满足学生需求和提升学生体育素养为目标，提供全面、高质、人性化的体育服务[1]。

1. 体育科研的系统构建

体育科研是大学体育科技进步的源泉和动力，是推动大学体育发展的重要途径。体育科研的系统构建应包括科研项目的策划与实施、科研成果的转化应用、科研团队的建设与发展等内容。科研项目的策划与实施应结合大学体育的发展需求和科研方向，设定科研目标、制订科研计划、分配科研任务，以保证科研活动的顺利开展。科研成果的转化应用则需要建立有效的成果转化机制，将科研成果转化为实际生产力，以推动大学体育的实际发展。科研团队的建设与发展则需要通过人才引进、队伍培养、激励保障等方式，构建高水平、专业化的科研团队。

2. 体育服务的系统构建

体育服务是大学体育文化的重要载体，是保障大学体育正常运行的基础设施。体育服务的系统构建应包括体育场馆的建设与维护、体育课程的设计与开设、体育活动的组织与实施等内容。体育场馆的建设与维护应提供良好的运动环境，满足学生的运动需求，为学生的体育活动提供必要的场所[2]。体育课程的设计与开设应充分考虑学生的兴趣和需求，提供丰富多样的体育课程，以满足学生的体育学习需求。体育活动的组织与实施则应有针对性地开展各类体育活动，满足学生的多元化体育需求。

---

① 黎玉浓，刘威. 大学体育与体育文化研究 [M]. 延吉：延边大学出版社，2019：35.

② 刘武，李继军. 对云南高校民族传统体育校本课程开发的理性认识 [J]. 文体用品与科技，2018（21）：126–127.

3. 体育科研与服务的组织与管理

这一方面需要建立健全科研与服务的组织机构，确保科研与服务的高效运行；另一方面需要完善科研与服务的规章制度，规范科研与服务的行为，确保科研与服务的公正公开。此外，还需要建立科研与服务的考核评价机制，通过绩效考核、质量评价等方式，激励科研与服务的积极性，提高科研与服务的效能。

第二章 大学体育运动训练的理论分析

第一节 运动训练的基础

一、运动训练的定义与概述

运动训练是一项在科学指导下进行的、旨在提高人体运动能力和技术技能、提升运动成绩的系统性活动。作为一种特殊的教育活动，它通过提供特定的体育运动环境和条件，激发人们的潜在能力，以达到提升身体素质、增强运动技能、改善运动表现的目的[①]。

对于大学体育运动训练，尤其需要强调其教育功能。除了提升学生的身体素质、增强运动技能，更重要的是通过运动训练的过程，培养学生的团队精神，提高他们的心理素质，塑造健康的生活方式和积极的人生态度[②]。

运动训练的概念及其内涵是多元化的。在最广泛的层面上，运动训练包括从业余爱好者的日常锻炼，到职业运动员的专项训练，再到特殊群体的康复训练等各种类型。运动训练既可以是群体性的，比如团队训练，又可以是个体性的，比如个人训练。运动训练既包括实践操作，也包括理论学习。运动训练涉及的内容多种多样，既包括基本的体能训练、技能训练，也包括复杂的战术训练、心理训练，还有关于营养、休息、恢复等方面的知识。

在训练过程中，科学的方法和理论是引导训练有效进行的关键。运动训练

---

① 居向阳，朱舰，王克权. 大学体育运动与训练教程 [M]. 北京：现代教育出版社，2012：14.

② 居向阳，朱舰，王克权. 大学体育运动与训练教程 [M]. 北京：现代教育出版社，2012：86.

要遵循一定的科学原则。例如，要遵循个体差异原则，每个人的体质、天赋、性格、兴趣等都有差异，因此在运动训练中要因人制宜，满足不同训练者的需要。同时，训练过程中要遵循渐进负荷原则，逐步提高训练强度，避免突然增大负荷导致的运动伤害。再者，要考虑训练者的心理接受能力，恰当的激励和奖励机制有助于提高训练者的积极性和主动性。以上这些都体现了运动训练的科学性和人性化[①]。

大学体育运动训练旨在通过有计划、有步骤的训练，使学生提高身体素质、增强运动技能，同时培养他们的团队协作精神、竞争意识、挫折忍受能力、时间管理能力等，为他们的全面发展打下基础。

因此，运动训练不仅是一种技术活动，也是一种教育活动。它融合了生理、心理、技术、策略等多种要素，是全面提升人的体质、技能、心理素质的重要方式，更是塑造健康人生观，形成积极人生态度的重要载体。在大学环境下，运动训练更是成了教育工作中不可或缺的一部分，通过对学生进行全方位的运动训练，可以使他们在增强体质、提高技能的同时，也能够更好地发展他们的社会性、团队精神和心理素质，为他们的未来做好充分的准备。

二、运动训练的目标与意义

（一）运动训练的目标

运动训练的目标通常是多层次、多元化的，可根据不同的训练需求和环境进行设置。在大学体育运动训练中，它的目标通常包括以下三方面。

1. 提升体能素质

提升体能素质对于运动员来说至关重要，这是他们进行运动训练的基石。只有拥有良好的体能，运动员才能够承受高强度的训练，并在比赛中取得出色的成绩。然而，体能训练的重要性不仅限于专业运动员，对于普通大学生而言，提升体能素质同样能够增强身体的抗逆能力，提高生活质量。

如今，随着现代生活方式的改变，很多人久坐不动，缺乏运动，导致肌肉

力量下降，体力逐渐衰退。而通过进行体能训练，我们可以增强肌肉力量、提高心肺功能和灵活性，从而改善身体的健康状况。这使得我们能够更好地应对日常生活中的各种挑战，比如长时间工作、爬楼梯、搬运重物等。提升体能素质使我们的身体更加强壮和健康，减少了患病的风险。

生活中常常会面临各种突发情况和紧急状况，比如遭遇自然灾害、需要应对突发事件等。在这些困难时刻，拥有良好的体能素质可以帮助我们更好地适应环境变化和压力，增强抵抗力，提高自救能力。例如，在灾难发生时，身体强壮的人更有可能逃离危险区域或提供帮助给其他人。通过体能训练，我们可以培养出对抗逆境的意志力和毅力，更好地应对生活中的各种挑战。

随着社会的发展，我们的生活越来越忙碌，经常处于高度紧张的状态。在这种情况下，我们往往感到疲倦和压力过大。通过进行体能训练，我们可以释放压力，提高身体的能量和活力。体能训练不仅可以促进身体健康，还可以改善心理状态和精神状态。拥有良好的体能素质，我们能够更好地享受生活，更有活力地投入工作、学习和社交活动中。

2. 提升技术技能

提升技术技能对于在特定运动项目中取得优秀成绩至关重要。无论是篮球、足球、网球还是游泳等，技术技能的熟练程度直接影响着运动员在比赛中的表现。通过系统的运动训练，可以帮助运动员不断提高技术技能，从而取得更好的运动成绩。

运动技术是一种复杂的运动动作，需要精确的动作协调和良好的身体控制。在运动训练过程中，教练员会根据个人特点和运动项目的要求，设计出相应的训练计划，通过反复练习和指导，帮助运动员逐渐掌握技术细节，提高动作的准确性和效率[①]。例如，在篮球训练中，运动员会进行反复投篮、运球和传球的训练，以提高投篮的命中率和传球的准确性。通过不断地训练和实践，运动员能够将技术技能转化为条件反射，从而在比赛中做出更加准确和高效的动作。

在竞技体育中，优秀的技术技能是取得胜利的关键。通过不断磨练和提升技术技能，运动员能够在比赛中运用更加高效和精确的技术动作，从而获得更

---

① 刘淑梅，田世华，宋湘勤. 大学体育文化与运动技能教程[M]. 西安：陕西人民教育出版社，2018：28.

大的竞争优势。例如，在足球比赛中，一位技术娴熟的前锋可以通过灵活的脚法和准确的射门技术，增加进球的机会，为球队赢得胜利。通过不断提高技术技能，运动员能够在比赛中更好地应对各种情况和对手的防守，提高胜率和成功率。

技术技能的提高往往伴随着对运动项目的深入理解和掌握。当运动员具备了扎实的技术基础和丰富的比赛经验时，他们在比赛时会更加自信和从容。他们能够更好地应对竞争的压力，保持良好的心理状态，并且更加坚定地相信自己能够胜利[①]。自信心和良好的心理素质在竞技体育中起着至关重要的作用，它们能够激发运动员的潜能、提高他们的表现和成绩。

3. 提升心理素质

提升心理素质在运动训练过程中具有重要意义。运动不仅是对身体的训练，同时也是对心理素质的培养。通过系统的运动训练，运动员可以培养出强大的竞技心理素质，如抗压能力、挫折忍受力和决断力，以更好地应对高强度和高压力的比赛环境。

在竞技体育中，比赛的高压力环境常常会给运动员带来心理上的压力。而拥有良好的心理素质能够使运动员在高压力下保持冷静、集中注意力，并能够做出正确的决策[②]。通过训练，运动员可以面对各种竞技场景和压力，逐渐适应并超越自己的极限。他们学会在紧张的情况下保持冷静，发挥出最佳水平。抗压能力的提升使得运动员能够在比赛中更好地应对压力，更好地发挥自己的实力。

在运动中，遭遇失败和挫折是不可避免的。然而，运动训练能够帮助运动员树立正确的心态，学会从失败和挫折中吸取经验和教训，并且坚持不懈地努力提高。通过不断面对挑战和战胜困难，运动员逐渐培养出坚韧的品质，不轻易放弃，乐观面对困难。挫折忍受力的培养使得运动员能够在困境中保持积极的心态，坚持追求目标，并最终取得成功。

在竞技体育中，往往需要在瞬息万变的比赛环境中做出快速而准确的决策。

---

① 　邹文超，穆涛. 大学体育教学中体育与心理训练融合的策略探究 [J]. 当代体育科技，2016，6（36）：49-50.

② 　沈建敏. 体育教学创新与运动训练研究 [M]. 北京：新华出版社，2018：38.

通过不断的训练和积累比赛经验，运动员能够培养出敏锐的观察力、分析能力和决策能力，他们学会在短时间内做出正确的判断、做出适应性强的决策，以最有效的方式应对不同的比赛局面。

（二）运动训练的意义

运动训练的意义主要表现在以下几个方面。

1. 健康的身体

运动训练对维持健康的身体状况具有重要作用。通过运动训练，我们可以提升体质、增强身体的抵抗力，减少疾病的发生，并且形成健康的生活习惯，特别对于大学生来说，运动训练更是维持良好身体状态的重要手段。

定期参与运动训练可以增加肌肉力量、改善心肺功能、增强耐力和灵活性。通过有针对性的锻炼，我们可以让身体变得更加强壮、有活力，提高身体的运动能力。例如，有氧运动如慢跑、游泳和骑自行车可以增强心血管功能，提高心肺耐力；力量训练可以增加肌肉力量和骨骼密度；灵活性训练如瑜伽、拉伸可以增加关节的灵活性和稳定性。通过提升体质和身体素质，我们可以更好地应对日常生活中的各种活动和挑战。

运动能够提高免疫系统的功能，增强身体抵抗疾病的能力。研究表明，适度而规律的运动可以增强免疫系统的效能，降低患上慢性疾病和感染的风险。此外，运动还可以促进血液循环，加快氧气和营养物质的输送，加速身体康复和自我修复的过程。运动训练还可以帮助控制体重、降低血压和改善血脂水平，从而减少心血管疾病、糖尿病和肥胖等慢性病的风险。

大学生常常面临学业压力和生活琐事，容易忽视身体健康。而通过参与运动训练，他们可以养成定期锻炼的习惯，增加运动时间，培养良好的生活方式。运动训练不仅可以改善身体状况，还能够提升心理状态，减轻压力和焦虑，增加生活的乐趣和幸福感。运动训练也可以成为与他人交流和社交的机会，扩大社交圈子，促进人际关系的发展。

2. 提高运动技能

通过运动训练，学生有机会掌握各种运动技能，从而提高自己的运动水平。这不仅能够在运动比赛中取得更好的成绩，还能够使他们终身受益。

无论是足球、篮球、网球还是游泳等运动项目，都有其独特的技术要求和技能要素。通过系统的训练，学生可以逐步掌握运动项目所需的动作技巧、战术意识和协调能力[①]。例如，在足球训练中，学生可以学习如何控球、传球、射门以及如何在比赛中与队友合作等技术技能。通过不断的练习和指导，学生可以逐渐提高技术水平，从而在比赛中取得更好的成绩。

运动素养是指在不同运动项目中的基本运动能力，如灵活性、敏捷性、平衡性和协调性等。通过系统的训练，学生可以提高这些基本的运动素养，使自己在各种运动项目中都能够表现出色。良好的运动素养不仅有助于提高身体机能，还可以改善身体姿态和运动技巧，减少运动损伤的发生。无论是在比赛中还是日常生活中，学生都能够展现出更好的身体协调和运动能力。

运动训练往往需要坚持和持之以恒，面对困难和挑战，学生需要具备积极的心态和不屈不挠的毅力。通过不断地克服困难和挑战，学生能够培养出不轻易放弃的精神品质，并且在运动训练中不断超越自我。这种意志力和毅力不仅在运动领域有所体现，而且能够在学习、工作和生活的方方面面发挥积极的作用。

3. 塑造个性，培养品质

运动训练不仅是技能的培养，还是个性塑造和品质培养的过程。在运动训练中，学生面对的困难和挫折是对他们意志品质的考验和锤炼。通过运动训练，学生可以培养出坚韧不拔的精神，学会如何面对困难和挫折。

运动训练往往需要长时间的投入和不断的努力。学生可能面临反复失败、疲劳和挑战自己极限的困境。然而，只有坚持不懈、毫不放弃的精神，才能克服困难并取得进步[②]。通过运动训练，培养学生坚韧不拔的毅力，战胜困难，并在面对挑战时保持积极的态度。这种毅力和决心不仅在运动中有所体现，而且可以在学习、事业和生活中发挥重要的作用。

在团体运动项目中，学生需要与队友协作，共同达成目标。通过与他人合作、沟通和协商，学生学会尊重他人、倾听他人的意见，并发挥自己的领导才能。在竞技体育中，学生还可以担任领导角色，带领团队取得成功。通过团队合作

① 　沈建敏. 体育教学创新与运动训练研究 [M]. 北京：新华出版社，2018：36.
② 　唐明. 当代大学体育的文化审视 [M]. 延吉：延边大学出版社，2017：36.

和领导能力的培养，学生能够在团队中发挥作用，并学会与他人合作，培养出良好的人际关系和合作能力。

通过不断的训练和努力，学生可以提高自己的技能水平和表现能力。成功的经验和成就感可以增强学生的自信心和自尊心，让他们相信自己的能力，并有勇气追求更高的目标。学生会发现自己的潜力和价值，从而塑造积极向上的个性。

4. 促进全面发展

运动训练在全面发展教育中扮演着重要的角色。它不仅可以提升学生的身体素质和技术技能，还可以培养他们的心理素质和社会技能。这种全面的发展对学生未来的成长和发展具有重要作用。

通过参与运动训练，学生能够增强肌肉力量、提高心肺功能、提高灵活性和协调性。这不仅有助于预防慢性疾病的发生，还能提高免疫系统的功能，增强身体的抵抗力。此外，运动训练还可以控制体重、调节代谢，减少肥胖和相关健康问题。通过运动训练，学生能够拥有健康的身体，为未来的成长和发展奠定坚实的基础 [①]。

无论是团体运动还是个人项目，运动训练都要求学生掌握特定的技术和技能。通过系统的训练和反复的练习，学生能够逐步提高技术水平，掌握运动项目所需的动作技巧和战术意识。这不仅提升了他们在运动比赛中的竞争力，还培养了他们的观察力、判断力和决策能力。技术技能的发展使学生能够在各种运动项目中展现出色，同时也增加了他们的兴趣和参与度。

运动训练要求学生勇于面对困难、挫折和竞争压力，从而培养了他们的抗压能力、毅力和自信心。运动训练中的挑战和成功经验能够增强学生的自尊心和自信心，培养积极向上的心态。同时，运动训练也是一个锻炼意志力和坚持力的过程，通过克服困难和挫折，培养学生坚韧不拔的品质。这些心理素质对学生未来面对各种挑战和压力具有重要的支持作用。

在团体运动中，学生需要与队友合作、协调和沟通，共同追求团队的目标。通过与他人合作、交流和协商，学生能够培养出良好的人际关系和团队意识。

① 张金兴 . 高校创业教育生态系统的构建研究——以创业典型案例为视角 [J]. 常州大学学报（社会科学版），2015，16（1）：125 –128.

在竞技体育中，学生还有机会担任领导角色，提升自己的领导能力。这些社会技能对学生未来的职业发展和社交交往都具有重要的意义。

三、运动训练的分类与特点

在体育领域，运动训练的分类多种多样，反映了训练的多元性和复杂性。每一种训练方式都有其独特的训练目标、应用场景和训练效果。以下是几种常见的运动训练的分类及其特点。

（一）按照训练的目标和内容分类

按照训练的目标和内容分类，运动训练可以分为体能训练、技术训练、战术训练、心理训练和康复训练。

1. 体能训练

体能训练是提高运动员身体素质的重要手段，它包括力量、速度、耐力、灵敏度和柔韧性等方面的训练。通过系统的体能训练，运动员可以提高身体的运动能力和抗逆能力，以更好地适应高强度的训练和比赛[①]。

通过力量训练，运动员可以增加肌肉的力量和耐力，提高爆发力和肌肉协调能力[②]。力量训练包括重量训练、核心稳定性训练和身体平衡性训练等。例如，举重、俯卧撑和深蹲等重量训练可以增加肌肉的力量和负荷承受能力。核心稳定性训练可以加强腹部、腰部和臀部等核心肌群的力量和稳定性。通过力量训练，运动员可以增强爆发力，提高身体的稳定性和控制能力，从而在比赛中发挥出更好的力量水平。

速度训练对提高运动员的速度和爆发力非常重要。速度训练包括短跑、爆发力训练和加速度训练等。通过进行短跑和爆发力训练，运动员可以提高起跑速度和加速度，增强爆发力和快速反应能力。加速度训练可以帮助运动员在短时间内达到最大速度，并保持稳定的速度。通过速度训练，运动员可以提高整体速度水平，更快地完成各种运动动作，从而在比赛中占据优势。

---

① 谭成清，李艳翎．体能训练 [M]．长沙：湖南师范大学出版社，2012：15.
② 谭朝阳．游泳训练中核心力量训练的实践应用研究 [J]．当代体育科技，2018，8（19）：17，19.

耐力训练包括有氧运动、长跑和间歇训练等。有氧运动如长跑、游泳和骑自行车可以提高心肺功能和耐力水平[1]。长跑和间歇训练可以让运动员逐渐适应和延长运动的持续时间，提高耐力水平和延缓疲劳的能力。耐力训练使运动员能够在比赛中保持较长时间的高强度活动，并提高恢复能力，以保持持久的表现。

灵敏度训练包括敏捷性训练、协调性训练和反应训练等。通过灵敏度训练，运动员可以提高身体的敏感度和反应速度，加强协调性和灵活性。柔韧性训练包括拉伸、瑜伽和功能性训练等，可以增加肌肉和关节的柔韧性，减少运动损伤的发生。

2. 技术训练

技术训练是提升运动员在特定运动项目中的技术水平的重要环节。它的主要目标是通过系统的训练和专业教练的指导，确保运动员的技术动作正确、有效，并在比赛中发挥出最佳水平。

无论是足球、篮球、网球还是游泳等运动项目，都有其独特的技术要求和技能要素。通过技术训练，运动员可以逐步掌握和完善运动项目所需的基本动作技巧，包括传球、射门、发球、击剑动作等。专业教练会针对每个动作进行细致的指导和纠正，以确保动作的正确性和效果。通过反复的练习和模仿，运动员可以逐渐将基本动作内化为自己的运动能力，形成熟练的技术基础。

在运动项目中，除了熟练的基本技术外，运动员还需要具备良好的战术意识和策略应用能力。技术训练将注重教授运动员如何根据比赛情况和对手特点，灵活应用技术，制定战术策略。例如，在篮球比赛中，运动员需要学习如何与队友配合，选择最佳的传球路线和射篮时机；在足球比赛中，运动员需要学会如何与队友协作，抢断对手、传球和射门等。通过技术训练，运动员可以提高战术意识和决策能力，更加灵活和智慧地应对比赛局面。

在运动项目中，细节决定成败。技术训练通过反复的练习和纠正，注重动作的细节和精确性。例如，在乒乓球训练中，运动员需要掌握正确的握拍姿势、球的发力点和击球的力度；在游泳训练中，运动员需要掌握正确的呼吸节奏和泳姿。专业教练会对运动员的技术细节进行监督和指导，帮助他们不断完善技

---

① 吴国生. 青少年体育运动训练 [M]. 北京：新华出版社，2008：24.

术动作，以提高技术的精确性和效果。

随着运动科学和技术的不断发展，新的训练方法和技术手段不断涌现。技术训练不断引入新的训练理念和技术手段，以适应时代的发展和运动项目的变革。通过创新和适应性的技术训练，运动员能够掌握最新的技术和战术，提高自己的竞技水平。

3. 战术训练

战术训练是提升运动员比赛策略和决策能力的重要环节。它的主要目标是通过模拟比赛情境，让运动员在实战中提升战术应用能力，并能够灵活地应对各种比赛局面。

战术意识是指运动员在比赛中对局势的敏感度和理解能力。通过战术训练，运动员可以学习如何分析比赛形势、评估对手实力和制定应对策略。运动员需要了解自己队伍的优势和弱点，善于发现对手的弱点并利用战术手段制造优势[①]。例如，在篮球比赛中，运动员需要学会如何组织进攻、控制比赛节奏和防守策略；在足球比赛中，运动员需要学会如何调整战术阵型、协作防守和进攻策略。战术意识的培养可以提高运动员的战术敏锐度和决策能力，使他们能够在比赛中做出正确的战术决策。

在团队运动项目中，团队的战术配合至关重要。战术训练通过模拟比赛情境，让运动员在实战中进行团队合作和战术配合的训练。运动员需要学会与队友进行默契的传球、跑位和配合，以实现战术目标。在比赛中，团队的战术配合能够形成整体优势，并最大限度地发挥每个队员的优势。通过战术训练，运动员可以增强团队合作意识和配合能力，实现整体实力的提升。

在比赛中，局势常常发生变化，运动员需要根据实际情况灵活应对。战术训练通过模拟比赛情境，让运动员在真实的比赛环境中进行应变能力的训练。运动员需要学会根据比赛局势调整战术策略，做出正确的决策。这要求运动员具备快速的反应能力、敏锐的观察力和良好的决策能力。通过战术训练，运动员可以提高应变能力和决策能力，使他们能够在比赛中迅速做出正确的战术调整，以应对各种局势变化。

---

① 谢宾，王新光，时春梅. 高校体育教学与运动训练研究 [M]. 长春：吉林人民出版社，2021：38.

技术和战术是相辅相成的，技术水平的提高能够支持战术的实施，而战术的运用也能够促进技术的进步。战术训练通过将技术和战术有机结合，帮助运动员更好地理解战术的要求，并将其转化为具体的技术动作。运动员在训练中不仅要熟练掌握技术要素，还要了解如何在比赛中应用这些技术以实现战术目标。通过技术和战术的有机结合，运动员能够在比赛中发挥出更好的水平。

4. 心理训练

心理训练是提升运动员心理素质的关键环节，其主要目标是通过专业的心理咨询师的指导，提升运动员的抗压能力、专注力、自信心等心理素质。

在竞技体育中，运动员常常会面临来自比赛压力、外界期望和自我要求等各种压力。心理训练通过专业的咨询师指导，帮助运动员学会认识和应对压力，建立积极的心态和情绪调控能力。通过心理训练，运动员可以学会放松自己、控制情绪，保持冷静和专注的状态，以更好地应对比赛中的压力和挑战。

在竞技体育中，专注力是运动员取得优秀表现的重要因素。心理训练可以帮助运动员学会集中注意力，提高专注力的稳定性和持久性。通过训练和技巧，运动员可以学会过滤干扰、集中精力，全神贯注地投入比赛。专注力的提高能够帮助运动员更好地把握比赛机会、做出准确的判断和决策，并在关键时刻发挥出最佳水平。

自信心是运动员在比赛中取得成功的重要心理素质。通过心理训练，运动员可以学会树立正确的自我形象、相信自己的能力和潜力，并在比赛中展现出自信的一面[①]。心理咨询师可以通过激励和积极的心理暗示等方式，帮助运动员建立积极的自我评价和自我肯定，培养健康的自尊心和自信心。自信心的提升有助于运动员在比赛中保持积极的态度、克服困难和挫折，以及释放出潜在的实力和能力。

心理咨询师通过与运动员合作，可以帮助他们制定明确的短期和长期目标，并提供具体的计划和策略来实现这些目标。通过设定目标，运动员能够更好地聚焦和努力，增强训练和比赛的动力。心理咨询师还可以运用激励和鼓励的手段，帮助运动员保持积极的心态和高昂的斗志，克服困难和挑战，并坚持追求自己的目标。

---

① 郑焕然. 大学体育文化与运动教程 [M]. 北京：北京理工大学出版社，2020：95.

5. 康复训练

康复训练是帮助运动员恢复身体状态、缓解训练和比赛带来的身体疲劳和伤病的关键环节。其主要目标是在医生或康复师的指导下，通过一系列的治疗和训练手段，帮助运动员尽快康复并恢复到最佳的身体状态。

运动员在训练和比赛中经常面临身体损伤和疾病的风险，康复训练首先需要对伤病进行准确的诊断和评估。医生或康复师会进行综合的身体检查和病史调查，以确定伤病的类型、程度和影响范围。根据诊断结果，制定相应的治疗方案，包括物理疗法、药物治疗、康复训练等。通过综合的治疗手段，康复训练能够有效地帮助运动员恢复受损的组织和功能。

一旦伤病得到控制和治疗，康复训练会重点关注康复阶段的训练和恢复。康复师会制订个性化的康复计划，根据运动员的具体情况和伤病的特点，进行逐步恢复的训练。康复训练的内容包括逐渐增加的运动强度、特定的康复运动、灵活性训练、平衡训练和功能性训练等。通过逐步恢复训练，运动员可以加强受损部位的力量和稳定性，恢复正常的运动模式和功能，以实现完全康复。

受伤病的影响，运动员常常会面临心理压力和负面情绪。康复训练不仅注重身体的康复，还注重运动员心理的康复。康复师会与运动员进行沟通和交流，提供必要的心理支持和鼓励，帮助运动员调整心态，建立积极的心理状态和应对策略。通过心理支持和调适，运动员能够更好地面对挑战，保持积极的康复态度，并使其恢复到最佳的竞技状态。

在运动员康复过程中，康复师会进行定期的监测和评估，以确保康复进展的有效性和安全性。康复师会密切关注运动员的康复情况，及时调整康复计划和训练内容，以最大限度地减少康复后的复发和再伤。同时，康复训练也会重点强调预防伤病的措施和指导。通过提供适当的康复锻炼和身体管理建议，运动员可以更好地预防伤病的发生，保持良好的身体状态和健康。

（二）按照训练的强度和密度分类

按照训练的强度和密度，运动训练可以分为高强度训练、中强度训练和低强度训练。

1. 高强度训练

高强度训练是一种要求运动员在短时间内进行大强度、高密度训练的训练方式。它对运动员的身体素质和心理素质提出了较高的要求。高强度训练可以显著提升运动员的体能水平和技术水平，但同时也存在一定的风险，容易引发身体疲劳和伤病。

通过高强度的训练，运动员可以增加肌肉力量和耐力，提高爆发力和灵敏度。高强度训练通常包括高强度间歇训练、重量训练和爆发力训练等。例如，高强度间歇训练可以在短时间内进行高强度的运动，如短跑、爬楼梯和蹦跳等，以提高心肺功能和耐力水平。重量训练可以增强肌肉的力量和负荷承受能力，从而提高运动员的爆发力和动作稳定性。通过高强度训练，运动员可以迅速提升体能水平，适应更高强度的训练和比赛。

在高强度训练中，运动员需要在疲劳和压力的情况下保持良好的技术执行能力。通过高强度的技术训练，运动员可以提高动作的准确性、速度和稳定性。例如，在篮球训练中，运动员需要在高强度的防守压力下保持准确的传球和投篮动作；在游泳训练中，运动员需要在高强度的泳行中保持流畅的姿势和呼吸节奏。高强度训练可以帮助运动员在疲劳状态下保持技术的稳定性，提高技术的适应性和应变能力。

由于高强度训练要求运动员在较短时间内进行大强度的训练，身体容易累积疲劳，导致过度训练和运动损伤的发生。为了降低伤病的风险，在高强度训练中需要注意合理安排训练强度和休息时间，并根据个体差异进行个性化的训练计划。此外，运动员应该注重运动前的热身和拉伸，保持良好的体态和运动技巧，以减少运动伤害的发生。

2. 中强度训练

中强度训练是一种训练强度和密度适中的训练方式，适合大多数运动员。它的目标是在身体不过分疲劳的前提下，提升运动员的体能水平和技术水平。中强度训练可以带来良好的训练效果，同时不易引发身体疲劳和伤病。

通过中强度的训练，运动员可以适度地增加运动强度和运动时间，从而提高心肺功能、肌肉力量和耐力水平。这种训练方式既能激发身体的潜能，又能避免过度疲劳和过度训练的风险。中强度训练通常包括有氧运动、循环训练和间歇训练等，运动员可以根据自己的需求和目标进行合理选择和安排。

中强度训练可以提供适度的挑战和压力，增强运动员在技术动作上的改进。在中强度的训练过程中，运动员可以更加专注地进行技术训练和技术细节的优化。通过反复练习和模仿，运动员可以逐渐提高技术动作的准确性、速度和稳定性。中强度训练还可以通过游戏化和竞争性的元素，增加训练的趣味性和动力，激发运动员的学习兴趣和积极性。

中强度训练强度适中，能够给予身体适当的刺激，同时兼顾身体的适应和恢复。适度的训练强度可以激发身体的生理反应和适应能力，促进肌肉力量和耐力的提高。同时，适度的训练强度也会给予身体足够的恢复时间，降低身体疲劳和伤病的风险。在中强度训练中，运动员需要合理安排训练和休息时间，及时调整训练计划，以确保身体的健康和安全。

3. 低强度训练

低强度训练是一种训练强度小、密度低的训练方式，适合初级运动员和身体状态不佳的运动员进行。它的主要目标是帮助运动员维持良好的身体状态、恢复体能并逐步提升技术水平。低强度训练注重运动员的基础训练和身体调适，同时也是从容适应更高强度训练的基础。

初级运动员通常对运动技术和体能要求不高，因此低强度训练提供了一个逐渐适应训练的过程。这种训练方式注重基本动作和基础技能的学习和训练，帮助运动员建立正确的运动姿势和动作模式。通过逐步增加训练强度和难度，初级运动员可以逐渐提高技术水平，并为未来进行更高强度的训练打下坚实的基础。

有时候，运动员可能由于伤病、疲劳或生病等导致身体状态不佳。在这种情况下，低强度训练可以帮助运动员恢复身体状态，促进康复和健康。低强度的训练可以通过适度的活动来促进血液循环和新陈代谢，帮助身体排除疲劳感和恢复肌肉的功能。此外，低强度训练也可以帮助运动员保持适当的活动水平，以防止肌肉萎缩和体能下降。

通过低强度的训练，运动员可以专注于技术动作的细节和优化。运动员可以通过重复练习和调整来提高技术动作的准确性和流畅性。此外，低强度训练也可以帮助运动员培养良好的运动习惯和动作模式，增强肌肉的稳定性和身体的协调性。通过低强度训练的细致调适，运动员可以提高技术水平，并为未来更高强度的训练打下坚实的基础。

（三）按照训练的方式和手段分类

按照训练的方式和手段，运动训练可以分为传统训练、现代训练和混合训练。

1. 传统训练

传统训练是一种采用传统的训练方式和手段进行的训练方法，如跑步、做力量训练等。这种训练方式在过去广泛应用，并在一定程度上取得了一定的成效。然而，随着科学研究和运动训练的发展，与现代训练方式相比较，传统训练的效果较低。

传统训练的优势在于其简单易行的特点。无论是跑步、举重还是其他传统的训练方式，它们的动作和方法相对简单，易于理解和实践。这使得许多人可以在没有专业指导的情况下进行自我训练①。此外，传统训练通常不需要复杂的设备或场地，可以在家中或一般的健身房进行。因此，传统训练具有一定的便利性和适用性，可以满足一部分人的基本运动需求。

2. 现代训练

现代训练是一种采用现代科学技术和理念进行的训练方法，如高强度间歇训练、功能性训练等。相较于传统训练方式，现代训练通常能够取得更佳的训练效果，但同时也对教练的专业性和设备的要求更高。

现代训练基于对运动生理学、运动心理学和运动力学等方面的深入研究，利用科学原理和技术手段制订训练计划。现代训练注重对运动员的身体素质、技术能力和战术应用的全面培养。例如，高强度间歇训练是现代训练中常用的方法，通过在高强度运动和休息间的交替进行训练，可以提高心肺功能、肌肉力量和耐力水平。功能性训练注重身体的功能性运动模式和肌肉的协调性，通过模拟实际运动动作，提高运动员在比赛中的实际应用能力。

每个运动员的身体状况、技术水平和目标需求各不相同，因此现代训练通

---

① 朱云，张巍，胡琳. 休闲体育文化之运动训练教程 [M]. 北京：中国书籍出版社，2018：35.

过对运动员进行评估和分析，制订个性化的训练计划。这包括根据运动员的年龄、性别、身体素质等因素进行调整，以及根据运动员的特点和需求进行训练内容和强度的个性化安排。现代训练常借助先进的技术手段和设备，如运动生物力学分析、运动心率监测、运动损伤预防等，为教练和运动员提供更全面的训练数据和指导。

现代训练需要教练具备深厚的专业知识和经验，能够根据运动员的需求和特点制定个性化的训练方案，并运用先进的训练方法和技术指导运动员进行训练。同时，现代训练可能需要一些高级设备和技术支持，如力量训练设备、运动生物力学分析仪器等，以实现更精确的训练和评估。这对于一些基础设施有限的场地或普通运动爱好者来说，可能存在一定的挑战。

3. 混合训练

混合训练是一种结合了传统训练和现代训练的优点，采用多种训练方式和手段的综合性训练方法。这种训练方式旨在全面提升运动员的身体素质和技术水平，以达到更好的训练效果。

传统训练的简单易行和基础性训练手段为混合训练提供了坚实的基础。例如，传统的有氧运动如跑步、游泳等，可以有效提高心肺功能和耐力水平；传统的力量训练如举重、俯卧撑等，可以增强肌肉力量和负荷承受能力。同时，现代训练的科学性和个性化特点为混合训练提供了更高水平的训练指导和方法。现代训练的功能性训练、高强度间歇训练、灵活性训练等手段能够更加有针对性地培养运动员的协调性、灵活性、爆发力等。

通过结合不同的训练方式和手段，混合训练可以全面提升运动员的身体素质和技术水平。例如，通过结合有氧运动、力量训练和灵活性训练，可以同时提高心肺功能、肌肉力量和关节灵活性，使运动员具备更好的综合能力。此外，混合训练也有助于避免训练的单一性和乏味性，提供更丰富多样的训练体验，增强运动员的参与度和动力。

针对运动员的需求和目标，制订个性化的训练计划是混合训练中重要的一环。教练应根据运动员的体质、技术水平和训练阶段，合理安排各类训练方式和手段的比例和强度。同时，教练还需要具备丰富的训练经验和专业知识，能够科学地结合不同训练方式，灵活地调整训练计划，以最大限度地提升运动员的训练效果。

四、运动训练的基本原理

运动训练的基本原理是一组在运动科学研究和实践中形成的规则和法则，这些原理用于指导运动训练的规划和实施。以下是对四个基本原理的详述。

（一）生物适应原理

生物适应原理是指生物体对外界刺激做出适应性反应的基本规律。在运动训练中，生物适应原理是指运动员通过系统、有计划的训练刺激，促使身体产生一系列生理、生化和心理变化，以适应运动负荷并提高运动表现力。

负荷适应性是指运动员在适度的训练负荷下，身体会发生适应性变化，以适应负荷的增加。这种适应性变化主要体现在肌肉力量的增加、心肺功能的提高、神经系统的协调性增强等方面。通过逐步增加训练负荷，运动员的身体会逐渐适应更高的运动强度和挑战 [①]。

刺激必须具有一定的强度和持续时间，以引发适应性变化。然而，刺激过大或过小都可能导致适应性效果不佳。因此，运动训练需要根据运动员的个体特点、目标需求和训练阶段，合理选择和管理刺激。逐步增加训练负荷，注意适度和平衡，以促进良好的生物适应。

周期化训练是一种将训练分为不同阶段和周期的训练方式。在周期化训练中，训练负荷和刺激逐渐增加，同时也会有适当的恢复和调整期，以使运动员能够获得更好的适应性变化和训练效果。

（二）特异性原理

特异性原理是指训练效果与训练的性质、强度、频率、持续时间等因素密切相关。根据特异性原理，训练的效果与训练的方式、内容、方法有直接关系。不同的训练目标需要采用相应的训练方式和方法，以达到最佳的训练效果。

特异性原理的核心在于训练的特定性。如果运动员希望提高特定的体能或

---

① 鹿鹏，李金花，肖琪. 现代运动训练的基本原理与科学化实践探索 [M]. 哈尔滨：哈尔滨工业大学出版社，2018：64.

技能，那么训练应该与该体能或技能的特点相吻合①。举例来说，如果运动员希望提高耐力，那么他的训练方式应该是持续的、有氧的长距离跑步或游泳，这样的训练能够有效地提高心肺功能、肌肉耐力和运动员的耐力水平。同样地，如果运动员的目标是提高速度和爆发力，那么训练应该包括有间歇的、无氧的短距离冲刺或跳跃训练，这种训练方式能够强化神经肌肉系统的反应速度和爆发力，提高运动员的爆发力水平。

特异性原理还强调训练内容的相关性。训练的内容应该与运动项目的要求和技术特点相匹配。例如，对于篮球运动员来说，他们的训练内容应该包括投篮、运球、传球等与篮球比赛技术相关的训练。通过针对性的训练，运动员可以提高自己在比赛中的技术水平和表现。

特异性原理的应用需要根据具体的训练目标和运动项目，制订相应的训练计划和方法。运动员和教练应该了解运动项目的要求和特点，选择与之相匹配的训练方式和方法。此外，特异性原理还强调个体化的训练计划。不同运动员的身体素质和技术水平存在差异，因此训练计划需要根据运动员的个体特点进行调整和优化，以实现最佳的训练效果。

（三）超负荷原理

超负荷原理是指只有在超过日常水平的训练负荷下，运动员的体能和技能才能得到提高。超负荷的实施需要在运动员的承受范围内，既不能让运动员长时间处于过度疲劳状态，也不能让他们在舒适区内停滞不前。合理的超负荷训练可以刺激身体的适应性变化，从而提高运动表现。

超负荷原理的核心在于刺激适应性变化。当运动员在训练中接受超过其日常水平的负荷时，身体会做出适应性反应，以应对负荷的增加。这种适应性变化包括肌肉力量的增强、心肺功能的提高、神经系统的协调性增强等。通过逐步增加训练负荷，运动员的身体能够逐渐适应更高的运动强度和挑战。

超负荷训练需要注意两个关键因素：负荷的增加和恢复的安排。负荷的增

---

① 　张波，牟其林，李睿. 体育训练与运动人体科学研究 [M]. 长春：吉林大学出版社，2017：35.

加是指逐步增加训练的强度、频率和持续时间，以超过运动员的日常水平[①]。这需要根据运动员的个体特点、目标需求和训练阶段，逐步增加训练的难度和挑战。然而，负荷的增加必须在运动员的承受范围内，不能让运动员长时间处于过度疲劳状态，以免引发伤病和过度训练。

恢复的安排是指在超负荷训练后，给予足够的恢复时间和方法，使身体能够适应并修复受损的组织，从而达到超级补偿的效果。适当的休息和恢复可以帮助运动员恢复体能和精神状态，预防过度训练和伤病的发生。因此，在制订训练计划时，要合理安排训练和休息的比例，避免过度疲劳和损伤。

（四）反馈控制原理

反馈控制原理是指在运动训练过程中，通过对运动员的反馈信息进行及时分析和调整，以实现训练的效率和有效性。这些反馈信息可以来自运动员的生理反应（如心率、肌肉疲劳感等）、技能表现、心理反应（如注意力、情绪等）等方面。

运动训练中的反馈信息起着至关重要的作用，它可以提供关于运动员当前状态和表现的实时数据，帮助教练和运动员了解训练的效果和问题所在。通过对这些信息进行分析和解读，可以及时调整训练计划和方法，以满足运动员的需求和优化训练效果。

生理反应是运动训练中常用的反馈信息来源。通过监测运动员的心率、肌肉疲劳感等生理指标，可以了解运动员在训练中的身体反应和负荷承受能力。例如，心率的变化可以反映运动员的心肺适应性和训练强度是否适宜，肌肉疲劳感可以指示训练的耐力水平和康复需求。基于这些信息，教练可以相应地调整训练负荷和恢复时间，以达到更好的训练效果。

技能表现是另一个重要的反馈信息来源。通过观察和评估运动员在训练中的技术和战术表现，可以了解他们的强项和改进点。教练可以根据这些反馈信息，有针对性地进行技能训练和调整训练计划，以提高运动员的技术水平和比赛表现。

---

① 谢宾，王新光，时春梅. 高校体育教学与运动训练研究 [M]. 长春：吉林人民出版社，2021：35.

此外，心理反应也是反馈控制原理的关键组成部分。运动员的注意力、情绪和动机等心理因素会对训练表现和成果产生重要影响，通过观察和了解运动员的心理状态，教练可以根据需要提供适当的心理支持和调整。例如，如果发现运动员在训练中注意力不集中，教练可以提供相关的集中注意力的训练方法和策略。

第二节　运动训练的原则

一、个体化原则

个体化原则是运动训练中的重要原则，它强调根据运动员的个体差异，包括生理特性、心理特性、技术技能水平等进行针对性的训练。运动员的年龄、性别、身体条件、健康状况、心理状态、技术水平等因素都会影响训练效果。因此，训练计划和方法必须考虑这些因素，以确保训练的有效性和安全性。

从生理角度来看，每个人的生理条件都是不同的。一些人可能在某些体能指标上天生就比其他人强，如某些人可能具有更好的心肺功能，或者更强的肌肉力量[1]。因此，对这些运动员的训练应注重发挥他们的优势，同时改善他们的弱点。

从心理角度来看，人们的性格、学习风格、动机等心理因素也会影响他们对训练的反应和结果。例如，一些运动员可能更善于集中精神，他们可能更适合需要高度集中注意力的训练；而一些运动员可能更善于社交，他们可能更适合需要团队合作的训练。

技术技能水平也是决定训练方法的重要因素。运动员在某项运动技能上的掌握程度，决定了他们能否有效进行某种训练，并从中受益。其他个人情况，如健康状况、训练经历等也应被考虑在内。例如，受伤的运动员需要特殊的恢复训练，而没有基础训练经历的运动员则需要从基础训练开始。

个体化原则强调训练必须因人而异，必须根据每个运动员的个体差异来设计和实施训练计划。只有这样，才能最大限度地发挥每个运动员的潜力，同时

---

① 佟贵锋. 大学体育课程文化 [M]. 大连：大连理工大学出版社，2011：95.

保证训练的安全性和效率。

二、渐进负荷原则

运动训练的渐进负荷原则是指在运动训练过程中，负荷必须由小到大、由简单到复杂、由低到高，逐步增加，以保证运动员的体能、技能和心理素质的持续提高。这是因为人体的各种生理、心理反应和适应能力，包括运动能力的提高，都是在一定的负荷刺激下逐渐实现的。如果负荷过小，对体能和技能的提高作用有限；如果负荷过大，可能对运动员的身体产生伤害。

负荷的逐步增加不仅包括负荷的数量，也包括负荷的质量。所谓负荷的数量，主要是指训练的时间、次数、组数、重复次数等，这些都应该在运动员可以承受的范围内逐步增加[①]。而所谓负荷的质量，主要是指训练的难度、强度、速度等，这些也应该根据运动员的身体和心理状况逐步提高。

在实际训练中，运用渐进负荷原则需要遵循以下几点。

（1）增加负荷应以运动员的个体差异为基础。每个运动员的生理和心理状况不同，因此他们对负荷的承受能力也不同。在制订训练计划时，需要根据运动员的个体特点和需求，量身定制适合他们的负荷增加方式。

（2）增加负荷应以运动员的适应能力为限。过度的负荷可能导致运动员过度疲劳和伤害，因此负荷的增加必须在运动员的适应能力范围内进行。要注意观察运动员的反应和表现，及时调整负荷的幅度和速度，以保证他们能够逐步适应负荷的增加。

（3）在负荷增加的同时，必须注意充分的恢复。适当的休息和恢复是保证负荷增加效果的关键。在训练中，要合理安排训练和休息的比例，给予运动员足够的时间和方法来恢复，以便身体能够适应和修复受损的组织。

（4）负荷的增加应该与训练目标和训练阶段相适应。在不同的训练阶段，训练的目标和内容不同。因此，在制订训练计划时，要考虑运动员当前的训练目标，并根据目标的要求逐步增加负荷。例如，在基础阶段，负荷的增加可以侧重于体能的提升；而在竞赛阶段，负荷的增加可以注重技能和战术的训练。

---

① 姜志明，樊欣. 大学校园体育文化研究 [M]. 北京：中国林业出版社，2010：46.

三、特定适应原则

特定适应原则是运动训练中的一项基本原则，它是基于人体对特定训练刺激有特定反应的生物学原理。这个原则指出，运动员的身体会根据特定的训练刺激进行特定的适应，进而改变其结构和功能以提高运动能力。运动训练是通过一种特定的、有计划的和有目标的方式施加在运动员身上的外部负荷，以达到提高运动成绩的目的。

训练的类型、强度、频率、持续时间等因素都会影响人体的适应程度。例如，力量训练会主要增强肌肉的力量和体积；耐力训练则会提高心肺功能和肌肉的耐力[①]；速度训练会改善神经肌肉系统的反应速度和动作协调性；而灵巧训练则有助于提高技术动作的精细度和协调性。因此，训练的设计必须明确具体的训练目标，然后选择能针对这些目标的特定训练方法。

在运用特定适应原则时，教练和运动员应考虑以下因素。

（1）明确训练目标：各种运动项目和运动员的训练目标各不相同。因此，设计训练计划时，必须首先明确训练目标，然后根据目标选择相应的训练方法。

（2）个体差异：每个人的生理和心理状况都不同，对同样的训练负荷反应也会有所不同。因此，训练计划应先考虑运动员的个体差异，再进行个性化的设计和调整。

（3）训练周期：人体对训练刺激的适应需要一定的时间。因此，训练计划应设置适当的训练周期，让运动员有足够的时间进行恢复和适应。

（4）训练强度与恢复：运动训练是以刺激与恢复为基础的。适度的训练强度可以刺激人体产生适应性变化，但过度的训练强度则会导致过度疲劳甚至伤害。因此，训练强度应适中，而且应在每次训练后给予充足的恢复时间。

四、可逆性原则

可逆性原则，也被称为反可塑性原则，是运动训练中的一个基础原则。这个原则指出，当运动训练停止或减少时，体能、技能和战术能力等训练所得的效果会逐渐丧失或回退。简而言之，"不用则退"。

---

① 黄武胜. 体育训练与运动心理学研究 [M]. 北京：中国商务出版社，2019：94.

这个原则的生物学依据是，人体的生理功能、肌肉力量、灵敏性、耐力和其他技术技能的提高都是在持续的训练和刺激下形成的。一旦这些刺激消失，人体就会逐渐回归到没有训练时的状态。因此，持续的训练是保持运动成绩和提高运动表现的关键。

根据可逆性原则，在制订训练计划时需要考虑以下一些关键因素。

（1）保持训练的连续性：为了避免运动能力的丧失或回退，运动训练应当尽可能保持连续性，避免长时间的训练间断。如果因故不能进行正常的训练，应尽量通过其他形式保持身体活动，如晨练、散步、瑜伽等。

（2）训练的恢复期和周期性：虽然需要保持训练的连续性，但也不能忽视运动员的恢复需求。过度的训练会导致疲劳积累，伤害风险提高，甚至可能出现过度训练综合征。因此，训练计划应当结合运动员的身体状况，设置适当的恢复期和训练周期。

（3）适度的训练强度：根据可逆性原则，我们知道不训练会导致训练效果消失，但过度训练同样有害[①]。所以，确定适宜的训练强度也是保持和提高运动能力的重要因素。

（4）训练的多样性：通过多样化的训练方法，可以激发运动员的学习兴趣，增强训练的趣味性，同时也可以更全面地训练运动员的各项运动能力，降低训练的单调性和枯燥性，提高训练的效果。

五、多样性原则

多样性原则是运动训练中的一个重要原则，强调训练方法、内容和手段的多元化以激发运动员的积极性，提高训练效果和避免训练的单调性。基于生理和心理的原理，多样性原则认为多元化的训练能更有效地激发运动员的潜力，帮助他们全面、均衡地发展身体各项能力。

运动训练的多样性可以从多个方面来实现，比如，训练的内容、方式、方法、环境、设备等都可以进行多元化的设计。例如，在训练内容上，可以涵盖力量、耐力、速度、灵巧、心肺功能等各项运动能力的训练；在训练方式上，可以实施个人训练、小组训练、大群训练等；在训练方法上，可以采用有氧、无氧、

---

① 孙楚. 中长跑运动员过度训练研究 [J]. 当代体育科技，2019，9（8）：44，46.

力量、耐力、灵巧、速度等多种训练方法；在训练环境上，可以在室内、室外、水上、山地等不同环境下进行训练；在训练设备上，可以使用各种不同的运动器材。

多样性原则在运动训练中的应用应注意以下三点。

（1）训练的多样性要与运动员的训练目标和运动项目相匹配。不同的运动项目对运动员的能力要求不同[①]，因此，训练的多样性应有针对性地帮助运动员提高在特定运动项目中所需的关键能力。

（2）多样性的训练要考虑运动员的生理和心理状况。不同的运动员对训练的适应能力、接受能力和兴趣点都有所不同，因此，多样性的训练应有针对性地满足运动员的个体差异。

（3）在追求训练的多样性的同时，也不能忽视训练的系统性和连贯性。过分追求多样性可能使训练缺乏系统性，使运动员在训练中感到混乱，无法达到预期的训练效果。

第三节 运动训练的要素

一、体能要素

（一）力量训练

运动训练的要素是确保运动员在比赛中取得最佳表现的关键因素。其中，体能要素是运动训练中的重要组成部分，其中包括力量训练。力量训练是一种针对肌肉力量的训练方法，通过提高肌肉的收缩能力和爆发力，增强运动员的运动表现和预防运动损伤。下面将对力量训练进行学术性和研究性的分析。

力量训练是运动训练中的核心要素之一，对大学体育运动员的发展和竞技能力的提高具有重要意义。力量训练的目标是通过增强肌肉的收缩能力，提高运动员的爆发力和动作执行能力，从而提高他们在比赛中的表现。在力量训练过程中，运动员经常使用重力或外部阻力来逐渐适应不同的运动需求。

---

① 朱红贤.浅谈青少年足球运动员选苗探讨 [J]. 价值工程，2011，30（15）：291.

力量训练的效果主要取决于训练方法的选择和计划的合理性。在选择训练方法时，应根据不同的运动项目和个体特点来确定适当的训练负荷和训练频率。常见的力量训练方法包括自重训练、负重训练和爆发力训练等[①]。

自重训练是一种利用身体自身重量进行训练的方法，如俯卧撑、深蹲和引体向上等。这种训练方法可以有效地提高肌肉力量和耐力，适用于不同水平的运动员。

负重训练是一种利用外部重力或设备提供的阻力进行训练的方法，如举重、杠铃训练和器械训练等。这种训练方法可以通过调整重量和重复次数来实现不同的训练效果，适用于需要更大力量输出的项目。

爆发力训练是一种注重快速肌肉收缩和迅速动作执行的训练方法，如跳跃训练、爆发力体操和爆发力训练器械等。这种训练方法可以提高肌肉的反应速度和爆发力，适用于需要迅速加速或改变方向的项目。

力量训练的效果不仅取决于训练方法的选择，还与训练计划的合理性密切相关。合理的训练计划应包括适当的训练强度、训练频率和休息恢复等要素。过度训练或不足训练都可能导致训练效果的下降或运动损伤的发生。

此外，力量训练还需要与其他训练要素相结合，如技术训练和战术训练等。技术训练可以帮助运动员更好地掌握正确的动作技术和姿势，从而在力量训练中发挥最佳效果。战术训练可以帮助运动员将力量转化为实际比赛中的优势，提高战术应对能力和整体表现。

（二）耐力训练

耐力训练，又称为有氧训练，是一种通过提高心肺功能和肌肉耐久力来提升体能的训练方式。它通过长时间的、中低强度的运动，使心脏和肺部的功能得到提高，提升血液携氧能力，改善肌肉的能量代谢，从而提高运动员的耐力。

耐力训练的方式多种多样，包括长跑、游泳、自行车、划船、健身操等有氧运动。这些运动在提供持续负荷的同时，强度相对较低，能让运动员保持较长时间的运动。具体的耐力训练方式有很多种，包括连续耐力训练、间歇耐力

---

① 张耿. 武术训练对 8-10 岁儿童足球训练效果的影响研究 [D]. 北京：北京体育大学，2021：5.

训练、复合式耐力训练等 ①。连续耐力训练是指在一段时间内持续进行某种运动，不间断地进行有氧代谢；间歇耐力训练则是指在运动中插入一段休息时间，让运动员有时间进行恢复；复合式耐力训练则是将不同类型的耐力训练结合在一起进行。

在实施耐力训练时，有以下几点需要注意。

（1）适度的训练强度：耐力训练的强度不应该过高，否则可能引起过度疲劳，甚至导致损伤。通常建议运动员在训练时保持在最大心率的 $60\% \sim 80\%$。

（2）恰当的训练时间：训练时间的长短应根据运动员的体能状况和训练目标进行调整。一般来说，每次训练时间可以在 20 ～ 60 分钟。

（3）良好的恢复：耐力训练虽然强度不高，但持续时间较长，对运动员的身体造成的负荷还是相当大的。因此，运动员应确保有足够的恢复时间，以防止过度疲劳。

（4）合理的训练频率：一般来说，每周进行 3 ～ 5 次的耐力训练就足够了。过多的训练不仅无法带来更好的效果，反而会损害身体。

耐力训练是运动训练中重要的一部分，通过有效的训练，可以提高运动员的有氧能力，从而提高其在比赛中的表现。

（三）速度训练

速度训练是运动训练的一个重要组成部分，它是指通过系统的训练，提高运动员在短时间内完成一定距离的移动或者完成某项动作的速度。速度训练通常包括三个方面：动作速度训练、位移速度训练和反应速度训练。

1. 动作速度训练

动作速度训练主要通过训练提高身体各部位的动作频率，比如手腕、手指、腿部等。例如，举重运动员需要训练他们的肌肉快速收缩力，乒乓球运动员需要训练他们的手臂和手腕的快速摆动等。

---

① 张耿 . 武术训练对 8-10 岁儿童足球训练效果的影响研究 [D]. 北京：北京体育大学，2021：5.

2. 位移速度训练

位移速度训练主要通过训练提高运动员的移动速度，这包括起跑速度、最大速度和耐力速度等。例如，短跑运动员需要经常做爆发力训练，提高他们的起跑速度和短距离冲刺能力。

3. 反应速度训练

反应速度训练主要通过训练提高运动员对各种刺激的反应能力。例如，网球运动员需要训练他们的视觉反应速度，能快速判断球的落点，同时配合手脚的动作，完成击球。

进行速度训练时，需要注意以下几点。

（1）科学的训练计划：速度训练强度较大，需要有科学的训练计划，以避免过度训练或者训练效果不佳。

（2）热身准备：因为速度训练需要大量的肌肉参与，因此在训练前需要做充分的热身活动，以降低运动损伤的风险。

（3）休息恢复：速度训练对肌肉的疲劳度较高，因此在训练后需要有充足的休息时间，让肌肉得到恢复。

（4）技术指导：速度训练往往需要正确的动作技术，因此在训练过程中需要有专业的教练进行指导，避免因动作不规范导致的训练效果不佳。

（四）灵敏度训练

灵敏度通常在体育运动领域中是指运动员对外部刺激的快速反应能力和身体各部分在短时间内完成复杂、快速、精准运动的能力。在运动训练中，灵敏度训练通常包括动作的反应、协调、平衡和转变等多个方面，尤其在球类、舞蹈、武术、体操等需要快速反应和精细动作的运动项目中，灵敏度训练更是必不可少。

在运动训练中，灵敏度训练的常用方法主要有以下三种。

1. 预期训练法

预期训练法是一种让运动员根据指导者的预定信号或动作进行反应性动作的训练方法。这种训练方法侧重于提高运动员在比赛中的反应速度和准确性，以便他们能够更好地应对各种情况并做出正确的决策①。在预期训练法中，指导者扮演着重要的角色，他们可以是裁判、教练或其他训练人员。指导者使用各种预定的信号或动作来指示运动员进行相应的动作。例如，裁判的口哨声可以作为起跑或停止的信号，对手的特定动作可以触发运动员进行防守或进攻。通过这种训练方法，运动员可以在模拟比赛环境下进行反应训练，以适应比赛中的压力和快节奏。他们需要快速观察和解读指导者的信号，并迅速做出反应。这样的训练可以提高运动员的感知能力、协调性和决策能力。

2. 非预期训练法

非预期训练法是一种让运动员根据实际比赛或训练中出现的突发情况进行反应性动作训练的方法。与预期训练法不同，非预期训练法注重运动员在面对未知和突发情况时的应变能力和反应速度。在非预期训练法中，训练环境模拟了实际比赛中可能出现的突发情况。这可以通过创造一系列不可预测的场景来实现，如对手改变攻击方向、团队成员的意外受伤或失误等。运动员需要根据这些突发情况迅速做出反应，以应对局势并采取合适的动作。这种训练方法强调运动员的灵活性、适应性和决策能力。他们需要快速观察和分析情况，并做出迅速而准确的反应。非预期训练法还可以帮助运动员提高应对压力和紧张情绪的能力，因为他们必须在高压下做出决策和行动。

非预期训练法适用于各种体育项目，尤其是那些涉及对手之间直接交互和即时反应的项目，如篮球、足球、格斗等。在这些项目中，突发情况的处理能力对于成功至关重要。通过非预期训练法，运动员可以提高应变能力、对未知情况的适应能力和决策能力。

3. 复杂动作训练法

运动员进行多个动作的组合，训练其在短时间内完成复杂动作的能力。例如，在体操或武术训练中，运动员需要在短时间内完成多个动作的连续。

灵敏度训练的注意事项包括以下三点。

（1）运动员的个体差异：每个运动员的身体条件、反应能力、肌肉协调性等都有所不同，因此在进行灵敏度训练时，需要根据个体的特点和能力进行

---

① 张耿. 武术训练对8-10岁儿童足球训练效果的影响研究 [D]. 北京：北京体育大学，2021：5.

有针对性的训练。

（2）训练强度和频率的把握：灵敏度训练对肌肉神经系统的刺激较大，因此在训练强度和频率上需要有适当的把握，以防过度疲劳和训练效果不佳。

（3）科学的恢复与调整：灵敏度训练之后，需要进行充分的恢复与调整，包括休息、营养补充、按摩、热水浴等，以确保身体能在短时间内恢复到最佳状态。

（五）柔韧性训练

柔韧性训练作为运动训练的一个重要组成部分，旨在增强运动员的关节活动度和肌肉的伸展能力。其重要性主要表现在以下三个方面：首先，良好的柔韧性可以提高运动员的运动技术，使得动作更为流畅、准确。其次，柔韧性训练可以预防运动损伤，特别是拉伤和扭伤。最后，恰当的柔韧性训练有助于提高运动员的恢复能力和身体协调性。

下面，我们将讨论几种常见的柔韧性训练方法。

1. 静态拉伸法

静态拉伸法是最常见的柔韧性训练方法，包括独立拉伸和配对拉伸。在静态拉伸中，运动员会保持一种特定的姿势，然后将某一部位的肌肉拉伸到舒适的极限，并保持一段时间，通常在 20 ～ 60 秒。

2. 动态拉伸法

动态拉伸法主要是通过模拟运动的某些动作来进行肌肉的拉伸，通常在运动前作为热身活动的一部分进行。动态拉伸能够提高肌肉的温度、增强神经肌肉的协调性，从而提高运动表现。

3. PNF 拉伸法（螺旋神经肌肉运动学拉伸法）

PNF 拉伸法是一种先由伙伴帮助做主动拉伸，然后主动收缩，再进行被动拉伸的方法，被认为是最有效的拉伸方法。

对于柔韧性训练，有几个需要注意的事项。

拉伸应当逐渐增加强度：运动员应当在能够感受到肌肉拉伸但不疼痛的状态下进行拉伸。

（1）拉伸应当全面：针对身体的各个部位进行全面拉伸，包括颈部、背部、肩部、手臂、腹部、髋部、腿部和脚部。

（2）避免弹跳拉伸：这种方式可能导致肌肉受伤。

（3）结合深呼吸：通过深呼吸可以帮助身体放松，从而增强拉伸的效果。

（4）柔韧性训练虽然在运动训练中占的比例较小，但其在保持运动员身体状态、预防运动损伤及提高运动表现等方面的作用不容忽视。故而，无论是专业运动员还是健身爱好者，都应将柔韧性训练纳入其训练计划，以实现其运动目标。

二、技术要素

（一）基本动作技术

基本动作技术在运动训练中扮演着至关重要的角色，它是指在特定运动中所涉及的基本技能或者技术动作。这些基础技术为运动员提供了一个稳定的技能框架，使他们可以从中建立更复杂和具有挑战性的技巧。不仅如此，熟练的基本动作技术也有助于运动员提高运动表现、减少运动伤害，并增强其在运动中的信心和满足感。

基本动作技术可以被分为以下三类。

（1）运动技巧：在特定运动中，为了达到某一目标（如投篮、跳高、跑步等）所需要掌握的技巧。运动技巧通常包括身体的多个部分协同工作，需要具备良好的身体协调能力和力量。

（2）体操技巧：在体操或者舞蹈中所需要掌握的技巧，如翻滚、跳跃、平衡等。这些技巧通常需要良好的身体控制能力和灵活性。

（3）运动策略：在团队运动或者策略运动中所需要掌握的技巧，如足球的传球、篮球的运球、棒球的击球等。这些技巧通常需要良好的决策能力和团队协作。

在提高基本动作技术方面，有以下几点需要注意。

（1）最重要的是基础训练。基本动作技术的熟练度和效率，需要通过反复练习来获得。

（2）反馈是提高技术水平的关键。教练或同伴可以提供即时的、具有建设性的反馈，帮助运动员理解其技术的优点和不足。

（3）视觉化是一种非常有效的学习技术。通过观看他人（如教练或高水平运动员）演示正确的技术，运动员可以模仿并改善自己的技术。

（4）确保充足的恢复时间。技术训练往往会对神经肌肉系统造成很大的负荷，因此，确保充足的恢复时间是有必要的。

总的来说，基本动作技术对运动员的发展至关重要，它是运动员提高运动表现、达到更高竞技水平的基础。同时，基本动作技术的训练也能帮助运动员更好地理解自己的身体，从而提高其运动中的自信心和满足感。

（二）运动技能要素

运动技能要素是运动员所需具备的关键技能，这些技能可帮助运动员在运动中更好地表现自己，提高竞争优势。运动技能涵盖了广泛的能力，如基本动作技巧、战术理解、技能执行等。

运动技能并非孤立存在，它们通常相互关联，共同构建运动员的整体运动表现。例如，一位足球运动员需具备跑动、控球、传球、射门等多种技能，这些技能相互作用，共同决定了运动员的比赛表现。运动技能的提升是一个系统化的过程，需要逐步累积和练习，以下列举几种关键的运动技能要素。

（1）技术执行：每项运动中最基本的技能。无论是投篮、踢足球，还是游泳，每一项运动都有一套属于自己的特定技术，运动员需要通过训练来提高技术的执行精度和稳定性。

（2）体能表现：体能是支撑运动技能的重要基础。身体的力量、耐力、速度、敏捷性、灵活性等体能因素都会影响技术的执行和技能的表现。

（3）战术理解与运用：对运动规则和战术的理解，以及战术在实战中的运用，是运动技能中重要的一环。运动员需要通过理论学习和实战演练来提升战术认知和运用能力。

（4）心理调适能力：运动竞赛往往会给运动员带来很大的心理压力，如何在压力下保持最佳的技能表现，需要良好的心理调适能力。运动员可以通过心理训练来提升应对压力的能力。

（5）创新与应变能力：在竞赛中，面对复杂多变的比赛环境，运动员需要有创新思考和应变的能力，以便在关键时刻做出正确的决策。

　　每一项运动技能的提升都需要扎实的基础训练、正确的方法指导，以及持之以恒的训练实践。同时，运动技能的提升也需要运动员对自身的深入了解，包括自身的优点和不足，从而制订出最适合自己的训练计划和方法。

（三）战术应用技巧

　　在运动训练中，战术应用技巧是一项至关重要的因素，无论是团队运动还是个人运动。掌握适当的战术可以帮助运动员在比赛中获得竞争优势。首先，运动员需要理解战术的重要性。他们应该明白战术可以如何影响比赛结果，以及如何通过巧妙的战术运用来发挥自身优势并克服对手的优势。这种意识将使运动员能够更好地理解和执行战术策略。其次，运动员应学习和掌握基本战术。针对特定的运动类型，每项运动都有一些基本的战术技巧。例如，在篮球运动中，运动员需要了解如何进行快速突破、有效挡拆和适当的防守调整等。通过学习这些基本战术，运动员可以打造坚实的基础，并逐步发展更高级的战术技巧。

　　尽管每项运动都有一些常见的战术，但运动员也需要根据实际情况进行创新。这包括改变进攻方式、调整防守策略或采用不常见的战术来打乱对手的节奏。通过创新战术应用，运动员可以出人意料地击败对手并取得竞争优势。运动员应该具备适应性，能够识别对手的弱点、利用自身优势，并根据比赛情况调整策略。这要求运动员在比赛中保持警觉，敏锐观察和分析局势，以做出恰当的战术调整。运动员还应该充分了解和利用规则。规则是每项运动的基础，运动员需要了解并遵守规则。更重要的是，他们应该理解规则如何为他们提供战术上的优势。运动员可以通过利用规则来创造机会，限制对手的行动，并在合乎规则的前提下发挥出最佳竞技水平。

（四）视觉和空间感知

　　在运动训练中，视觉和空间感知是至关重要的技术要素。视觉和空间感知的好坏往往直接影响运动员技能的表现和竞技水平，因此，对这两个要素进行深入研究并将其融入训练是提升运动员竞技水平的关键因素。

　　视觉能力是运动员获取信息的重要途径。运动员需要通过视觉能力来获取比赛的相关信息，如对手的位置、动作、球的运行轨迹等，然后根据这些信息做出反应。因此，视觉能力的优异与否将直接影响运动员的反应速度和准确性。对于团队运动来说，视觉能力还需要包括对比赛整体局势的判断和理解，这对运动员做出正确决策以及与队友的良好配合起到关键作用。

而空间感知是指人对周围环境中物体之间位置关系的感知。在运动比赛过程中，良好的空间感知能力能帮助运动员准确判断自身与对手、球门、边界等的相对位置，从而做出精确的动作。例如，在足球比赛中，射手需要准确判断自身与球门的距离和角度，才能准确射门得分；在篮球比赛中，投手需要判断自身与篮筐的距离和角度，才能将球准确投入篮筐。

鉴于视觉和空间感知在运动中的重要作用，训练中需要将这两个要素作为重要组成部分。对于视觉能力的训练，可以通过模拟比赛情况进行。例如，可以设置一些需要运动员快速判断和反应的练习，如快速判断接到的球应该传给哪个队友，或者如何在对手的防守下找到射门的最佳位置。对于空间感知能力的训练，可以通过提高运动员对物体位置关系的感知来进行。例如，可以通过一些需要精确控制的练习来提高运动员的空间感知能力，如控制球跑到指定位置，或者从特定角度射门。

在对视觉和空间感知进行训练的同时，也需要对这两个能力进行科学的评估。例如，可以通过观察运动员在比赛中的表现来评估其视觉和空间感知能力，如运动员是否能准确判断和反映比赛情况、是否能精确控制自己的动作等。另外，也可以通过一些专门的测试来评估运动员的这两个能力，如视觉反应时间测试、空间判断能力测试等。

（五）协调性和平衡感

协调性和平衡感在运动训练中扮演着重要角色。它们不仅与运动员的技术水平紧密相关，还对防止运动伤害、提升运动表现以及增强运动效率具有显著影响。

协调性是指身体各部位在执行动作时的配合与同步性，这不仅涉及肌肉群体间的协调，还包括神经系统对肌肉活动的指导和控制。协调性强的运动员在执行复杂或需要精细控制的动作时，往往能表现得更为流畅和准确。例如，篮球运动员在接球、带球、投篮等动作中都需要高度的协调性；体操运动员在各种翻腾、旋转等高难度动作中更是离不开协调性。

平衡感则是人体维持身体稳定、防止倾倒的一种感觉，它是通过大脑、内耳、眼睛以及身体的感觉器官共同工作来实现的。良好的平衡感能够帮助运动员在不同的运动环境中，如不平稳的地面、空中或水中，保持身体稳定，并有效执行动作。例如，滑雪运动员在高速滑行中需要保持身体稳定；跳水运动员在空中旋转时需要准确地控制身体姿态。

为了提高运动员的协调性和平衡感，一种有效的方法是通过专门的训练活动来提高运动员的身体感知、动作控制和身体调节能力。例如，设立一些需要精细动作控制的练习，或使用不稳定的设备（如平衡球、平衡垫等）来训练运动员的平衡感。

在这个过程中，科学的评估是必不可少的。为此，研究者们开发了许多评估工具和方法。例如，通过各种协调性测试（如接力赛、目标投掷等）来评估运动员的协调性；通过平衡测试（如单脚站立、眼闭平衡测试等）来评估运动员的平衡感。

研究表明，协调性和平衡感的训练不仅可以提高运动员的技术水平，还可以降低运动伤害的风险，并有助于运动员更好地适应复杂的运动环境。因此，运动训练应该充分重视协调性和平衡感的训练，以提高运动员的运动能力和竞技水平。

三、战术要素

（一）战术意识与分析

在运动比赛中，战术意识与分析是决定比赛结果的重要因素之一。战术意识是指运动员对比赛策略的理解和运用，而战术分析则是指对比赛过程中战术应用的评估和反思。通过增强运动员的战术意识和分析能力，可以帮助运动员更好地应对比赛，提高比赛表现。

战术意识并非天生就有，而是需要通过训练和比赛经验来获得。运动员需要了解和掌握各种战术知识，包括基本的战术原则、各种常见的战术策略，以及如何根据比赛情况选择和变化战术。这些知识可以通过教练的教授、参加比赛和观看其他运动员的比赛等方式来获得。

在理解和掌握战术知识的基础上，运动员还需要通过实践来提高战术应用能力。实际的比赛是提高战术应用能力的最好途径，因为只有在比赛中，运动员才能真正面对各种复杂的比赛情况，学习如何运用和变化战术。除了比赛，模拟比赛也是一种有效的训练方式，可以让运动员在类似比赛的环境中练习战术应用。

而战术分析则需要运动员有反思和总结的能力。每场比赛后，运动员都应该对自己的比赛进行反思，分析自己的战术应用是否有效，如哪些战术策略运用得好、哪些需要改进。这需要运动员有客观的自我评价能力，也需要运动员了解如何从比赛中提取有用的信息，如对手的战术、比赛过程中的关键节点等。

为了增强战术意识和分析能力，教练也可以采取一些方法，如与运动员一起观看并分析比赛录像，提供反馈和建议，或者设定一些需要运动员运用特定战术的训练任务。此外，现代科技也提供了许多辅助战术训练和分析的工具，如数据分析软件、虚拟现实技术等。

（二）策略和战术训练

策略和战术训练是运动训练的核心部分，其目标是使运动员能够理解和掌握各种战术策略，并能在比赛中灵活运用。

策略训练主要是对运动员进行战略思维的训练，使其能够理解比赛的整体流程，并能预判和应对各种可能的比赛情况。策略训练需要考虑的因素包括比赛规则、对手的特点和习惯、自己的优势和劣势、场地和环境条件等。通过策略训练，运动员可以学会如何在比赛中做出最有利的决策，以提高比赛的成功率。

战术训练则更注重具体的技能和动作。每个运动项目都有一套具体的战术体系，这些战术体系包括了各种具体的动作和技能。例如，足球中的传球和射门、篮球中的进攻和防守等。战术训练的目标是使运动员能够熟练地执行这些战术动作，并能根据比赛情况灵活变换战术。

在进行策略和战术训练时，教练需要根据运动员的特点和能力，以及比赛的需求，来制订适合的训练计划。训练计划需要包括各种不同的训练方法，如技术训练、力量训练、速度训练、心理训练等，以全面提高运动员的比赛能力。同时，训练计划还需要有足够的灵活性，以适应运动员的进步和比赛情况的变化。

评估是训练的重要部分。教练需要定期评估运动员的训练效果，以便调整训练计划。评估的方法包括对运动员技能的直接观察、数据分析，以及运动员的自我反馈等。

（三）集体配合与协作

集体配合与协作在团队运动中尤为重要。一个团队的运动员可能个体能力出众，但若缺乏有效的集体配合与协作，团队的整体表现仍可能受到限制。相反，一个团队的运动员即使个体能力平平，只要他们能够紧密配合、良好协作，那么这支团队仍然可能取得优秀的比赛成绩。

集体配合体现在团队运动员之间能够有效地传递信息，迅速做出反应，并且共同完成目标。这需要运动员具有高度的团队意识，能够理解和接受自己在团队中的角色，能够信任并依赖队友。

协作则要求运动员能够理解和执行团队的战术计划，能够根据比赛情况调整自己的行为，以适应团队的需求。这需要运动员具有足够的战术知识和技术水平，能够准确地执行教练的指令。

在进行集体配合与协作的训练时，教练应该设计一些需要团队成员共同完成的训练任务，如团队防守、团队进攻等。这些任务可以帮助运动员理解自己在团队中的角色，增强他们的团队意识和协作能力。

另外，团队建设活动也是提高集体配合与协作的有效方法。通过团队建设活动，运动员可以增强对队友的理解和信任，提高团队的凝聚力。这对提高集体配合与协作的效果非常有帮助。

对于集体配合与协作的评估，可以通过观察比赛和训练的表现来进行。例如，教练可以观察运动员在比赛中是否能够有效地执行团队战术、是否能够与队友有效地配合。此外，也可以通过问卷调查等方式，了解运动员对团队的认同感，以及他们对队友的信任程度。

集体配合与协作的训练是一个长期的过程，需要教练和运动员共同努力。只有在运动员充分理解并接受团队精神的基础上，才能真正实现有效的集体配合与协作。

（四）比赛规则与策略应用

在任何运动中，了解并掌握比赛规则都是基础且重要的。比赛规则不仅定义了运动比赛的结构和运行方式，也为运动员制定比赛策略提供了参考框架。违反比赛规则可能导致运动员受到惩罚，甚至失去比赛资格。因此，运动员必须对比赛规则有全面且准确的理解。

理解比赛规则，一方面，要求运动员知道什么可以做、什么不可以做。例如，足球中禁止手球（除非你是守门员），篮球中禁止双重运球。理解这些规则可以帮助运动员避免违规和惩罚。

另一方面，理解比赛规则也可以帮助运动员更好地制定和执行比赛策略。例如，了解足球中的越位规则可以帮助进攻方规避防守方的越位陷阱，而了解篮球的犯规限制则可以帮助运动员更有效地利用犯规来阻止对手的进攻。

在理解比赛规则的基础上，运动员可以根据规则来制定比赛策略。策略应用涉及如何将规则转化为实际比赛中的优势。例如，在篮球比赛中，运动员可能利用对方犯规次数过多的情况，通过更积极地进攻来尝试赢得罚球机会；在足球比赛中，运动员可能利用越位规则来制造进攻机会或是布置防守策略。

此外，策略应用也需要运动员具备一定的判断能力和反应速度，以便能够在比赛中根据实际情况灵活调整策略。这需要运动员具有足够的比赛经验和高度的比赛专注。

（五）实战模拟和应变能力

实战模拟和应变能力在运动训练中占据着重要地位。实战模拟训练通过创造类似比赛的环境，让运动员在非比赛情况下也能体验到比赛的压力和挑战，从而提升应对比赛的能力。而应变能力指的是运动员在面对比赛中出现的不同情况时，能够迅速调整自己的策略和行动的能力。

实战模拟训练的目的是尽可能地模拟比赛的环境和情境。比如，在足球训练中，可以通过设定一些特定的比赛情况，如固定的比分、时间限制、特定的阵型等，来让运动员体验和适应这些情况。这种训练方式可以让运动员在比赛之外就能预见和经历各种可能在实战中出现的情况，从而提升他们在实际比赛中的表现。

应变能力是运动员在比赛中必备的能力。比赛是一个动态的过程，情况时刻在变化。有时可能出现一些无法预见的情况，如对手的策略改变、队友或自己的失误、裁判的判决等。面对这些情况，运动员需要有足够的应变能力，即能够迅速地分析情况，做出合理的判断，并调整自己的行动。这需要运动员有足够的比赛经验、丰富的战术知识、快速的思维反应以及良好的心理素质。

为了提高运动员的应变能力，可以在训练中设置一些特定的任务和情况，让运动员在完成任务的同时，也需要应对这些情况。比如，在篮球训练中，可以设置一种情况，即在进攻时突然有一名防守球员进行干扰，这时运动员需要迅速判断情况并做出反应。这种训练方式不仅可以提升运动员的应变能力，也可以提升他们的决策能力和反应速度。

在训练过程中，教练的反馈和指导也十分重要。教练需要帮助运动员分析他们的行动和选择，让他们了解自己的优点和不足，并提供改进的建议。这样运动员不仅可以提升自己的技术和战术水平，也可以增强自己的自我评价和反思能力，从而更好地提升自己的应变能力。

四、心理要素

（一）心理素质培养

心理素质在运动训练中起着至关重要的作用。心理素质不仅会影响运动员的训练效果，而且在比赛中起到决定性的作用。因此，心理素质培养是运动训练的重要组成部分。

心理素质包括许多方面，比如自我信心、情绪控制、集中注意力、抗压能力等。自我信心是运动员对自己能力的信任和确认，是他们能够在比赛中展现最佳竞技水平的基础。情绪控制是指运动员能够有效地管理和控制自己的情绪，不被情绪所左右，并能保持良好的比赛心态。集中注意力是指运动员能够专注于比赛，忽略外界的干扰，全神贯注于当前的比赛任务。抗压能力是指运动员能够应对比赛中的压力和困难，不被压力击败，而能保持良好的比赛表现。

为了培养运动员的心理素质，教练员和心理咨询师需要合作，提供适合运动员的心理训练。心理训练可以通过一对一的咨询，或者小组讨论的方式进行。在这些训练中，运动员可以学习一些心理技巧，如自我暗示、放松训练、呼吸控制等，以帮助他们在比赛中更好地管理自己的心理状态。教练员还需要创造一个积极的训练环境，鼓励运动员对自己有信心，帮助他们处理训练中的压力和挫折。在比赛中，教练员也可以通过提供反馈和支持，帮助运动员保持良好的比赛心态。教练员和心理咨询师也可以通过观察运动员的行为，以及与运动员的交谈，来了解他们的心理状态。此外，也可以使用一些心理测评工具，如问卷、测试等，来更准确地评估运动员的心理素质。

（二）自信心和动机激励

自信心和动机激励在运动员的发展和成就中起着决定性的作用。自信心是运动员对自己能力的坚定信念，而动机激励则是推动运动员持续努力和进步的驱动力。

自信心在比赛中的作用不可小视。运动员对自身能力的信任和确认，可以使他们在比赛中更好地表现。自信心可以帮助运动员在面对困难和压力时，保持坚韧不拔的精神，有信心克服各种挑战。

运动员的自信心可以通过多种方式培养。一种方式是通过不断的训练和比赛，积累成功的经验。成功的经验可以增强运动员的自我效能感，使他们更有信心面对比赛。另一种方式是通过心理训练，如自我暗示和正面思考等，来提高运动员的自信心。

动机激励是推动运动员持续努力和进步的关键因素。动机可以来自内部，如对成功的渴望，对提高自我能力的追求；也可以来自外部，如对奖励的期待，对他人认可的需求。无论是内部动机还是外部动机，都可以成为运动员的强大动力。

为了激发运动员的动机，教练员和心理咨询师可以采用多种方法。一种方法是设定明确和具有挑战性的目标，让运动员有所追求。目标可以帮助运动员明确自己的努力方向，也可以提供成功的标准，从而增强运动员的动机。另一种方法是提供适当的反馈和奖励，以认可运动员的努力和进步。这可以增强运动员的成就感，也可以鼓励他们继续努力。

自信心和动机激励的培养是一个长期和持续的过程。教练员和心理咨询师需要通过持续的努力，以及根据运动员的需要和特点，来设计和实施有效的培养计划。总的来说，通过有效的自信心和动机激励的培养，可以大大提高运动员的训练效果和比赛表现。

（三）集中注意力和专注力

集中注意力和专注力对运动员的表现有着重要影响，它们决定了运动员能否将所有的精力投入训练或比赛，从而在关键时刻做出最佳的决策和表现。

集中注意力主要是指运动员在训练或比赛中，对特定目标或任务的关注程度。它决定了运动员能否将注意力从无关的刺激（例如，观众的喧闹声、自身的紧张情绪等）上转移开，专注于他们需要执行的任务（例如，观察对手的动作、聆听教练的指示等）。

专注力则涉及运动员能否在较长的时间内，保持对任务的持续关注。在许多运动中，如马拉松、游泳、自行车比赛等，运动员需要在长时间内保持高度的专注，才能保证最佳的表现。

对于集中注意力和专注力的培养，有许多有效的策略和技术。其中之一是心理训练技术，如冥想、呼吸控制等。这些技术可以帮助运动员学习如何管理他们的注意力，将其集中在当前的任务上，而不是分散到无关的刺激或思考上。

另外，教练员也可以设计特殊的训练任务，以提高运动员的注意力和专注力。比如，可以设置需要高度集中注意力的练习，或者设置长时间的训练任务，来提高运动员的专注力。

值得注意的是，运动员的心理状态，如疲劳、压力、焦虑等，也会影响他们的注意力和专注力。因此，在培养注意力和专注力的同时，也需要对运动员的心理状态进行管理和调整。

（四）压力管理和情绪控制

运动员在训练和比赛中经常需要面对各种压力，这些压力可能来自比赛的挑战、教练的期待、公众的关注，等等。同样，运动员的情绪状态，如焦虑、激动、失落等，也会对他们的表现产生影响。因此，压力管理和情绪控制在运动训练中非常重要。

压力管理主要指运动员如何处理和应对压力。首先，运动员需要能够准确地识别压力源，理解压力对自己的影响。其次，他们需要学习如何通过各种方式来减轻压力，如放松训练、心理咨询、良好的休息和营养等。此外，运动员也需要学习如何将压力转化为动力，利用压力来提升自己的表现。例如，一些运动员可能通过想象自己在关键时刻取得成功，来激励自己面对压力。

情绪控制则涉及运动员如何处理和控制自己的情绪。运动员需要了解自己的情绪状态，理解情绪对自己表现的影响。他们需要学习如何调整自己的情绪，使之处于最佳的状态。例如，如果运动员在比赛前感到紧张，他们可能需要进行一些放松训练，如深呼吸、冥想等，来减轻紧张情绪。如果运动员在比赛中感到沮丧或失落，他们需要学会如何从失败中恢复过来，保持积极的态度。

教练员和心理咨询师在压力管理和情绪控制的培养中起着关键的作用，他们需要为运动员提供教育和训练，帮助运动员了解压力和情绪，学习有效的应对策略。同时，他们也需要为运动员提供支持和鼓励，帮助他们面对压力和挑战。

（五）团队合作和领导能力

团队合作和领导能力对运动员，特别是参与团队运动的运动员来说至关重要。团队合作能力是指运动员与队友之间有效沟通、协同工作以实现共同目标的能力。领导能力则是指运动员引领和激励团队成员，以达到团队最佳表现的能力。

团队合作是团队运动成功的关键。每个运动员都必须理解并接受他们在团队中的角色，学会信任并依赖队友，这样团队才能顺利运作。优秀的团队合作能力包括良好的沟通技巧、理解和接受不同角色的能力、解决团队冲突的能力等。

领导能力对团队的凝聚力和表现同样具有重要影响。良好的领导者不仅可以通过激励和引导来提升团队的表现，也能通过他们的行为和态度来塑造团队的文化和价值观。领导能力包括决策能力、激励能力、解决问题的能力，以及良好道德品质。

要培养团队合作和领导能力，可以通过实践和反思的方式。在团队训练和比赛中，运动员有机会实践他们的团队合作和领导技能，然后通过教练员和队友的反馈进行反思和改进。此外，模拟训练、角色扮演和小组讨论等活动也可以帮助运动员提高这些技能。

团队合作和领导能力的培养是一个持续的过程，需要运动员、教练员和其他支持人员的共同努力。通过这种培养，运动员不仅能提升他们的运动表现，也能发展对他们日常生活和职业生涯有利的技能。

五、营养与恢复要素

（一）适当的营养摄入

适当的营养摄入对运动员来说是必不可少的。它可以影响运动员的体能、恢复和整体健康。适当的营养摄入涵盖了蛋白质、碳水化合物、脂肪以及维生素和矿物质等各种营养素的均衡摄入。

运动员的营养需求与一般人群有所不同。他们需要更多的热量来支撑高强度的训练和比赛，因此他们的食物摄入量也会比一般人群更大。同时，运动员需要高质量的蛋白质来修复和重建受损的肌肉组织，需要充足的碳水化合物来提供能量，以及必要的脂肪来保持体内激素水平的正常。

适当的营养摄入也要求运动员注意食物的选择和摄入的时机。运动员需要选择营养丰富、易于消化的食物，避免那些可能引起消化不适或影响表现的食物。在训练或比赛前后，运动员需要确保摄入足够的食物和水分，以保持能量水平和避免脱水[①]。

除了食物摄入，运动员还需要考虑补剂的使用。在某些情况下，例如，当运动员无法通过饮食获得足够的营养，或在高强度训练和比赛后，补剂可以作为一个方便的营养来源。然而，运动员使用补剂时需要谨慎，因为一些补剂可

① 梁兰兰，卞华伟.运动营养与实践[M].成都：四川大学出版社，2018：62.

能含有禁止的物质，或者在过量使用时可能对健康产生负面影响。

（二）水分和补水策略

水分和补水策略对于运动员的身体健康和运动表现至关重要。充足的水分可以维持身体温度、确保营养物质的运输，以及保护肌肉和关节的功能，因此，水分的摄入是运动员必须重视的事情。

在进行高强度运动或者长时间运动的过程中，运动员会通过汗液失去大量的水分，这可能导致出现脱水的情况，从而影响运动表现和身体健康。脱水可能导致疲劳、心率增快、体温上升、注意力下降等症状，严重时甚至可能危及生命。

为了防止脱水，运动员需要有正确的补水策略。首先，运动员在运动前应当保证充足的水分摄入，以确保运动开始时的良好水分状态。其次，在运动过程中，运动员应当定时补充水分，以补充因出汗而失去的水分。补水的频率和数量应根据运动的强度、环境温度、个体出汗率等因素进行调整。运动后，运动员也需要及时补充水分，以加速恢复。

运动饮料可以作为运动员补水的一个选择。这些饮料除了含有水分，还添加了电解质（如钠和钾）和碳水化合物，可以帮助运动员恢复体内电解质平衡，提供能量，并加速肌肉恢复。

（三）休息和恢复的重要性

在运动训练中，休息和恢复同样重要，甚至比训练本身更重要。运动员在高强度训练后，身体需要时间来修复受损的肌肉组织、清除体内的废物、恢复能量储备，以及适应新的体能需求。这些都需要充足的休息和有效的恢复策略。

休息不仅指的是身体的休息，也包括心理的休息。在身体方面，充足的睡眠是最基本和最重要的恢复方式。良好的睡眠可以帮助恢复肌肉、平衡激素、提升免疫系统的功能，以及提高认知能力。此外，定期的休息日和恢复周期也是必要的，这些可以防止过度训练、降低受伤的风险，以及帮助身体适应更高的训练负荷。在心理方面，休息可以减轻压力、提高情绪，以及恢复精力，这对于运动员的心理健康和比赛表现非常重要。

恢复策略包括了一系列的技术和方法，如热水浴、冷水浴、按摩、深度放松、瑜伽、冥想等，这些策略可以帮助减少肌肉疼痛、加速乳酸清除和血液循环，以及提高精神状态。运动员应根据自身的需要和反应，选择最适合自己的恢复策略。

（四）伤病预防和康复训练

对运动员来说，伤病预防和康复训练是至关重要的。一方面，伤病可能严重影响运动员的训练和比赛，甚至可能导致职业生涯的提前结束。另一方面，适当的康复训练可以帮助受伤的运动员更快地恢复健康，降低伤病对其运动表现的影响。

伤病预防主要包括两个方面：降低伤病风险和提前发现潜在的伤病。降低伤病风险主要通过以下方式：制订和执行科学的训练计划，确保运动员的训练强度、频率和方式适合其身体状况；教授和执行正确的运动技术，以减少由技术错误导致的伤病；营造安全的训练环境，减少伤害的可能性；提供适当的营养和休息，保证身体的健康和恢复。提前发现潜在的伤病主要通过定期的体检和健康评估，及早发现并处理潜在的健康问题。

康复训练是受伤运动员恢复到最佳状态的重要途径。康复训练应由专业的医疗团队制定和监督，以确保其安全和有效。康复训练通常包括物理疗法、康复运动、疼痛管理、营养和心理支持等内容。在康复过程中，应持续评估运动员的恢复进度，并根据需要调整康复计划。

运动员、教练员和医疗团队需要共同努力，通过科学的方法和策略，进行有效的伤病预防和康复训练。只有这样，运动员才能维持最佳的身体状况，发挥最好的运动表现。

第三章　大学体育力量与速度素质训练

第一节　力量素质及影响力量的因素

一、定义与种类的理解

（一）力量素质的概念

力量素质是一种复杂而又基础的体育素质。力量基本上可以被定义为身体对外部或内部阻力产生反抗的能力。力量素质则是人们在运动过程中肌肉收缩所产生的能力，以此来驱动身体进行各种动作。它不仅仅包含最大力量的产生，也包含爆发力、速度力量、耐力等多方面的表现。力量素质的高低，直接关系人的运动能力，影响人们在运动中的表现。

力量素质的概念在不同的领域和研究中有所差异。在一般体育领域中，力量通常被定义为肌肉在一次最大的收缩中所能产生的最大的力。在生物力学和生理学中，力量被定义为肌肉收缩对骨骼产生运动的能力。不管是在哪个领域，力量都是一个必不可少的概念，它在人体运动和生活中都起着关键的作用。

力量素质是体育训练的基础，是运动员提高运动成绩的基石。它决定了运动员在运动过程中对阻力的抵抗能力，影响运动员的速度、耐力、技巧等多方面的运动能力。无论在哪种运动中，力量都是必不可少的。在运动训练中，力量素质的提高可以提升运动员的运动效率、降低运动损伤的风险、增强运动员的竞技能力。

同时，力量素质的培养和提高也是运动训练的一个重要任务。在运动训练中，力量素质的提高需要专门的力量训练。力量训练不仅可以增强肌肉的力量、提高神经肌肉协调能力，还可以改善身体姿态，提高身体对外界环境的适应能力。同时，通过专门的力量训练，可以让运动员更好地理解和掌握力量的运用，提高运动技术的水平。

（二）力量素质的种类

对于所有的运动项目，无论竞技还是娱乐，力量素质都是五大核心素质之一，对运动成绩有着举足轻重的影响。运动员的力量素质水平直接影响其速度力量和力量耐力的表现。通常，力量素质主要体现为最大力量、速度力量和力量耐力这三种形式。

1. 最大力量

最大力量是力量素质的一种重要表现，它描绘的是肌肉在一次最大限度的主动收缩中，由神经肌肉系统所能生成的最大的力量。在各类竞技运动的训练过程中，最大力量的表现通常体现为能够克服和消除的最大外部阻力。

在参与各种竞技运动训练的过程中，运动员的最大力量并非固定不变，而是处在一个持续变动和调整的状态中。因此，对于运动员而言，必须持续挖掘自身的极限，发挥出自己最大的力量，以确保力量训练能够取得有效的结果。这种挖掘和发挥不仅要求运动员具备相应的体力和技巧，同时也需要强烈的意志和决心。

在众多的竞技体育项目中，最大力量训练往往在投掷、举重、摔跤、体操和柔道等需要强大爆发力和持久力量的项目中被广泛运用。在这些项目中，运动员通常会通过增大肌肉体积和提高肌肉内部和肌肉间的协调性，提升自身的最大力量。其中，肌肉体积的增大可以通过持续、有计划的训练来实现，而肌肉的协调性则需要通过精细的技术训练和科学的指导来提升。

2. 速度力量

速度力量，从字面上理解，是速度与力量的结合体，指的是神经肌肉系统在最短的时间内发挥出最大的力量。这种力量类型在运动项目中占有重要的地位，尤其在需要迅速爆发力的运动项目中，如短跑、跳远等。当运动员发挥速度力量的时间低于150毫秒时，主要依赖爆发力和起动力；而时间超过150毫秒时，最大力量就变得尤为关键。速度力量通常以速度和加速度的形式表现出来，比如，短跑、举重、柔道、摔跤、短程游泳、球类运动、体操、对抗性项目等都非常依赖速度力量。

在速度力量的分类中，通常包含爆发力、弹跳力和起动力三种特殊表现形式。

（1）爆发力

爆发力是一种非常特殊的力量类型，它指的是神经肌肉系统在最短的时间内产生最大的加速度、形成最大的肌肉力量。在运动过程中，运动员的肌肉需要在很短的时间内完成预拉长（通常不超过肌肉原长度的 5%），然后迅速向相反方向进行力量收缩，这就是爆发力的表现。在许多以速度力量为主导的运动项目中，爆发力起着关键性的作用。

（2）弹跳力

弹跳力是指神经肌肉系统在触地前的一瞬间被拉长，之后立即收缩，以高速度向相反方向移动，使身体产生向上的力量。与爆发力相比，弹跳力多了一个触地的动作过程。当肌肉拉伸的速度越快，肌肉工作转换的速度就越快，起跳的高度也就越高。

（3）起动力

起动力是指在极短的时间内，神经肌肉系统能够发挥出尽可能大的力量，用力开始后约 50 毫秒就能达到较高的力值[1]。在所有的速度力量中，起动力的收缩时间最短，这在需要对信号做出快速反应的运动项目中尤为重要。

3. 力量耐力

力量耐力是力量素质的一个重要方面，它主要涉及运动员机体的疲劳抵抗能力，表现为运动员在长时间或重复的运动中仍能保持较高水平的力量表现。具备良好的力量耐力，对于那些需要持久运动或进行反复动作的运动项目来说，具有非常重要的意义。

现代五项、铁人三项、中长跑、划艇、公路自行车以及足球等运动项目都需要运动员具备较高的力量耐力。这些项目要求运动员在比赛过程中，不仅需

---

[1] 崔德刚. WCBA 运动员联赛准备期体能分期训练的设计 [D]. 北京：北京体育大学，2010：6.

要展示出高水平的技术和策略，还需要保持长时间的身体力量输出。这就要求运动员的力量素质必须足够高，而且必须具备较好的耐力，才能在比赛中取得优秀的成绩。

力量耐力不仅涉及力量的持久性，更在于运动员如何在面对疲劳和压力的情况下，依然保持高质量的运动表现。这就要求运动员在训练中，不仅要提高自身的力量水平，还需要通过科学的训练方法，增强自己的耐力，提升自己对疲劳的抵抗能力。

（三）力量素质的意义

力量素质，无疑在体育运动和日常生活中都扮演着重要角色，它在多个层面影响着人的健康和生活质量。以下将详述力量素质的三个主要意义，包括对运动表现的影响、对身体健康的保护作用以及对整体生活质量的提升。

1. 影响运动表现

力量素质是运动表现的关键因素。运动员在各类运动项目中，都需要大量的力量输出，如田径、篮球、游泳、举重等。即便在一些更依赖于技巧和耐力的项目中，力量素质的高低也往往决定了运动员的竞技水平。强壮的肌肉可以为运动员提供更强的爆发力，从而在关键时刻取得优势。同样，优越的力量素质也可以提升运动员的反应速度和动作效率，使其在运动中更具优势。

2. 维护身体健康

力量素质不仅是竞技运动中的关键因素，也是维护人们日常健康的重要元素。优良的力量素质可以有效防止运动伤害，提高身体的稳定性和灵活性，降低因肌肉骨骼问题引发的伤害风险。另外，随着年龄的增长，人体的骨骼和肌肉会逐渐退化，但是，经常进行力量训练的人能够更好地抵御这一过程，维持更长久的身体活力。对于中老年人来说，提高力量素质有助于预防骨质疏松和肌肉萎缩，使他们能够保持活力，享受高质量的生活。

3. 提升生活质量

力量素质在提高人们整体生活质量方面也发挥着不可忽视的作用。力量素质可以提高人们的工作效率，使他们在面对日常生活中的各种挑战时，如搬运重物、做家务等，能够更加轻松应对 [①]。同时，力量训练也可以增强人的自信心和精神面貌，提高他们的生活满足感。力量训练能帮助人们塑造更为美观的体态，提升自我形象，这也是许多人都热衷于健身房的力量训练的原因之一。

二、影响力量的因素

（一）神经系统因素

神经系统在力量产生和控制中的核心作用，表现在通过调整和激活肌肉以实现力量的产生。神经元的活动频率对力量产生的影响极为显著，因为它决定了神经冲动向肌肉传递的速度，进而影响肌肉收缩的力度和速度。这意味着高频率的神经活动能够触发更强烈的肌肉收缩，从而产生更大的力量。与此同时，神经元的同步性对力量的产生也有重大影响。神经元活动的同步性能导致更多的肌肉纤维同时收缩，增加力量输出。反观，神经活动的不同步可能导致肌肉纤维收缩的时间和位置错开，从而降低力量。

肌肉的运动单元数量是另一个直接影响力量大小的因素，每个运动单元包括一个神经元和它所控制的所有肌肉纤维。运动单元数量越多的肌肉，其产生的力量就越大。神经和肌肉之间的协同作用在力量产生中也有其无可替代的作用。通过神经—肌肉协同作用，不仅能够确保肌肉纤维的有序、同步收缩，实现最大限度的力量输出，而且能够在力量输出过程中减少能量损耗、提高力量效率。

神经系统的其他特性，如神经传导速度、神经传导效率、神经敏感性等，同样会影响力量的大小。这些因素的影响程度可能受到遗传、年龄、性别、健康状态以及训练状况等因素的制约。

（二）肌肉系统因素

肌肉系统因素在力量产生中起着决定性的作用，其中涉及的主要因素包括肌肉纤维类型、肌肉的生理横断面积、肌肉长度以及肌肉的收缩形式。

---

① 崔德刚. WCBA 运动员联赛准备期体能分期训练的设计 [D]. 北京：北京体育大学，2010：10.

　　我们的肌肉主要由两种类型的肌肉纤维构成：快速肌肉纤维（Type Ⅱ）和慢速肌肉纤维（Type Ⅰ）。快速肌肉纤维具有高速收缩和高力量输出的特性，适合进行爆发力或高强度活动；而慢速肌肉纤维则适合进行持久和耐力活动。个体肌肉中快慢肌纤维的比例受遗传影响，对力量表现有重要影响。因此，理解个体的肌肉纤维类型分布，能有针对性地进行力量训练，以实现力量的最大化。

　　肌肉的生理横断面积反映了肌肉中肌纤维的总体积，而肌纤维的总体积又直接影响肌肉能产生的最大力量。研究表明，肌肉横断面积和肌肉力量之间存在正相关关系。也就是说，肌肉的生理横断面积越大，其能产生的力量也就越大。因此，通过肌肉训练，增大肌肉的生理横断面积，可以有效地提高力量。

　　肌肉长度越长，其能包含的肌纤维就越多，从而产生的力量就越大。此外，肌肉长度也影响力量的产生方式和力量曲线的形状。肌肉在不同长度下，力量的产生方式和力量曲线的形状都会有所不同。因此，理解肌肉长度对力量的影响，对优化力量训练、提高力量效率具有重要意义。

　　肌肉的收缩形式主要包括等长收缩、等张收缩和等速收缩。等长收缩时，肌肉长度不变，但肌肉张力增加；等张收缩时，肌肉张力不变，但肌肉长度改变；等速收缩时，肌肉收缩速度恒定，而肌肉长度和张力都会改变。不同的收缩形式，对力量的产生和力量的控制有着不同的影响。理解这些影响，可以帮助我们在力量训练中选择最合适的收缩形式，以实现最大的力量输出。

（三）年龄与性别因素

　　年龄与性别因素在力量素质的形成和发展中起着重要作用。对这两个因素的研究，可以帮助我们更好地理解力量素质的发展规律，对力量训练和力量的科学研究具有重要的参考价值。

　　年龄是影响力量素质的重要因素。研究发现，人的力量素质随着年龄的增长呈现出特定的发展规律。在儿童期和青少年期，随着生长发育的进行，人的力量素质会逐渐增强。到了成年期，力量素质通常会达到峰值，然后随着年龄的增长，力量素质会逐渐下降。这种年龄对力量素质的影响，是由生长发育的规律和人体生理机能的变化决定的。因此，理解年龄对力量素质的影响，对力量训练的安排和力量训练的效果评估具有重要的指导意义。

性别是另一个影响力量素质的重要因素。研究发现，男性的力量素质通常要优于女性。这种性别差异是由男性和女性之间在生理结构和生理机能上的差异所导致的。比如，男性的肌肉质量通常要大于女性，男性的肌肉纤维的直径也通常要大于女性，男性的体内激素水平（如睾酮）也通常要高于女性。这些生理差异使得男性在力量素质上具有优势。然而，这并不意味着女性在力量素质上就一定劣于男性。实际上，通过科学的力量训练，女性也可以发展出很高的力量素质。因此，理解性别对力量素质的影响，对针对性的力量训练和力量素质的科学评估具有重要的参考价值。

（四）身高和体重因素

身高和体重因素在力量素质的形成和发展中具有不可忽视的影响。这两个因素的重要性在于它们分别与人体的肌肉量和肌肉力量密切相关。

一般来说，身高较高的人具有更大的骨骼结构，这为肌肉的发展提供了更大的空间。同时，较高的身高通常会伴随着较长的肌肉长度，这在一定程度上决定了肌肉力量的大小。然而，身高并非决定力量素质的唯一因素。身高较高的人如果没有适当的训练，肌肉可能发育不足，力量也就无法得到充分的发展。因此，身高优势并不意味着力量优势，关键还在于如何通过科学有效的力量训练，将身高优势转化为力量优势。

体重在一定程度上反映了肌肉的质量，肌肉质量越大，产生的力量也就越大，这是因为肌肉质量的大小决定了肌肉收缩时能产生的力量大小。但是，这并不意味着体重越重的人力量就一定越大。如果体重的增加主要是由于脂肪的增加，而不是肌肉的增加，那么这种体重的增加并不能带来力量的增加。相反，过多的脂肪可能影响肌肉力量的发挥，降低运动表现。因此，对于力量素质的提高，关键在于通过训练增加肌肉质量，而不是简单增加体重。

（五）体型和脂肪因素

体型和脂肪因素在力量素质的形成和发展中扮演着关键角色。在讨论这两个因素的影响之前，我们首先需要了解体型和脂肪在人体结构中的角色。

体型可以看作个体的身体构造的外在表现，它反映了骨骼结构的大小、肌肉质量的多少，以及脂肪储备的程度。从这个角度来看，体型的特征直接关系个体的力量发展水平。以肌肉质量为例，肌肉质量大的人通常会有更大的力量输出能力，因为肌肉收缩是产生力量的主要源泉。同样，骨骼结构大的人，因为肌肉附着点的面积大，能够提供更好的力量产生条件。然而，体型对力量的影响并不是绝对的。如果缺乏有效的训练，体型大的人可能力量并不强。因此，合理的力量训练对于体型各异的人来说都是提高力量素质的重要途径。

脂肪是人体的能量储备之一，但过多的脂肪对力量素质的发展并无益处，甚至可能对力量发挥产生负面影响。首先，脂肪增加了人体的负重，对于需要移动自身重量的运动（如跳高、短跑等），多余的脂肪就意味着需要付出更大的力量。其次，脂肪对于肌肉收缩力量的传递是有阻碍的。当肌肉收缩产生力量时，脂肪层会吸收一部分力量，导致最终产生的效果减弱。最后，过多的脂肪还可能对血液循环和新陈代谢产生影响，降低肌肉对营养物质和氧气的吸收效率，从而影响力量的发挥和持久性。

（六）营养与恢复因素

在体育科学领域中，营养与恢复因素对于力量素质的发展具有举足轻重的作用。合理的营养补充与科学的恢复策略，不仅能优化运动训练效果，还能预防运动损伤，从而全面提升运动员的力量素质。

从营养角度看，力量训练需要大量的能量投入，同时也会使肌肉纤维产生微损伤。因此，需要充足的蛋白质来修复肌肉损伤和促进肌肉生长。同时，碳水化合物是肌肉收缩的主要能源，足够的碳水化合物摄入能确保训练的强度和质量。不可忽视的是，脂肪、维生素和矿物质等微量元素，虽然在体量上占比不大，但对机体新陈代谢、能量提供以及抗氧化保护等方面具有重要作用。因此，对于运动员而言，均衡的饮食结构和适当的营养补充是提高力量素质的基础。

从恢复角度来看，力量训练对于肌肉的损伤刺激，将促进肌肉生长和力量提升，这是力量训练的生理基础。然而，如果无法得到有效的恢复，运动员可能陷入过度训练的状态，不仅力量素质得不到提升，甚至可能出现力量下降、易受伤等问题。恢复的方式多种多样，包括睡眠恢复、饮食恢复、按摩、热水浴、冷热交替浴等。不同的恢复手段针对不同的恢复需求，如睡眠能有效促进生长激素的分泌，促进肌肉生长；热水浴能舒缓肌肉紧张、加速血液循环和废物的清除等。

（七）训练相关因素

在力量素质的发展中，训练相关因素起着至关重要的作用。具体来说，训练的方式、强度、频率、持续时间和恢复间隔等都是影响力量训练效果的关键要素。

训练方式涉及运动的类型、动作的选择以及力量训练的方式等。例如，有些运动主要训练爆发力，如举重和短跑；有些运动主要训练耐力，如马拉松和长距离游泳；还有一些运动则平衡训练爆发力和耐力，如足球和篮球。而在单一的力量训练中，自由重量训练和机器训练也有不同的效果。训练方式的选择将直接影响力量素质的提升方向和效率。

训练强度是决定训练效果的重要因素，不同的强度将带来不同的训练效果。一般来说，低强度的训练主要提升肌肉耐力，而高强度的训练则更加注重肌肉的最大力量或爆发力。

训练频率和持续时间则决定了训练的总体负荷。过于频繁的训练可能导致过度训练，影响肌肉的恢复和生长；而训练时间过长，则可能导致肌肉疲劳，影响训练质量。因此，训练频率和持续时间需要根据个体的具体情况进行调整。

恢复间隔是训练计划中的另一重要因素。良好的恢复能保证肌肉得到足够的修复和生长，对力量素质的提升至关重要。通常，重度的力量训练后需要更长的恢复时间。

第二节　速度素质及影响速度的因素

一、定义与种类的理解

（一）速度的概念

速度作为人的身体或某一身体部位在短时间内改变原有运动状态的能力，成为运动训练的一项重要素质。这种素质以其自身的特点，适应运动的高强度、高速度的需求，直接影响运动员的比赛成绩。

速度可从不同的角度进行理解和划分，主要反映在三个方面：完成动作的速度、经过规定距离的速度、对刺激反应的速度。这些表现形式在日常生活和比赛中大放异彩，田径比赛中的短跑、游泳、拳击、网球等都需要这种能力。

完成动作的速度，即人体或人体某一部位在单位时间内完成某种动作或完成次数的快慢[1]。可以视为动作的效率，它与人体的生理、机能、结构等因素紧密相关。例如，短跑运动员需要在最短的时间内完成起跑、冲刺、刹车等一系列动作，这就考验他们的动作速度。

经过规定距离的速度是指在单位时间内人体快速移动的能力[2]。例如，百米赛跑运动员需要在最短的时间内跑完 100 米，这就是对他们经过规定距离的速度的检验。

对刺激反应的速度是指人体对外界各种刺激信息的回应能力。比如，在足球比赛中，守门员看到射门者踢出的足球后，需要在最短的时间内做出扑救反应，这就是检验他们对刺激反应的速度。

速度的具体表现，会受到多种因素的影响，如生理构造、技术训练、神经反应等。但无论如何，速度都是一种身体素质，它是人体在特定环境下完成特

---

[1]　吴楠. 青少年足球运动员速度训练分析 [J]. 青少年体育，2015（10）：28–29.

[2]　万程. 循环训练法在青少年短距离游泳项目训练中的实验研究 [D]. 昆明：云南师范大学，2017：6.

定动作的基本能力。而这种能力，与运动员的比赛成绩和运动表现息息相关，也是他们追求的目标之一。作为训练者，深入理解速度的概念、特性和影响因素，才能更好地指导运动员进行有效的训练，提高他们的运动表现和竞技成绩。

（二）速度的种类

速度的种类是对速度素质的具体化划分。基于速度表现的不同特性和需求，我们将速度素质主要划分为动作速度、位移速度以及反应速度。

动作速度是指人体或人体某一部位在单位时间内完成某种动作的速度。它反映的是动作的效率和技术的执行水平[①]。根据动作的复杂性和连续性，动作速度又可分为单一动作速度、组合动作速度和动作速率。例如，投掷运动员完成投掷动作的快慢就是单一动作速度，体操运动员在空中完成一系列动作的连续性和速度就是组合动作速度，跑步的步频则是动作速率的体现。动作速度的提高，对提升运动员的技术执行水平和比赛成绩有着重要的意义。

位移速度是指在单位时间内人体快速移动的能力，或者说，是运动员在某段时间内所覆盖的距离。例如，在百米赛跑中，运动员的速度就是他们在规定距离上所用的时间。位移速度的快慢，直接决定了运动员在比赛中的表现。例如，短跑、长跑、游泳、自行车等比赛项目中，位移速度是决定胜负的关键。

反应速度是指人体对外界各种刺激信息的回应能力。它反映的是人体神经系统的敏锐度和反应效率。例如，篮球运动员在接到传球后，需要在最短的时间内做出投篮或传球的决策，这就涉及他们的反应速度。反应速度的高低，直接影响运动员对比赛形势的把握和应对策略的制定。

二、影响速度的因素

（一）神经系统因素

神经系统因素对速度素质产生重要影响。它涵盖了神经信号传导的效率、神经肌肉控制的精细度，以及大脑对运动过程中多种信息整合与决策的能力。下面将对相关内容进行详细分析。

———————
① 蔡春苗. 荆州市高中健美操选项课教学与效果研究 [D]. 武汉：长江大学，2013：9.

神经系统因素的影响始于神经元，其是构成神经系统的基础细胞。神经元通过电信号传递和处理信息，使得人类的感知、思考、决策以及对身体的控制得以实现。神经元间的通信主要通过突触实现，而突触效率是影响速度的关键因素之一。突触效率更高，意味着电信号的传递速度更快，能更快地将脑部的决策转化为肌肉的动作。

神经肌肉控制是另一个影响速度的重要因素。肌肉活动的快慢、强度以及协调程度，都是受神经系统调控的结果。神经元通过神经冲动来刺激肌肉纤维收缩，从而使身体产生运动。神经肌肉系统的协调性、准确性以及效率，对运动员的动作速度与移动速度产生直接影响。

此外，大脑对运动过程中各种信息的处理能力，也是影响速度的重要因素。运动过程中，大脑需要接收并处理大量的感觉信息，如视觉、听觉、触觉等，并据此做出决策。大脑的决策速度越快，反应速度就越快。例如，在篮球比赛中，运动员需要在瞬间判断球场上的形势，并做出传球、投篮或者突破的决策，这就涉及大脑的信息处理能力。

神经系统对速度素质的影响是在运动过程中不断发生的。为了提高运动员的速度素质，需要进行有针对性的神经肌肉训练，以提高神经信号传导的效率、神经肌肉控制的精细度，以及大脑对运动过程中信息处理的能力。这包括力量训练、协调训练、决策训练等，通过这些训练，可以改善神经系统的功能，从而提高运动员的速度素质。同时，还要注意合理休息与恢复，以防止神经系统的过度疲劳，影响训练效果。

（二）肌肉系统因素

肌肉系统因素对速度素质具有重要的影响，包括肌肉纤维类型、肌肉力量、肌肉耐力、肌肉协调性、肌肉反应速度以及肌肉弹性等。

人体的骨骼肌肉主要由快肌纤维和慢肌纤维两种类型构成。快肌纤维能快速收缩并产生大量力量，但耗能快、易疲劳；相比之下，慢肌纤维的收缩速度和力量输出较小，但耗能低、抗疲劳性强。在速度运动中，快肌纤维起主要作用，它们可以快速收缩并产生大力量，帮助运动员快速完成动作或位移。因此，个体的快肌纤维比例较高，其速度素质通常较好。然而，纯粹依赖快肌纤维并不能确保高速度表现，因为过快的疲劳积累也会限制速度。

肌肉力量是决定动作速度和移动速度的重要因素。肌肉力量越大，运动员完成特定动作或位移的速度就越快。然而，仅仅提高肌肉力量并不能直接提高速度，还需要通过正确的训练方法提高肌肉的爆发力和反应速度，以实现力量的快速有效输出。

肌肉耐力对持续高速运动的能力也起到关键作用。良好的肌肉耐力可以保证肌肉在长时间或高强度活动后仍能保持相对高速的运动能力。

肌肉协调性关乎多肌群配合产生高效、精确动作的能力。高度协调的肌肉活动可以减少能量损耗和运动损伤，同时提高运动效率，从而提高速度。

肌肉反应速度指的是肌肉对神经刺激的反应时间。快速反应的肌肉能迅速启动和停止，这对于需要快速改变方向或速度的运动来说至关重要。

肌肉弹性指肌肉在受力后能迅速恢复原状的能力，好的肌肉弹性可以提高运动效率、减少能量损耗，从而有助于提高速度。

肌肉系统因素对速度的影响是全方位的，影响速度的不仅仅是单一的因素，而是多个因素的综合作用。因此，提高速度素质不应仅关注单一的肌肉系统因素，而应考虑如何在多个方面进行综合训练和提高。同时，还应注意个体的差异性，根据每个人的特点和需求进行个性化训练，以实现速度素质的最大提高。

（三）年龄与性别因素

年龄和性别在很大程度上影响了个体的速度表现。它们决定了身体的生理发育程度，包括肌肉质量、力量、反应速度、协调性等，从而对速度产生深远影响。

年龄在很大程度上决定了身体的发育程度和功能状态。在青少年时期，身体发育迅速，神经系统、骨骼肌等都在不断发育和成熟，速度素质也在这个阶段得到快速的提高。然而，随着年龄的增长，身体各项功能开始走向衰退，包括神经反应能力、肌肉力量和协调性等，这会导致速度素质的下降。因此，在训练过程中，我们需要考虑这种年龄对速度的影响，对不同年龄段的运动员采取不同的训练方式和强度。

性别是决定速度素质的另一个重要因素。一般来说，男性比女性具有更高的速度素质，这主要是由于男性在生理上具有更大的肌肉质量、更高的肌肉力量以及更快的神经反应速度。然而，女性在某些方面如柔韧性和协调性上可能优于男性，这也可能对速度有一定的影响。因此，在训练过程中，需要考虑性别的差异，对男性和女性运动员采取不同的训练方式和策略。

（四）训练与恢复因素

训练与恢复是决定速度素质提升的重要因素，它们通过优化体能水平、提升神经反应能力以及增强身体协调性等方式，对速度素质产生积极影响。

训练是提升速度素质的核心，其中包含了诸多因素，如训练强度、训练负荷、训练频率、训练方式等。训练强度对速度的影响体现在适度的训练强度能够刺激神经肌肉系统，提高神经反应速度和肌肉收缩速度，从而提升运动速度。训练负荷决定了训练的深度，适合的训练负荷能够提高身体各系统的负荷承受能力，提升身体机能，进而提高速度表现。训练频率也会影响速度，适当的训练频率能保证身体有足够的恢复时间，避免过度疲劳，同时也能够保证身体各系统得到充分的刺激，实现优化。训练方法包括速度训练方法和技术训练方法等，也是影响速度的关键因素，科学合理的训练方法能够提升动作效率、减少能量损耗、提高运动表现。

恢复是训练的另一面，是训练效果得以实现的关键环节。良好的恢复能够帮助身体尽快地恢复到最佳状态，提供持续训练的基础。充足的休息和睡眠能够让身体得到深度恢复，恢复神经肌肉系统的疲劳，提升身体的反应速度。适当的营养补充，尤其是蛋白质和碳水化合物的补充，能够帮助身体修复训练中损伤的肌肉组织，恢复肌肉功能，从而提升速度表现。

训练与恢复并重，科学训练、充分恢复是提升速度素质的关键。因此，在训练中，我们不仅需要注意训练的方法、强度、频率和负荷，更需要注重身体的恢复，通过科学的恢复方法，最大化训练效果，提升速度表现。

第三节　力量与速度素质训练的方法与注意事项

一、力量训练方法

（一）传统力量训练法

传统力量训练法是训练力量的基础和核心，也是最常用的一种方法。它通常包括举重、抗阻训练等，通过对身体肌肉的持续刺激，使肌肉产生适应性改变，增加肌肉纤维的粗细和数量，从而提升力量表现。

举重训练是传统力量训练法中最常用的一种，其目的是通过提高举重的重量和次数来提升肌肉的力量。这种训练方法可以使肌肉产生高强度的收缩，从而刺激肌肉纤维的生长和发展，增加肌肉的大小和力量。举重训练的常见方式包括自由重量训练、固定设备训练等，通过不同的方式来有针对性地训练不同的肌肉群。

抗阻训练是另一种常见的力量训练方式，其目的是通过提供阻力来刺激肌肉的收缩。这种训练方法可以有效地提升肌肉的力量和耐力，对提高运动员的运动表现有着重要的影响。抗阻训练的方式多种多样，如使用弹力带、健身球等设备进行训练，也可以通过自身重量进行抗阻训练，如俯卧撑、引体向上等。

传统力量训练法的优点在于，它可以有针对性地训练特定的肌肉群，通过调整训练的重量、次数和强度，实现对力量训练的精细化管理。但是，传统力量训练法也有其局限性，如可能导致肌肉的过度训练，造成肌肉损伤；也可能由于重量和强度的不适当，造成训练效果的不理想。

在进行传统力量训练法时，需要根据个体的体能、技术水平和训练目标，科学地制订训练计划，合理地安排训练的重量、次数和强度，以防止肌肉的过度训练和损伤。同时，还需要结合运动员的恢复情况，适时地调整训练计划，确保训练的效果和安全。

（二）高强度间歇训练法

高强度间歇训练法（HIIT）指的是在短时间内进行高强度的运动，之后进行短暂的休息或低强度运动，然后再次进入高强度运动，如此循环进行。这种训练方式源于对人体生理机制的研究和理解，其目的是在有限的时间内通过对肌肉施加高强度的负荷，以刺激身体产生适应性的变化，以增强力量、耐力和爆发力。

HIIT 在力量训练中的应用主要表现为集中力量对一种或几种动作进行短时间内的高强度训练，然后进行短暂的休息，这样的周期循环多次。这种训练方式的优势在于其高效性，可以在较短的时间内达到提升力量、增大肌肉体积、提高运动性能的效果。

同时，HIIT 训练方式能带来的代谢刺激效果也很显著。在高强度训练阶段，肌肉需要消耗大量的能量，而在训练后的恢复阶段，身体会持续以更高的速度进行能量代谢以满足肌肉修复的需要，这种现象被称为"过量后氧消耗"，也是 HIIT 能有效提升身体燃脂效率的重要机制。

尽管 HIIT 具有显著的训练效果，但由于其对身体的高强度负荷，对训练者的身体素质、健康状况、恢复能力等方面都有较高的要求。训练者在进行 HIIT 训练时，应保证充足的热身、调整、恢复和营养补给，以防止过度训练和运动伤害。

同时，HIIT 的训练计划和运动负荷应根据个体的实际情况和训练目标进行调整。例如，训练的强度、持续时间、休息时间、训练动作等都需要根据训练者的身体状况和训练目标进行适当的设计和调整。

（三）力量耐力训练法

力量耐力训练法，顾名思义，旨在提升运动员力量的持久性。与传统力量训练或爆发力训练注重最大力量输出或瞬时力量输出不同，力量耐力训练的重点在于在一段较长时间内持续地、有效地输出力量。运动员通过这种训练方式，可以改善肌肉的耐力表现，进而在长时间的训练或比赛中保持较高的表现。

力量耐力训练通常包含一些高重复次数、中等强度的训练项目。例如，运动员可能需要进行多组、每组 15 ～ 20 次的深蹲或卧推训练。这种训练强度可以刺激肌肉内的线粒体数量和效能增加，线粒体是细胞内负责能量产生的器官，能帮助提升肌肉的耐力表现。

对于具体的训练计划，应根据运动员的身体状况、训练经验和目标进行调整。例如，对于初级运动员，可能需要从较低的重量和较高的重复次数开始，随着体能的提升，逐渐增加重量、减少重复次数。对于经验丰富的运动员，可以使用更高的重量、更多的组数，以达到更高的训练强度。

在进行力量耐力训练时，需要注意的是恢复的重要性。由于训练的强度和体积都较大，运动员的身体可能需要更多的时间来恢复。因此，应在训练日和休息日之间做好平衡，确保身体有足够的时间进行恢复。

此外，合理的营养摄入也是力量耐力训练的重要组成部分。运动员需要足够的蛋白质来修复和重建训练中受损的肌肉，需要足够的碳水化合物来提供能量，以支撑高强度的训练。

二、速度训练方法

（一）传统速度训练法

传统的速度训练法是一种通过专门的训练方法来提升运动员在短时间内产生最大速度的训练方法。这种训练方法对各种需要速度表现的运动项目，如田径、游泳、足球等都是至关重要的。

传统速度训练的一种常见方法是进行短距离、全力以赴的冲刺训练，如 50 米至 100 米的全速跑。在这种训练中，运动员需要在短时间内全力冲刺，以提升其最大速度。这种训练能有效地刺激肌肉中的快速肌纤维，这是决定速度表现的关键因素。

另一种常见的传统速度训练方法是阻力跑。在这种训练中，运动员会在带有阻力（如阻力伞或阻力带）的情况下进行全力冲刺。这种训练能提高运动员的力量输出，从而提升其速度表现。

（二）爆发力训练法

爆发力训练法在大学体育中已经成为一种普及的训练手段。爆发力主要是指肌肉在极短的时间内产生最大力量的能力。这种能力在很多运动中都显得非常重要，例如篮球、足球、短跑、跳高、举重等。爆发力训练是一个系统性的过程，其中融合了多种训练方法以达到最佳效果。开始时，常采用传统重量训练，这涉及使用较重的重量、低重复次数和高强度的方式，如深蹲、硬拉和推举等动作。为了模拟实战状态，还会结合多关节复合动作，如动态深蹲跳或蹲起跳。另外，为了最大化力量和速度的输出，奥林匹克举重经常被纳入训练程序，因为它完美地结合了速度和力量。同时，抗阻跑，如使用阻力伞或拉重物跑步，也为增加腿部肌肉的力量与速度提供了有力手段。

（三）速度耐力训练法

速度耐力训练法在体育运动中占据重要的地位，它的主要目标是提升运动员在高强度运动状态下的耐力，也就是提高运动员在最大速度或接近最大速度下的持久性。无论是长距离赛跑、自行车赛，还是足球、篮球等球类比赛，速度耐力训练都是关键的一环。速度耐力训练通常包含两种主要方法：间歇训练和阈值训练。

间歇训练是通过短时高强度运动和中等或低强度恢复期的交替，来提高肌肉的乳酸耐受力和心肺耐力。具体的训练方式可以根据运动员的能力和训练目标进行调整，例如，可以设定每段高强度运动的时间、恢复期的时间、运动的强度等。

阈值训练则是在一段时间内保持高强度的运动，强度通常维持在运动员的无氧阈值或稍微超过无氧阈值的程度。这种训练方式可以提高运动员在高强度下的持久能力，使其能够在赛事中更长时间地保持高速度。

三、训练注意事项

（一）训练强度与恢复

训练强度与恢复是实现运动训练效果的两个关键要素，运动员和教练员在制订和执行训练计划时，必须充分考虑这两个方面，以便确保运动训练的效果，保障运动员的身体健康。

训练强度是衡量训练负荷的重要指标，它直接影响训练的效果。过低的训练强度可能无法达到提高体能的目标，而过高的训练强度则可能导致过度训练，甚至引发伤病。因此，合理的训练强度是关键。在确定训练强度时，需要考虑运动员的身体状况、训练基础、训练目标等因素。另外，训练强度还应在训练周期内进行适当的调整，例如在体能训练期，可以适当提高训练强度，而在赛前，则应降低训练强度，以确保运动员在比赛中的最佳表现。

恢复是运动训练中不可忽视的部分。高强度的训练会使运动员的身体产生疲劳，如果没有得到充分的恢复，不仅训练效果会大打折扣，运动员的身体健康也可能受到影响。恢复的方法包括充足的睡眠、适当的饮食、休息、放松训练等。其中，睡眠和饮食是恢复的两大基础。良好的睡眠能够帮助身体修复受损的组织，恢复体能；适当的饮食则能为身体提供必要的营养，支持体能的恢复。

（二）训练频率与周期化安排

训练频率和周期化安排是力量与速度素质训练中的关键因素。恰当的训练频率能帮助保持训练强度，避免过度疲劳，而良好的周期化安排能保证持续进步并避免训练平台期。

1. 训练频率

训练频率指的是在一定时间段内进行训练的次数，通常以每周的训练次数来衡量。训练频率取决于许多因素，包括但不限于目标、训练阶段、年龄、健康状况、恢复能力等[1]。

对于新手或处于康复阶段的运动员，训练频率可能需要降低，以便给身体提供充分的恢复时间。一般建议每周进行 2 ～ 3 次力量训练。

对于经验丰富的运动员，训练频率可以提高，可每周进行 3 ～ 5 次训练。但是，增加训练频率时必须充分考虑恢复时间，以免引发过度疲劳或造成身体伤害。

① 毛燕平. 运动训练中的疲劳定义、分类与导致原因分析 [J]. 内江科技，2022，43（1）：130-131，151.

2. 周期化安排

在力量与速度素质训练中，周期化安排是一种有效的策略，它能帮助我们将训练计划分成不同的阶段或周期，每个阶段的训练强度、训练量和训练重点可能各不相同。这样做的目的是优化训练结果，防止过度疲劳，以及确保运动员在关键时刻能够达到最佳状态。

我们可以把周期化安排看作一种长期、中期和短期目标的结合。其中，宏观周期是长期目标，通常涵盖整个训练年度或季度，这是运动员为大比赛或关键赛季做准备的阶段。中观周期则是中期目标，可能包括数周到数月的训练，这个阶段通常设定明确的训练目标，如增加肌肉质量或提高无氧耐力等。微观周期是短期目标，通常指一周内的训练，包括对训练的强度、类型和恢复时间的详细规划。

将训练过程进行周期化安排，结合恰当的训练频率，是实现训练目标的关键。这种方式不仅可以平衡训练强度和恢复，避免过度疲劳和训练效果的停滞，而且能通过在不同阶段注重不同的训练重点，更加有效地提升力量与速度素质。

（三）训练技巧与伤害预防

在力量与速度素质训练中，训练技巧和伤害预防的重要性不容忽视。首先，我们要了解的是，每一种训练都应以具体性为原则，模拟比赛或活动中所需的动作和技能。例如，跑步者的训练就应该围绕跑步和相关活动展开。同时，正确选择训练的重量也至关重要，这需要其能够在规定次数内完成并在最后几次有一定难度的重量中进行选择，过轻或过重的重量都可能对训练效果起到负面作用。

而在执行训练动作时，保持正确的姿态和技术是必不可少的。这不仅可以使肌肉发挥最大效用，也能避免因错误动作导致不必要的伤害。然而，仅有正确的训练技巧并不足够，训练与恢复是相辅相成的。在进行了高强度的训练后，身体需要足够的恢复时间才能进行下一次的训练。

当我们谈到伤害预防时，热身和拉伸活动是每次训练前必不可少的步骤，它们可以帮助身体做好准备，应对即将进行的训练。而深度恢复，如良好的睡眠、充足的营养摄入，以及适当的冰敷或热敷等，也是伤害预防的重要环节。同时，通过参与不同类型的训练，也就是所谓的跨训练，可以有效帮助预防因过度使用某些部位而造成的伤害。

最重要的一点是，我们需要关注自己的身体。如果感到不舒服或疼痛，我们应当立即调整训练计划，必要时寻求医生或专业人士的帮助。力量与速度素质训练需要专业的指导和恰当的计划，只有这样，我们才能通过上述的训练技巧和伤害预防策略，优化训练效果，同时降低受伤的风险。

第四章 田径与体操的文化探索与训练方法

第一节 田径文化探索与运动训练

一、田径文化的深度解读

（一）田径历史的文化演变

田径文化的历史与发展可以追溯到古代时期，当时人们在与大自然及野兽的斗争中，不得不走或跑相当的距离、跳过各种障碍、投掷石块等来获得生活资料。这些活动促使人们形成了走、跑、跳跃和投掷等各种技能，也为田径运动的形成奠定了基础。

古希腊奥林匹克运动会被认为是田径运动的起源。公元前776年，第一届古奥运会在古希腊奥林匹亚村举行，从那时起，田径运动成为正式比赛项目[①]。这些比赛项目包括走、跑、跳跃和投掷等，旨在展示人类身体力量和竞技能力。

随着时间的推移，田径运动在不同地区和文化中得到了发展和演变。在古希腊，田径比赛是为了向众神致敬，体现人类与神灵的联系。在罗马帝国时期，田径比赛成了一项盛大的社交活动，吸引了大量观众和运动员的参与。

进入现代社会，田径运动得到了更广泛的认可和发展。1894年，现代奥运会组织成立，田径运动成为其中的主要比赛项目。在奥运会上，田径比赛成为各国运动员展示实力和争夺荣誉的舞台。同时，国际业余田径联合会于1912

---

① 　陈丽英，杨学军.体育院校体育教育专业田径普修课教学综述 [J].体育科学研究，2009，13（3）：92-95.

年成立，进一步推动了田径运动的发展和规范。

田径运动的发展离不开科技的进步。现代田径运动更加注重技术和训练方法的创新。科学研究在提高运动员的表现、改进装备和设施方面起到了重要作用。运动生理学、运动心理学等科学领域的发展，为田径运动提供了更深入的理解和指导。

田径运动不仅是一种体育竞技活动，也承载了丰富的文化内涵。它代表了人类对身体力行之美的追求，体现了坚持、团队合作和公平竞争的价值观。田径文化在不同国家和地区有着自己的特色，同时也成了世界范围内的交流和沟通的桥梁。

（二）田径精神的理解与传承

田径精神是对田径运动内涵的独特理解和追求，是代代相传的精神财富，也是田径运动持续发展的内在动力，它主要包含公平竞争、尊重对手、超越自我、坚韧不拔等核心价值。

公平竞争是田径精神的基石。田径运动场上，每一位运动员都在同样的起跑线上出发，以自身的实力和技术去竞争。无论胜利还是失败，他们都必须接受结果，并以此为契机提升自己。这种对公平性的坚守，塑造了田径精神的核心。

尊重对手是田径精神的重要组成部分。在比赛中，运动员们以自身的最高水平去竞争，同时也以最起码的尊重去对待对手。这种尊重不仅体现在赛场之外的礼仪中，也体现在比赛中的规则和道德上。田径运动传承的尊重对手精神，让运动员明白，尽管他们在赛场上是对手，但在赛场之外，他们是同样热爱体育的人。

超越自我是田径精神的灵魂。每一位田径运动员都追求超越自己的极限，无论是在训练还是在比赛中。这种对超越自我极限的追求，推动了田径运动的进步和发展。

坚韧不拔是田径精神的重要标志。田径运动中，运动员们常常需要面对巨大的压力和挑战，而他们的坚韧不拔和不屈不挠的精神，使他们能够一次次地克服困难，实现自我超越。

田径精神的理解与传承，不仅需要在田径运动中实践，还需要在社会生活中延续。在田径运动中，运动员们通过自身的行动，展现了田径精神的价值。在社会生活中，我们也可以借鉴田径精神，去面对生活中的挑战和困难，实现自我超越。在这个过程中，田径精神得以传承和发扬，成为我们生活的一部分。

（三）当代田径文化的特点

随着时代的变迁，田径文化也在不断发展与演变，形成了一系列自身的特点。

1. 全球化

随着全球化进程的推进，田径文化在全球范围内得以传播和推广。国际大赛的举办，使得田径运动观念、技术、规则等都得以全球传播，田径运动员的风采也在全世界范围内得以展示。田径运动，特别是世界田径锦标赛和奥运会等国际性赛事，促进了全球体育文化的交流和融合，使得田径文化具有了更加广阔的国际视野和影响力。

2. 科技化

随着科技的发展，田径运动的训练和比赛也越来越依赖科技。无论是运动员的训练管理，还是运动装备的研发，或者是赛事的组织、裁判等，都得益于科技的进步。这种科技化特征，使得田径运动更加精确，也使得田径文化与时俱进，反映出当代科技社会的特征。

3. 专业化

现代田径运动越来越注重专业化。运动员的选拔、培养、训练等都在朝着专业化方向发展，运动员的专业素养、教练员的专业技术等都在不断提高。这种专业化特点，使得田径运动的竞争水平不断提高，同时也推动了田径文化的发展和完善。

4. 社会化

田径运动已经成为现代社会生活的重要组成部分，这一特点主要体现在两个方面：一是田径运动的社会普及性，越来越多的人参与田径运动，尤其是马拉松、迷你马拉松等大众赛事的举办，使得更多的人有机会接触和参与田径运动，体验运动的乐趣；二是田径运动的社会影响力，无论是运动员的比赛成绩，还是他们在比赛中表现出的精神风貌，都对社会产生了深远的影响。

5. 人文性

田径文化强调人的全面发展，弘扬公平竞争、尊重他人、自我超越的精神，这一特点使得田径文化具有了丰富的人文内涵。田径运动不仅关注运动成绩的提高，更注重运动员人格的塑造和精神的提升。在田径运动中，运动员们通过坚持不懈的训练和激烈的比赛，体验挑战与超越，实现自我价值，同时也传递了积极的社会价值。

二、田径运动训练的基本知识

（一）田径项目分类与训练目标

田径运动是一种涵盖范围广泛的运动项目，由于不同项目的特性和要求各异，因此在训练目标的设定上也会有所区别。下面将田径项目进行分类，并分别解析每类项目的训练目标。

1. 竞走

竞走作为一项富有挑战性的田径运动项目，融合了速度与技术的细致平衡，是尽快行走至终点的艺术。选手们在维持特定步伐的同时，必须始终与地面保持接触，脚跟不得提前离开地面，直至脚尖触地。这对选手的身体协调性和耐力有着极高的要求，使竞走成了一项不仅侧重速度，而且注重技术的运动。

竞走比赛的赛道既可以是封闭的环形赛道，也可以是公共道路。通常环形赛道的长度为 400 米或 1000 米。而在一些更长距离的比赛中，如 20 公里或 50 公里的竞走，也可能使用开放的道路。不同的赛道设计对于选手们的技术和耐力都有不同的考验[①]。

竞走的判罚规则严格，裁判员会全程监控选手的动作，尤其是步伐是否符合规定。如果选手违反了步伐限制，会被给予警告或罚时，严重或频繁违规的选手将面临取消比赛资格的惩罚。这些严格的规则保证了竞走的公平性和专业性。

2. 短距离跑

短距离跑包括 100 米、200 米、400 米赛跑，需要运动员具有高度的爆发

---

① 孟刚. 田径 [M]. 北京：北京师范大学出版社，2011：86.

力和瞬间速度。训练目标主要集中在提高运动员的起跑技术、步频和步长的掌控能力，同时也要注重对肌肉力量和耐力的培养。

3. 中距离跑

中距离跑包括 800 米至 5000 米等项目，这类项目对运动员的耐力和配速能力要求较高。训练目标主要在于提高运动员的有氧耐力、培养运动员的配速能力和比赛策略，同时也要注意对运动员的心理素质的培养。

4. 长距离跑

长距离跑作为一项深受广大运动爱好者喜爱的体育活动，尤其在学术领域中，因其对身心健康的多方面益处以及其对人体机能、训练科学、运动策略的研究挑战而备受关注。

首先，让我们来了解长距离跑的定义。一般来说，长距离跑通常指的是 5 千米以上的跑步比赛，包括 10 千米跑、半程马拉松、全程马拉松（42.195 千米），甚至更长距离的超马比赛。这种运动对参与者的身体耐力、心理素质以及策略规划等方面都提出了极高的要求。

从生理学角度来看，长距离跑步对人体心肺功能的提升具有显著作用。其过程中会增强心脏泵血能力，改善血液循环，提高肺部通气功能。同时，由于需要消耗大量能量，能有效提高身体的脂肪代谢率，有助于控制体重和维护健康身体状态。此外，长距离跑步对人体骨密度和肌肉力量的增强也有积极影响。

从心理学角度来说，长距离跑步有助于提升人们的心理韧性和自我效能感。因为完成一场长距离跑需要面对身体的疲劳、对速度和体力的管理，以及对赛道和环境的适应，这对精神力量的锻炼极为有益。长时间的自我对话和心理调整可以提升人的自我认知，同时，跑步过程中的内啡肽释放也能带来愉悦感，有助于缓解压力、改善心理健康。

5. 公路跑

公路跑，又称马拉松跑，是一种在公共道路上进行的长距离赛跑活动。从学术视角来看，公路跑是一种集体育、科学研究与健康推广于一体的综合性活动，其影响和价值既体现在个体运动员的身心健康，也体现在大规模运动活动的社会影响力。

从参与者的数量上看，公路跑的参与度在全球范围内都在快速增长。据统计，2019 年全球马拉松赛事参与人数超过 1000 万人，与 2009 年相比增长了约 50%。这样的趋势反映了公路跑在全球范围内的受欢迎程度和影响力。

公路跑对运动员身体的影响也是学术关注的焦点。研究数据显示，长期参与公路跑的人群，其心肺功能、骨密度、免疫力等指标都高于同龄人。研究发现，经常进行马拉松训练的人，其心肺耐力比常规运动者高出 15% 左右。同时，公路跑也对运动员的心理健康有积极影响。比如，降低抑郁和焦虑的发生率，提高生活满意度等。

6. 跨栏跑

跨栏跑是一项具有挑战性和技巧性的田径项目，它融合了跑步的速度、跳栏的技术和良好的身体协调性。在这个项目中，运动员不仅需要全速前进，而且需要在不减速的情况下跨越一系列的栏架。这就需要他们具备出色的身体力量、敏捷性和灵活性。

跨栏跑的距离和栏高根据性别和年龄的不同而有所不同。男子 110 米跨栏的栏高为 1.067 米，而女子 100 米跨栏的栏高为 0.838 米。男子和女子 400 米跨栏的栏高都是 0.914 米。在青少年和儿童的田径比赛中，栏高通常会降低以适应他们的身高和技术水平[①]。

7. 障碍跑

障碍跑是一种特殊的田径比赛项目，其要求参赛者在赛跑过程中跨越一系列的障碍，包括水坑和固定的栏架，这种比赛形式旨在测试运动员的耐力、速度、技巧和决策能力。

障碍跑在奥林匹克比赛中最常见的形式是 3000 米障碍赛。在这个项目中，运动员必须跨越 28 次普通障碍和 7 次水坑障碍，总共 35 个障碍。水坑的宽度为 3.66 米，普通障碍的高度为 0.914 米（男子）和 0.762 米（女子）。尽管障碍看起来可能很高，但运动员们通常会使用一只手推动自己跨越障碍，而不是像跨栏跑那样用两腿跳过。

8. 接力跑

接力跑是一种特殊类型的田径赛事，它要求一组运动员（通常是四人）作

---

① 詹建国. 跨栏跑：现代跨栏跑技术与训练 [M]. 北京：北京体育大学出版社，2004：95.

为一个团队参赛，每个人在特定的距离（或"腿"）后传递一个叫作"接力棒"的物体给下一个队员。接力跑的目标是整个团队首先完成全程，而不是单个运动员。

在奥林匹克运动会和其他国际赛事中，接力跑通常包括 4×100 米和 4×400 米两种形式。每个队员都需要跑完 100 米或 400 米后将接力棒传递给下一位队员。接力棒的传递是接力跑的一个关键环节，它需要精确的计时和良好的协调。如果接力棒掉落或在非指定区域进行传递，队伍可能被取消比赛资格。

9. 跳跃类

跳跃类项目包括跳高、跳远、三级跳等，需要运动员具有良好的力量、灵活性和协调性。训练目标主要集中在提高运动员的起跳力量和在空中的控制能力，同时也要注重对运动员的动作技术和节奏感的训练。

10. 投掷类

投掷类运动包括铅球、铁饼、标枪等，是田径比赛中力量与技术完美结合的表现。这些项目既考验运动员的原始力量，也对他们的技术、精度和身体协调性有严格的要求。

铅球重 7.26 千克（男子）和 4 千克（女子），其目标是在规定的区域内以推的方式使铅球尽可能远地投出，这需要运动员具有强大的上肢力量和良好的身体稳定性。

铁饼重 2 千克（男子）和 1 千克（女子），运动员需在固定的圆形区域内进行旋转，利用蓄积的动量将铁饼投掷出去，这需要灵活的身体协调能力和稳定的力量输出。

标枪长 $2.6 \sim 2.7$ 米，重 800 克（男子）和 600 克（女子）。运动员需在一定距离内冲刺，然后用力抛出，这要求运动员具有极好的上肢力量、身体协调性和精确的投掷技术。

11. 复合项目

复合项目包括男子十项全能和女子七项全能，需要运动员在多个项目上都有出色的表现。训练目标主要在于全面提升运动员的各项能力，包括力量、速度、耐力、技术等，同时也需要对运动员进行心理训练，提高他们的比赛应变能力和心理承受能力。

（二）田径训练方法与技术

田径运动是一种综合性极强的体育运动，涵盖了多个领域的训练方法和技术，包括身体素质、技术技能和心理状态等各个方面。在田径训练中，运动员不仅需要高强度的身体锻炼，还需要严格的技术训练，以满足每个田径项目对技术的独特要求，这些训练主要涉及动作的模仿、技术的实践以及系统性训练。

同样，体能训练在田径训练中也占据了非常重要的地位，它主要包括力量训练、速度训练、耐力训练和柔韧性训练等，针对不同的项目和运动员的特点，训练计划需要根据个体差异进行调整。同时，现代竞技体育中，心理因素对运动员的表现有着重要影响，因此，心理训练也成了田径训练中重要的一环，这包括目标设定、自我暗示、放松训练等心理技巧。

对于复合项目和中长距离赛跑，更需要引入战术训练，如何根据比赛的节奏调整自身的状态，如何运用战术技术取得比赛优势，成了提高比赛成绩的重要环节。

技术方面，田径运动对运动技术有着严格的要求，每个项目都有其独特的运动技术，如跑步的步频和步幅、跳高的起跳和落地技术、投掷的力量输出技术等，这需要运动员在训练中进行反复实践和提升。同时，通过专项训练提升运动员的体能素质，如力量训练、速度训练、耐力训练等，也是训练中的重要技术之一。并且，运动员还需要运用心理训练技巧提升自身心理素质，更好地应对训练和比赛中可能遇到的困难和压力。

（三）田径训练误区与防伤知识

田径运动的训练误区和防伤知识对每一位运动员和教练员来说都至关重要。错误的训练理解和方法可能降低训练效果，甚至可能导致运动伤害。

在许多运动员的训练过程中，我们常常看到他们热衷于追求高强度的专项训练，以期在短时间内看到训练效果和进步，却忽视了基础训练的重要性。然而，基础训练对提升力量、耐力、速度和灵敏性等基本素质具有不可替代的作用，是提高专项训练效果的基石。

训练量和训练强度的选择也是一个常见的误区。有些运动员以为训练量越大，强度越高，效果就越好。然而，如果训练量和强度过大，可能导致身体疲劳过度，恢复不足，甚至可能引发运动伤害。因此，训练量和强度需要根据个体差异和训练阶段进行调整。

有些运动员在训练后不能及时有效地恢复，或是忽视了合理的营养摄取，这都可能影响训练效果。恢复和营养是保持良好训练状态和提高训练效果的重要因素。同时，田径运动中的心理因素也占据了重要的地位，对于心理训练的重视也不应忽视。

在防止运动伤害方面，掌握正确的运动技术、合理的训练安排、运动前的热身和运动后的拉伸以及高质量的恢复和营养等都是关键。正确的运动技术可以降低运动伤害的风险，合理的训练安排能使运动员的身体逐步适应训练的压力，而充足的休息和高质量的营养则是恢复和伤害防护的重要保障。运动员需要保证足够的睡眠，运动后需要摄取高质量的蛋白质和碳水化合物，以帮助肌肉的修复和恢复。

三、田径文化与运动训练的融合

（一）田径文化在运动训练中的应用

田径文化与运动训练的融合是田径运动发展的重要趋势。在这一过程中，田径文化的元素如竞技精神、公平竞赛原则以及对身心健康的关注，被有机地融入运动训练，从而丰富了训练的内容，提高了训练的效果，同时也弘扬了田径文化的精神内涵。

在田径运动训练中，竞技精神是首先要传达和弘扬的文化元素。运动员在严格的训练中体验到挑战自我、突破极限的过程，通过体验艰辛和苦难，不断增强意志品质，以更高的标准要求自己，这正是竞技精神的体现。同时，教练员在训练中也需不断强调这一精神，引导运动员在训练和比赛中发扬积极进取、永不放弃的竞技精神。

公平竞赛原则则在运动训练中得到了贯彻和体现。在训练中，教练员需以公正公平的态度对待每一位运动员，不论其天赋能力如何，都应给予平等的训练机会和指导。对于运动员来说，他们也需遵守公平竞赛的原则，诚实比赛，尊重对手，不采取任何不公正的手段提高自己的竞争优势。这样的训练环境能让运动员真正理解和实践公平竞赛的原则，体现田径文化的核心价值。

至于对身心健康的关注，它在运动训练中的体现主要是通过训练的科学合理性。合理的训练量、适当的恢复时间，以及严谨的训练计划都是为了保证运动员的身心健康，防止运动伤害的发生。同时，身心健康的关注也包括对运动员心理状态的关注，教练员需要定期对运动员的心理状态进行评估，提供必要的心理支持和干预，确保运动员的心理健康。

（二）运动训练在田径文化传承中的作用

运动训练在田径文化传承中起着至关重要的作用。通过日常的田径训练，运动员不仅可以体验和理解田径文化的核心价值观，如挑战自我、公平竞争、尊重对手等，而且可以将这些价值观传递给更多的人，从而推动田径文化的传承和发展。

在训练过程中，运动员需要遵循公平竞争的原则，努力挑战自我，克服困难，向着设定的目标前进。这种过程不仅能锻炼运动员的体能和技能，还能深化他们对田径精神的理解和认同。此外，教练员在训练中的指导和教诲，也能帮助运动员更好地理解和接纳田径文化，从而在心理和精神层面上受到深刻熏陶。

当运动员在训练和比赛中表现出田径精神、积极向上的态度和良好的体育道德时，他们就在实际行动中向其他人展示了田径文化的魅力，引导和激励更多的人加入田径运动。这不仅有利于田径文化的传播和普及，也为田径运动的发展输送了新的动力。

随着科技的进步和社会的变迁，田径训练方法和理念也在不断更新和演变。在这一过程中，田径文化也需要与时俱进，吸收新的元素，以更贴近现代社会和人们的需求。通过科学的运动训练，可以发现和引入新的训练理念和技术，从而丰富和更新田径文化，推动其向更高更远的方向发展。

第二节 体操文化探索与运动训练

一、体操文化的深度解读

（一）体操历史的文化演变

体操，一项结合了力量、柔韧性、协调性和优雅的运动，是人类文明史上一种重要的体育活动形式，其发展和演变与人类历史紧密相连。深入探讨体操的历史，能更好地理解其对人类社会文化发展的影响。

体操的起源可以追溯到古希腊时期，大约 2000 多年前。在古希腊社会，人们相信身体和精神的和谐，这在古希腊的哲学家如柏拉图和亚里士多德的许多作品中有所体现。这种理念反映在体操的发展上，可以说体操运动是体育和艺术的综合，它不仅提升了人的身体素质，同时也在文化、音乐和哲学上有所涵盖[①]。

古希腊的体育场馆是当时的文化中心，人们在这里进行体育活动，同时也学习艺术、音乐和哲学知识。体育和智力活动的相结合，被认为可以达到精神和肉体的和谐。不只是古希腊人，古代的中国、波斯和印度等文明古国也有将体操作为年轻人参军前的准备训练的历史，这种做法一直延续到了 19 世纪。

值得一提的是，我国早在三皇五帝时期就已经出现了早期体操形式。据《路史·阴康氏》记载，阴康氏时期，人们面临着诸多自然灾害，为了保持身体健康，他们创制了"消肿舞"，即通过舞蹈的方式进行体操活动，达到疏解身体不适、防治疾病的目的。古代医学名著《黄帝内经》中的"导引养生术"，也是一种类似体操的活动。人们通过模仿禽兽的动作，如举臂、下蹲、收腹、踢腿、弯腰、深呼吸等，进行身体锻炼，以此来保持身体健康[②]。这些动作与现代徒手体操十分相似，至今仍被广大人民群众用作健身的手段。1973 年在湖南长沙马

---

① 康金峰 . 中国体操改革发展研究 [M]. 世界图书出版西安有限公司，2018：5.

② 段青峰 . 黄帝内经 [M]. 武汉：崇文书局，2020：26.

王堆汉墓中出土的古代《导引图》更是直观地展示了古代体操活动的场景，图中描绘了不同性别和年龄的人做着举臂、下蹲、收腹、踢腿、弯腰、深呼吸等40多种动作 [①]。这一发现进一步证实了体操在我国古代的普遍存在。

进入现代社会，体操发展为一项竞技运动，其正式称为竞技体操。这是一项在规定的器械上完成复杂、协调的动作，并根据动作的难度、编排与完成情况等给予评分的运动。这种运动形式从19世纪80年代开始在欧洲的学校、体育运动俱乐部和民族组织中流行起来，1896年奥林匹克运动会恢复后，体操运动重返赛场。由此，体操的发展步入了一个崭新的阶段。

如今，体操已经成为全球范围内广泛参与的一项体育运动，它既是身体素质的锻炼，也是艺术的表现，更是精神力量的体现。从古希腊的哲学思想到现代的竞技运动，体操在历史的长河中不断发展和演变，体现了人类对身心和谐的追求和对美的向往。

（二）体操精神的理解与传承

体操精神是体操运动的核心精神内涵，主要包括追求卓越、坚韧不拔、公平竞争和尊重自然等。这些精神理念贯穿体操运动的各个方面，引导着体操运动员在运动中的行为和态度。

1. 追求卓越

体操运动对运动员的身体素质、技术水平和心理素质要求极高，只有通过不断地训练和努力，才能达到优异的运动表现。这种追求卓越的精神，不仅体现在体操运动中，也是体操运动员生活中的重要原则。

2. 坚韧不拔

体操运动过程中，运动员往往需要面对各种挑战和困难，如高难度的动作、严格的比赛规则和激烈的竞争压力等。在这种情况下，体操运动员需要展现出坚韧不拔的毅力，不怕困难，不畏挑战，始终保持积极向上的态度。

3. 公平竞争

体操运动中，运动员需要遵守比赛规则，尊重对手，不采取任何不公平的

---

① 林伟 . 中国体育文化探略 [J]. 体育文化导刊，2004（6）：46－47.

手段。这种公平竞争的精神，不仅体现在体操运动中，也应该成为运动员生活中的一种原则。

4. 尊重自然

体操运动是人体与自然环境相结合的一种运动形式，运动员需要尊重自然、保护环境，这对维护地球的生态环境、实现人与自然的和谐共生具有重要的意义。

体操精神的传承需要我们在日常的教育和训练中，将这些精神内涵融入运动员的训练和生活，使其成为他们的生活原则和行为准则，引导他们在体操运动中实现自我提升，同时也会对他们的人生观和价值观产生积极影响。

（三）当代体操文化的特点

当代体操文化的特点鲜明，反映出全球化、多元化、极致追求和科技运用等现代社会的多种特征。

体操作为一种全球范围内广受欢迎的体育项目，不同国家和地区的体操运动员在国际比赛中共同展现出人类在体操艺术中的创造力和想象力，这无疑是全球化特征的体现。同时，体操文化也展现出了强烈的融合性。体操不仅是一项体育运动，更是与艺术、科学、教育、医学等领域相融合的产物，这显示了体操运动的多元化特点。

在当代体操文化中，运动员对技术极致的追求不仅体现在动作的精准度、难度和艺术性上，更在于对身体极限的突破和心理素质的提升。这一点与体操运动高度的观赏性和娱乐性相辅相成。体操运动以其高难度的动作、精美的舞蹈和优美的音乐，赢得了观众的广泛喜爱。

科技在当代体操文化中的应用也是一大特点，科技的引入使得体操运动得以全新的发展。例如，通过科技手段分析运动员的动作，提高运动员的训练效率和降低运动伤害的风险。

当代体操文化在关注运动员的身心健康、注重运动员的个性发展和人格完善的同时，还强调了人文关怀和环保理念。它关注运动员的人权保护，体现了人文关怀的精神，并在训练和比赛中注重环保，积极推动绿色体育的发展。

二、体操运动训练的基本知识

（一）体操项目分类与训练目标

体操作为一项古老而富有魅力的运动，包含着众多的项目。无论是艺术体操、竞技体操、蹦床，还是舞蹈体操，每一种都有其独特的魅力和独特的训练目标。了解体操项目的分类与其训练目标，可以帮助我们更好地把握体操运动的本质，更科学地进行训练。

体操运动主要包括艺术体操、竞技体操、蹦床体操、舞蹈体操等。每一种体操项目都有其独特的技术要求和动作特点，因此其训练目标也各有侧重。

艺术体操也被称为节奏体操，是一项结合舞蹈、体操和音乐的运动，要求运动员以一种艺术性和技巧性兼备的方式表演。艺术体操的训练目标是提高运动员的柔韧性、平衡感、节奏感以及舞蹈造型的掌握能力，同时要提升运动员的审美能力和表演能力。

竞技体操是一种高难度的体操运动，包括男子体操和女子体操。男子体操包括自由操、吊环、跳马、鞍马、双杠和单杠六个项目；女子体操包括跳马、自由操、平衡木和高低杠四个项目。竞技体操的训练目标是提高运动员的力量、速度、灵敏度、柔韧性、平衡感和空间感，同时也要提高运动员的技巧掌握能力和动作创新能力。

蹦床体操是一种利用蹦床进行的体操运动，包括单人蹦床、双人蹦床和同步蹦床。蹦床体操的训练目标是提高运动员的跳跃高度、旋转速度和空中稳定性，同时也要提高运动员的安全意识和防护能力。

舞蹈体操是一种结合舞蹈和体操的运动，强调动作的艺术性和表演性。舞蹈体操的训练目标是提高运动员的舞蹈技巧、表演能力和音乐节奏感，同时也要提高运动员的创新能力和舞台魅力。

以上每一种体操项目都有其独特的训练目标，为达成这些目标，训练者需要有科学的训练计划、高效的训练方法、合理的训练安排，这都对教练员和运动员的专业素质提出了较高的要求。同时，实现训练目标需要有良好的基础设施、充足的训练时间、优质的教练员资源以及充足的资金支持，这都是促进体操运动发展的重要因素。

（二）体操训练方法与技术

体操运动的训练方法和技术作为科学训练的核心，主要涵盖了身体素质训练、技术技巧训练、心理素质培养等多个方面，这些训练方法和技术是提高运动员技术水平、促进全面发展的重要手段。

在体操运动中，身体素质训练是必不可少的一环，它主要包括力量、速度、灵敏性、柔韧性和平衡感等方面的训练。针对不同的体操项目，运动员需要根据项目特性和个体差异进行科学合理的训练，以充分发挥其身体素质的优势。同时，技术技巧训练也占据了重要的位置。体操运动的技术技巧训练要求运动员掌握并精炼体操动作的执行技巧，包括动作的准确性、流畅性、美观性等。同时，也需要运动员能够根据比赛的实际情况灵活运用各种技术技巧，进行实战对抗。

除了身体素质和技术技巧，心理素质的培养也是体操训练的关键一环。体操运动是一项高度精神集中的运动，运动员需要在比赛中保持良好的心态，抵抗各种压力，因此，培养运动员的自信心、抗挫折能力以及调节情绪的能力，都是心理素质训练的重要内容。

随着科技的发展，现代体操训练中越来越多的新方法和技术被引入，如模拟训练、信息反馈训练以及科学的训练监控系统等，这些新的训练方法和技术使得体操训练更加科学、高效和个性化。

（三）体操训练误区与防伤知识

在体操训练中，如果运动员和教练员对训练的规律和方法理解不透，常常容易陷入一些训练误区，影响运动员的提高，甚至造成运动伤害。以下将主要探讨一些常见的体操训练误区和防伤知识，帮助运动员和教练员提升训练效率，减少训练伤害。

体操训练误区主要表现在以下几个方面：忽视基础训练，片面追求技术难度；训练过程中忽视运动员的个体差异，机械地执行训练计划；缺乏恰当的休息和恢复，导致训练负荷过大；过分依赖器械训练，忽视了自身体能的提升等。

防伤知识方面，首先，运动员在训练中必须掌握正确的动作技术，避免因动作错误导致的运动伤害。其次，加强对身体各关节，尤其是脊椎和下肢关节的保护性训练，增强关节的稳定性和灵活性，防止因跌倒，扭伤等意外事故导致的运动伤害。再次，训练中要注意身体的休息和恢复，避免过度疲劳，增加运动伤害的风险。最后，运动饮食也是防伤的重要环节，运动员应保证充足的营养供给，增强身体的抵抗力，加速恢复。

另外，体操运动员在训练中若出现伤病，应立即停止训练，及时进行初步的伤处保护，并尽快寻求专业的医疗帮助。千万不要因急于提高成绩，忽视伤病的治疗，否则可能造成更严重的伤害，影响运动员的长期发展。

三、体操文化与运动训练的融合

（一）体操文化在运动训练中的应用

体操文化和运动训练的融合是一种全新的训练观念，它强调文化与训练的相互渗透和相互促进，以期提高训练效率，培养运动员的全面素质。

体操文化是体操运动的灵魂，是运动员对体操运动的深度理解和独特感知。体操文化在运动训练中的应用可以帮助运动员更好地理解和把握运动规律，提高运动技能，同时也可以丰富运动员的精神世界，提高运动员的精神品质。

在训练中，体操文化的应用主要体现在以下几个方面：首先，体操文化的精神价值可以提高运动员的精神境界，增强运动员的自我约束和自我激励，从而提高训练效率。比如，体操运动中的"卓越自我，超越极限"的体操精神，可以鼓舞运动员面对困难和挑战，保持积极向上的心态。其次，体操文化的历史传承可以为运动员提供丰富的训练素材和思考启示，使运动员在训练中既能积累丰富的技能，又能提升自我。运动员通过学习体操的历史发展，理解体操运动的发展规律，既能在技术上有所突破，又能在精神上得到提升。最后，体操文化的社会价值可以提升运动员的社会责任感和荣誉感，使运动员在追求个人技术提升的同时，也能关注体操运动对社会的贡献。体操运动作为一种传播和弘扬社会文明的载体，其社会价值应当得到充分的挖掘和应用。

（二）运动训练在体操文化传承中的作用

体操文化是体操运动的精神内核，它包含了体操运动的历史传统、精神价值和社会意义。而运动训练作为体操运动的重要组成部分，它在体操文化传承中的作用尤为重要。

体操运动训练在体操文化传承中的重要作用主要体现在以下三个方面。

第一，运动训练是体操文化传承的重要方式。体操运动技术是体操文化的重要载体，它是体操文化得以具象化和实现化的主要方式。运动训练不仅传承和发展了体操技术，也在实践中传承和弘扬了体操精神，使体操文化得以传承和发展。

第二，运动训练是体操文化创新的重要源泉。在运动训练中，运动员和教练员不断探索和尝试、不断创新技术和方法，这些创新成果既丰富了体操技术，也丰富了体操文化。比如，体操运动的一些新技术、新动作都是体操文化的新元素，它们以新的形态和内容推动了体操文化的发展。

第三，运动训练是体操文化传播的重要途径。通过运动训练，体操运动员不仅能提高自身技术水平，也能把体操文化传播给更多的人。每一场体操比赛，都是体操文化的一次展示和传播。运动员的精彩表现，教练员的专业指导，观众的热情应援，都是体操文化的生动体现。

因此，我们可以说，运动训练在体操文化传承中的作用不可忽视。它既是体操文化传承的重要方式，也是体操文化创新和传播的重要途径。在未来的体操运动训练中，我们应更加重视运动训练在体操文化传承中的作用，积极发挥运动训练的作用，不断推动体操文化的发展和传承。

第五章 篮球、排球与足球的文化诠释与技能提升

第一节 篮球的文化诠释与技能提升

一、篮球的历史与发展

篮球这项运动诞生于 19 世纪末的美国，其发展历程几乎贯穿了整个 20 世纪至今，见证了全球体育文化的重要变迁。

篮球的发源可以追溯到 1891 年，由美国马萨诸塞州的一位体育教师詹姆斯·奈史密斯发明。他希望寻找一项适合在室内进行的、既能锻炼身体又能鼓励团队合作的运动，因此他设计了一款新的游戏，其核心规则是将一个球扔进对方的一个悬挂在空中的篮筐。在初期，篮球的规则十分简单，只有 9 个基本规定，比现在的规则要简单得多。

篮球运动在 20 世纪初得到了快速的发展。1904 年，篮球被引入奥运会作为表演项目。然而，直到 1936 年的柏林奥运会，篮球才被正式列为奥运会比赛项目。在此期间，篮球规则和比赛形式也逐渐完善，比如增加了比赛时间、界定犯规行为、明确了比赛人数等。

20 世纪 40 年代后期，美国国家篮球协会（National Basketball Association，NBA）成立，它标志着篮球运动进入了一个全新的职业化阶段。在 NBA 的影响下，篮球逐渐成为全球最受欢迎的运动之一，也为世界各地的球员提供了表现自我的舞台[1]。

---

[1] 潘志贤，李犀. 中外篮球文化 [M]. 长春：吉林大学出版社，2006：96.

在全球范围内，篮球的发展也取得了显著的成就。无论是在亚洲的中国和菲律宾，还是在欧洲的西班牙和希腊，篮球都具有非常高的流行度。同时，这项运动在非洲和大洋洲等地也有越来越多的关注者。

现代篮球的发展已经进入了一个多元化的时代。无论是街头篮球的兴起，还是女子篮球的发展，都表明篮球已经越来越丰富和多元。技术上，三分球、篮下暴扣等创新动作的发展，使篮球的比赛更加精彩和更具观赏性。

二、篮球文化的重要性

篮球不仅是一项运动，更是一种文化，它在全球范围内被广泛接受和热爱。这种文化不仅包括球场上的技术和战术，也包括球迷的热情、球员的精神和篮球所传递的社会价值[①]。

篮球文化旗帜鲜明地塑造了一种积极向上的生活态度。这项运动的精神内核——团队协作、公平竞争以及不屈不挠的精神，无一不是生活中我们需要秉持和追寻的态度。无论是身在球场的球员，还是在观众席上的球迷，都能在篮球的世界里感受到这股热情，并将之灵活运用到生活的各个方面。

同时，篮球文化也成了人们社交的一种独特媒介。它超越了种族、国籍和文化的界限，人们因篮球而相聚，分享共同的语言和体验。球场上的比赛，球迷间的交谈，都是人与人之间情感交流的重要桥梁。

此外，篮球文化同样是一种富有影响力的社会教育工具。它倡导的团队精神、对规则的尊重以及个人责任感等价值观，使得篮球运动在各类教育活动中占据了重要的地位，无论在校园还是社区。

篮球文化的存在对社会发展产生了深远的影响。它推动着体育产业的繁荣、加快了城市建设的步伐，催生了诸多社区活动。篮球场地作为城市的公共设施，以及篮球活动作为社区的一项重要组成部分，都体现了篮球文化的社会价值和影响力。

三、篮球的价值观与精神

篮球是一种全球广泛流行的运动，具有其独特的价值观和精神。这种独特

---

① 　刘璇. 高校篮球文化建设研究 [J]. 文体用品与科技，2023（13）：150-152.

性不仅仅体现在比赛的激烈与激动人心，更体现在这项运动所蕴含的深远的社会价值和文化内涵。无论是在激烈的比赛中，还是在平常的训练中，都可以看到这种价值观和精神的影子。

在篮球运动中，团队协作被赋予了极高的价值。这种强调团队协作的价值观是篮球的灵魂所在。无论在比赛中或训练中，无论是主力球员还是替补球员，他们都必须了解并执行自己的角色，使整个团队的战术运行得更加顺畅。篮球运动强调的不是个人的英雄主义，而是全体球员的协同合作。

公平竞争是篮球运动的核心价值之一。在篮球的世界里，公平是竞争的基石。无论比赛的规模大小，无论对阵双方的实力高低，每场比赛都应在公平的环境中进行。这种尊重规则、公正竞赛的精神让每个参与者都可以在公平的环境中尽情竞技，实现自我价值。

同时，篮球运动塑造了一种坚韧不拔的精神。这种精神让篮球运动员在面对比分落后、队员受伤等困难时，依然能保持冷静，坚持不懈，努力争取胜利。这种坚韧不拔的精神是篮球运动的象征，也是每一个篮球运动员的精神风貌。

篮球运动推崇的还有自我提升的精神。篮球不仅是一种比赛，更是一种自我挑战和自我提升的过程。篮球运动员们通过不断的训练和比赛，提高自己的技能和竞争力，实现自我超越。这种对自我提升的追求，体现了篮球运动的进取精神，也体现了每一个篮球运动员对自我完善的追求。

然而，篮球运动的价值观和精神并非一成不变的，它会随着社会的发展和变化而演化。在全球化和信息化的今天，篮球运动的价值观和精神也需要与时俱进，以适应新的挑战和机遇。篮球不仅仅是一项运动，它更是一种文化、一种生活方式、一种人生的态度。

无论是在激烈的比赛中，还是在日常的训练中；无论是主力球员，还是替补球员；无论是教练员，还是裁判员；无论是观众，还是媒体，篮球运动的价值观和精神都在影响着他们的行为和决策。这些价值观和精神不仅定义了篮球运动，也塑造了参与者的身份和角色，影响着他们的行为和决策，引导他们在面对挑战和困难时，展现出坚韧不拔的精神，尊重公平竞争的规则，追求自我提升，团结协作，克服困难，取得胜利。

四、篮球技能的基础要素

（一）基本运球技巧

篮球运动中，运球技术被誉为至关重要的技术之一，它是篮球运动员进行进攻、防守以及在场地上自由移动的基础。每一个篮球运动员都需要在长期的训练中熟练掌握这一技术。一些基础的运球技巧包括正确的握球姿势与动作、低快的运球速度、灵活的变向运球以及精准的视线控制，在这些运球技巧的背后，隐藏着深厚的篮球理论和实践知识。

运球是篮球运动的基本功，要想运球得体、流畅，那么，必须理解和掌握正确的握球姿势与动作。运球的过程中，应使用手指的前端，而非手掌去推动篮球。这种方式可以帮助运动员更好地控制篮球，提高运球的稳定性和准确性。手指张开，大拇指与食指形成一个大约90度的角度，可以充分利用手指的力量，使得运球更加流畅。而手腕的灵活性也非常重要，它可以增强运球的变化性，使得运动员在面对对方防守时，可以灵活应对。

在篮球比赛中，保持低快的运球速度是提高运球安全性和效率的重要技巧。运球的高度一般应控制在膝盖以下，这样可以降低被对手抢断的可能。同时，运球速度虽然要快，但也要保证能够控制得住，防止因运球过快而导致失误。这需要运动员拥有良好的身体协调性，同时也需要通过大量的训练来提高。

当面对防守球员时，变向运球技巧是突破防守的有效手段。常见的变向运球包括交叉运球、后背运球、转身运球等，它们可以帮助运动员在变幻莫测的比赛中，随机应变，突破防守，制造得分机会。然而，要熟练掌握这些技巧，不仅需要有良好的身体协调性、灵活的手腕运动，更需要通过大量的实践和训练来不断提高。

而在运球过程中，保持正确的视线控制也是非常重要的。运球时，视线不应紧盯着篮球，而应提升视线，观察场上的状况，包括队友的跑动情况以及对手的防守策略。通过这样的视线控制，运动员可以做出最佳的判断，选择最合适的进攻方式或者传球方向。而这种视线控制的技巧并不是一蹴而就的，它需要运动员通过大量的训练，逐渐提高自己的观察力和判断力。

除了以上这些运球技巧，另一个重要的因素是反复的练习。任何技巧的提高都离不开大量的练习，运球技巧也是如此。练习的过程中，不仅要注重技术的准确性，更要注重动作的流畅性和速度，同时也要根据自己的身体条件和运动能力，制订最合适的练习计划。只有通过这样的反复练习，才能逐渐提高运球技巧，达到在比赛中无球不行、无所不能的境地。

（二）准确投篮技巧

篮球运动中的得分主要依赖于精准的投篮技巧，这是核心技术的一部分。提高投篮的准确性，涉及一系列基本技巧的掌握和应用，包括正确的握球姿势、力量的正确分配、精准的目标定位以及流畅、一致的动作完成。不断的实践和练习也是提高投篮技巧的必要过程。

在投篮的过程中，握球的方式对投篮的成功有着重要影响。握球时，通常以一只手（主导手）握住球，另一只手只是起到辅助的作用，保持在球的侧面。这种握球方式有助于控制球的方向和力度。在握球的手掌与篮球之间，应保持一定的空隙，这样可以利用手指提供更稳定的支撑，有利于投篮的准确性。

投篮的力量分配也是提高投篮技巧的关键因素。很多人误以为投篮的力量主要来自手臂，实际上，投篮的力量应主要来自腿部和手腕。在投篮之前，身体应稍微蹲下，用腿部的力量起跳。在投篮的过程中，手腕的力量发挥主导作用，推动篮球飞向篮筐。而在投篮结束时，手腕应呈现弯曲的状态，如同在"向篮筐挥手"，这样可以使篮球以更理想的轨迹飞向篮筐。

在确定投篮目标时，投篮者应该将视线集中在篮筐的前缘，而不是整个篮筐，这样做可以帮助投篮者更精准地控制投篮的力量和角度，从而提高投篮的准确性。

投篮动作的连贯性和一致性也是影响投篮结果的重要因素。从起跳到手腕的挥动，所有的动作都应形成一个流畅且不断的运动链。每一次投篮的动作都应尽可能地保持一致，这样可以减少不必要的误差，提高投篮的稳定性。

当然，投篮技巧的提高离不开大量的训练和实践。在训练中，不仅要重视基本投篮技巧的熟练程度，同时也要注重在不同位置、不同情况下的投篮训练。这种多样化的训练方式有助于提高实战中的投篮能力，使投篮者能够在各种复杂的比赛环境中，保持高效的投篮表现。

握球姿势的正确性、力量分配的合理性、目标定位的准确性以及动作的连贯性和一致性，这些看似简单的技巧背后，都包含着篮球运动的丰富理论知识和实践经验。正因如此，无论是初学者还是经验丰富的球员，都需要在训练中不断地练习和磨练，才能提高自己的投篮技巧。

（三）传球与接球技巧

传球与接球是篮球比赛中的基础技术，是团队协作的重要环节。以下便是一些提高传球与接球技巧的基础指导。

在篮球比赛中，有效的传球建立在准确评估和快速决策的基础之上。投掷传球时，应以手指为主要的力量来源，手腕和手臂起到辅助作用，以确保球的方向和速度。根据比赛的实际情况，运动员可以选择直传、高抛传、地滚传或者弹传等多种传球方式。

具体的传球方式和时机取决于队友的位置、对手的防守状况以及场上的战术需求。为了提高传球的效率，运动员需要对队友的位置和动向有清晰的认识，以预判最佳的传球路线和时机。此外，运动员还需要时刻关注对手的防守情况，避免传球被拦截或抢断。

与传球相对应，接球也是一项重要的技术。接球时，运动员应保持专注，以准备接住来球。双手应伸向球的飞行方向，手指张开，准备握住篮球。一旦接到球，应立即做好投篮或继续传球的准备。

在比赛中，接球位置的选择和移动速度对成功接球至关重要。运动员应根据比赛情况，灵活调整自己的位置，以确保自己在接球时处于有利的位置。同时，运动员需要保持高速移动，以便在接球后立即进行有效的反击。

无论是传球还是接球，都需要在实战训练中反复练习。只有通过大量的实践，运动员才能掌握传球和接球的时机，提高技术的准确性，并在比赛中灵活应用。

（四）篮板争夺技巧

篮板球争夺在篮球比赛中起着至关重要的作用，无论是在防守端阻止对手的二次进攻，还是在进攻端争取二次得分机会，有效的篮板球争夺都是决定比赛胜负的关键因素。

篮板球争夺首先要求运动员具备良好的篮球意识，能预判篮球落点的位置。这需要对篮球的弹道、速度以及自身与篮筐的位置关系有深刻的理解。一旦投篮动作开始，运动员应迅速判断可能的篮板落点，并做出相应的移动。

位置的占据也是篮板球争夺的关键。在预判到篮板落点后，运动员应迅速占据有利位置，利用身体挡住对手，为抢篮板创造优势。这个过程中，运动员需要展示良好的力量和坚决的决心。

抢篮板的时机把握也很关键。运动员需要在球落下的那一刹那跳起，以最高点接触篮板。同时，需要注意的是，手的位置和角度都要尽可能地做到宽大，以覆盖更大的篮板区域。

另外，篮板球后的处理同样重要。成功抢到篮板后，运动员需要迅速做出判断，是立即投篮还是传球给队友，或者稳住节奏重新组织进攻，这些都需要运动员具备高水平的篮球意识和决策能力。

（五）防守技巧

篮球的防守技巧是赛场成功的一大基石。操控住比赛的进程，限制对手的得分空间，甚至转守为攻，防守的重要性无疑是令人瞩目的。理解并掌握防守技巧的深远意义，既能帮助队员在场上的表现，也能增进对篮球运动更深层次的理解。

防守技巧的基本理念，植根于物理学和人体生物力学。基础体位的稳定性和效率恰恰体现了力学的平衡和动态转化。防守者以低位和宽步的姿势为出发点，构建起稳固的防守基底。这样的体位提供了快速改变方向和保持稳定的能力，其科学依据来自生物力学的相关研究。

一名出色的防守者必须具备对手眼神、肢体语言等信息的敏锐感知能力，这同样是人类的进化和生物学机制的体现。这种敏锐的感知能力，需要防守者凝聚注意力，瞄准要防守的球员，而非单纯的篮球。如此一来，可以把握对手的真实意图，制定更有效的防守策略。

运动生物学告诉我们，人的运动主要靠下肢完成，手部的活动多用于细节的调整和辅助。因此，在防守时，更应使用脚步移动来阻挡对手，而非过多依赖手的动作。避免因手部接触对手而产生犯规，是这一原则的具体实践。

科学的防守策略需要考虑球员与球的相对位置，尽量保持自身与球之间的接触。这一策略源于对空间几何和运动学的应用，通过优化自身的位置，可以降低对手的投篮和传球的成功率。

沟通和团队协作的重要性在防守中尤为突出，这反映了社会心理学的一些原理。清晰、及时的沟通可以帮助队员形成协同效应，提高整体的防守效率。

敏捷性和反应速度是每一名防守者都需追求的能力。它们的提高需要依靠科学的训练方法和程序。通过科学合理的体能和技能训练，可以提高运动员的神经肌肉反应，进而提高其防守能力。

对手的了解和研究也是防守策略的重要一环，体现了对竞技体育中对抗心理学的应用。通过对对手技术特点、常规动作等进行深入研究，可以制定出更有针对性的防守策略。

防守者在防守时，尽量不要轻易离开自己的位置，这是对空间策略运用的基础要求。这一点的关键在于，防守者需要对比赛场地的空间布局有深入的理解和敏锐的感知。

封堵和争抢篮板球是防守的关键环节，它涉及空间判断、身体素质、反应速度等多个方面的综合运用。在对手投篮的瞬间，防守者需要准确判断球落点，及时冲向篮下，尽全力抢下篮板。

五、篮球技能的进阶提升

（一）进攻战术与策略

篮球运动中的进攻战术与策略不仅是整个比赛成功的核心因素，也是运动员技能提升的重要一环。从学术角度研究篮球的进攻战术，需要深入理解运动生物力学、运动心理学、组织行为学和游戏理论等多学科知识，以及它们在篮球比赛中的应用。

进攻战术的核心在于优化球员在场上的运动轨迹，以及球的传递路径。这一点的理论基础源于物理学的动力学和空间几何学。不同的进攻战术，如挡拆、跑动投篮、快攻等，都需要球员对运动路径有精确的掌握和预判能力。

掌握和应用进攻战术的同时，球员也需要学会调整自己的心理状态，这是运动心理学在篮球进攻策略中的应用。保持高度集中的注意力、克服场上压力、调整心态、坚持比赛到最后一秒，这些都是进攻成功的重要因素。

在一个篮球队中，进攻不仅是个人技术的体现，更是集体协作的结果。这就需要理解和应用组织行为学的知识。一个高效的进攻需要每个球员明确自己的角色，理解和执行教练的战术，与队友保持良好的沟通，协同完成进攻。

游戏理论在篮球进攻策略中也有重要的应用。对对手防守方式的预测，对自身进攻策略的选择，以及在比赛中的实时调整，都需要理解和应用游戏理论的基本原理。

在进攻战术和策略的实施过程中，个人技术的掌握和提高也至关重要。比如运球技术，这是每个球员必备的技能，也是进攻的基本环节，运球的速度、稳定性和灵活性直接影响进攻的效率和成功率。投篮技术也是篮球进攻的关键，各种投篮技巧如投篮的角度、力度和手腕的使用等，都需要经过大量的训练和实践。

除了运球和投篮，传球也是进攻战术的重要部分。在快速进攻中，准确、迅速传球可以创造出有利的得分机会。在半场进攻中，精准的传球可以打破对方的防守，为队友创造得分空间。

篮球的进攻战术与策略是一个系统性、复杂性的课题，需要运动员、教练员和研究人员从多角度、多层面进行研究和实践。只有通过不断的学习、实践和反思，才能真正提高篮球进攻的水平，带来比赛的胜利。

（二）防守战术与策略

篮球防守战术与策略的探讨，需要运动员和教练员深入理解与运用相关的生物力学、心理学、团队协作理论以及对抗策略等多个领域的知识，以构建高效的防守体系。

在防守过程中，生物力学的运用尤为重要。防守者需要运用生物力学原理，调整自身的体位，以便快速反应并应对对手的进攻。利用自身的重心、力度以及动作的效率，可以帮助运动员优化防守动作，减少无谓的体力消耗，提高防守效率。

心理学在防守战术与策略中也占有重要的地位。成功的防守不仅需要出色的体能和技巧，还需要运动员拥有良好的心理素质，如压力应对能力、决策能力和专注力等。运动员需要调整自己的心态，稳定情绪，准确判断场上的情况，以应对不断变化的比赛环境。

在团队协作理论的指导下，防守不再是单个运动员的行为，而是整个团队的合作。有效的团队防守需要球员之间的深度配合，彼此理解对方的位置和行动意图，并进行有效的沟通和协作。防守策略的实施需要整个团队的配合，每个人都明白自己在防守中的角色，以及如何与其他队员协作。

防守策略的制定和实施需要充分运用对抗策略的知识。防守者需要深入研究对手的进攻特点，对不同的进攻方式选择合适的防守策略。通过对对手行为的预测和实时的调整，可以提高防守的成功率。

另外，防守者需要培养自己的观察能力和反应速度，这是防守成功的基础。通过大量的训练和实践，可以提高运动员的这两项能力。观察能力可以帮助防守者更好地理解和预测对手的动作，而快速的反应能力可以让防守者及时进行防守动作，降低对手的得分率。

（三）团队配合与沟通

篮球是一项团队运动，成功的团队表现离不开精准的配合与无缝的沟通。这不仅涉及运动员个体的技术和体能，更关乎团队间的信任、理解和默契。从学术和研究的视角来看，团队配合与沟通的探讨涵盖了社会心理学、组织行为学、沟通学等多个学科领域。

篮球场上的团队配合是一个复杂的系统性过程，它涉及每个队员的角色理解、行为预测以及行动协调，这背后的理论基础涉及社会心理学和组织行为学的相关知识。在这个过程中，每个队员需要理解他在团队中的角色，预知他人的行为，以及与他人的行动进行协调。

沟通在团队配合中发挥着至关重要的作用。不论是口头的指令，还是肢体上的暗示，都是信息交流的重要方式。有效的沟通能够确保信息的精准传递，提高团队行动的效率。沟通的成功与否直接影响团队配合的效果，这也是沟通学在篮球运动中应用的一种体现。

同时，球员之间的信任和默契也是团队配合成功的重要因素。信任是基于队员对他人能力的评估和对他人行为的预测。默契则是基于长时间合作和深度理解产生的一种无须过多沟通就能达成共识的状态。

此外，团队领导者的角色也不容忽视。在篮球场上，教练和队长往往扮演着领导者的角色。他们的决策、行为和态度，会直接影响整个团队的氛围、配合和执行力。

为了提高篮球团队的配合与沟通能力，我们需要运用相关的学科知识，进行系统的训练和实践。这既包括基础技术的训练，也包括沟通技巧的提高，更包括通过比赛实践来增进团队的信任和默契。

（四）心理素质的培养

在篮球这样一项高度竞争和挑战性强的运动中，心理素质的作用不可忽视，其涵盖了自我认知、压力管理、自我调控、团队协作和挫折应对等多个方面。对于心理素质的研究和培养，需要涉及心理学、神经科学、社会学以及教育学等多个学科的知识。

自我认知作为心理素质的核心要素，对于运动员来说至关重要。它涉及运动员对自己技术能力、体能水平、心理状态等方面的了解。这样的认知能够帮助运动员理解自身的优势和劣势，制定更适合自己的训练和比赛策略。

压力管理是心理素质中的重要环节。在竞技体育中，运动员需要面对来自比赛、训练、队友、教练等多方面的压力。如何有效应对这些压力，保持良好的竞技状态，需要运动员学会压力管理技巧。

自我调控是心理素质的另一个关键因素，它涉及情绪的控制、动机的调整、行为的规范等多个方面。对自我调控能力的提高，不仅可以帮助运动员在比赛中保持稳定的情绪和高效的表现，同时也对运动员的日常训练和生活有着积极的影响。

团队协作能力的培养也是心理素质的一部分，这在团队运动中显得尤为重要。运动员需要理解和接纳队友，学会有效的沟通和协作方式，构建和维护良好的团队关系。

最后，挫折应对能力的培养也是心理素质的重要组成部分。在竞技体育中，失败和挫折是常态。如何看待和应对这些挫折，从中学习和成长，是每个运动员需要面对的问题。

因此，心理素质的培养是一个全面而复杂的过程，需要教练员、运动员以及相关专业人士共同努力，才能取得明显的效果。它既需要理论的研究和指导，也需要大量的实践和经验积累。在这个过程中，我们既要关注运动员的技术和体能，也要重视他们的心理状况和需求。

（五）篮球训练计划的制订

篮球训练计划的制订是一项复杂而重要的任务，需要考虑训练者的年龄、体质、技能水平以及训练目标等多个因素。以下是一个基于科学研究和实践经验的篮球训练计划制订方案。

1. 设定训练目标

训练目标的设定是任何篮球训练计划的基石，它是驱动篮球运动员提升技能、精进体质，迈向更高境界的关键导向。如同指南针引领方向，有了明确的训练目标，运动员们便可以有的放矢、步步为营。这些目标不仅需要精心设定，更要精细划分为短期和长期，以满足运动员们不同的训练需求。

短期训练目标，一般针对具体技能的提升，如投篮、传球、防守等。每一项技能的提高，都能直接推动篮球比赛的表现，让每一次竞技都变得更加精彩。然而，短期目标的设定并不能忽视长期目标的追求。长期目标可以是提高整体的篮球水平，也可能是为未来的比赛做准备。比如一个运动员，他可能希望自己能够在比赛中提供更多的帮助，那么他的长期目标就可能是提高自己的篮球综合水平。或者，一个运动员为了准备未来的比赛，他的长期目标可能就是在体质、技术、战术等多个方面进行全面的提升。

2. 设计训练内容

训练内容的设计，需要根据训练目标来制定。篮球训练通常被划分为技术训练、体能训练和战术训练三个部分，各有其独特的重要性。技术训练主要提高运动员对篮球基本技术的掌握，包括投篮、传球、运球等，每一项技术都是球员在比赛中获取胜利的重要工具。体能训练主要提升力量、速度、耐力等身体素质，让运动员有足够的体能去在比赛中充分发挥技术。而战术训练是提高运动员的比赛智慧和团队协作能力，帮助他们更好地理解比赛的节奏，理解如何作为一个团队共同作战。

3. 选择训练方法

在篮球训练中应以训练内容和训练者的具体情况为导向。技术训练一般采用示范—模仿—反馈的方法，其中，教练的示范就像是正确的发音，运动员的模仿就像是跟读，而教练的反馈则像是纠正发音的过程，通过这样的方法，可以让运动员更准确地掌握技术动作。体能训练则需要通过间歇训练、循环训练等方法，持续提高运动员的力量、速度、耐力等体能素质。而战术训练通常采用模拟比赛的方式，让运动员在接近实战的环境中，提升比赛智慧和团队协作能力。这些训练方法都是基于训练者的实际情况和训练目标，为他们提供的最适合、最有效的训练方式。

4. 制订训练计划

篮球训练计划的制订是一个系统化的过程，需要根据训练目标、训练内容和训练方法来综合考虑。通常情况下，一个完整的训练周期会被分为准备期、竞技期和恢复期这三个阶段。在准备期，训练的焦点主要集中在基础体能训练和技术训练上，目的是为运动员打下坚实的基础。接下来的竞技期，训练主要进行战术训练和比赛，目的是提升运动员的比赛水平和团队协作能力。最后的恢复期，重点是进行恢复训练和总结反思，通过调整体能，以及对训练和比赛的反思，进一步提升运动员的训练效果和比赛表现。这样的训练计划不仅科学，同时也符合运动员的生理和心理特点，有助于运动员更好地提升自身能力。

第二节　排球的文化诠释与技能提升

一、排球的历史与发展

排球的历史和发展是一段演变和逐渐成熟的过程，从最初的诞生，到逐渐成为在全球深受欢迎的体育项目，这一过程发生了许多有趣故事。

排球运动起源于 1895 年，由美国麻省斯普林菲尔德学院的威廉·G. 摩根发明。当时，摩根寻找一种适合各种年龄和体能的运动，同时可以在室内进行，以在冬季为体育俱乐部的会员提供锻炼的方式。他设计的这项新运动最初被称为"mintonette"，意为"迷你网球"。这个新运动最初的规则和现代排球有很大的不同，比如没有固定的球员人数和得分限制①。

1896 年，麻省斯普林菲尔德学院的一个体育研讨会上，这项运动被展示出来，受到了大家的赞赏。一个观众注意到这项运动的一大特点就是球在空中的弹跳，于是提议将其命名为"volleyball"，意为"飞行球"，从此这个名字便得到了大众普遍的接受。

20 世纪初，排球开始在美国乃至全世界流传开来。由于规则简单，易于掌握，所以深受人们喜爱，无论男女老少，无论在室内还是室外，都可以进行这项运动。

1916 年，美国开始进行了首次的全国性排球比赛，同时也确立了现代排球的六人制规则。20 世纪 30 年代，排球开始在欧洲得到普及，首次的欧洲排球锦标赛 1938 年在罗马举行。

1947 年，国际排球联合会（Fédération Internationale de Volleyball，FIVB）在法国巴黎成立，这标志着排球运动正式进入了国际化的舞台。同年，FIVB 举办了首次男子世界排球锦标赛。1952 年，女子世界排球锦标赛在莫斯科举行。

1964 年，排球被列为奥运会正式比赛项目，这对推动排球运动的全球普及起到了关键的作用②。

自此以后，排球运动不断发展，诸如沙滩排球等各种变种运动也逐渐兴起。不断的规则调整、技术革新，使得排球运动更加丰富，观赏性更强。

二、排球文化的重要性

排球作为一项广受欢迎的体育运动，不仅是一项竞技活动，还承载着丰富的文化内涵。排球文化在社会发展和个人成长中具有重要意义，包括社交互动、健康促进、教育培养和全球交流等方面。

---

① 常智，李善华，欧阳林. 排球 [M]. 桂林：广西师范大学出版社，2003：46.
② 李若愚，边金玉. 全民健身视域下开展排球运动的意义及推广策略 [J]. 文体用品与科技，2023（10）：34-36.

（一）排球文化在社交互动中起到重要的推动作用

排球是一项团队运动，需要队员之间的密切合作和默契配合。在排球比赛中，队员们需要相互协作、相互支持，共同追求胜利。这种合作精神不仅仅在场上体现，也延伸到场下的团队建设和训练过程中。通过参与排球活动，人们学会了倾听他人的声音，学会了相互信任和依赖，培养了合作意识和团队精神。这种社交互动不仅有助于增强人际关系，还能促进社会和谐与发展[①]。

（二）排球文化对健康促进具有积极影响

排球是一项全身性的运动，对身体各个系统都有良好的锻炼效果。通过打排球，人们可以提高身体的耐力、灵活性和协调性。同时，排球也是一项有氧运动，能够促进心血管系统的健康，增强心肺功能。此外，排球还能锻炼人们的反应能力和速度，培养身体素质和运动技能。通过积极参与排球运动，人们能够保持健康的体魄，提高生活质量。

（三）排球文化在教育培养中具有重要价值

排球作为一项体育运动，可以培养人们的毅力、坚持和团队精神。通过排球的训练和比赛，人们能够学会设定目标、努力奋斗，并且从失败中吸取教训。排球还能够培养人们的纪律性和责任感，要求队员们遵守规则、尊重对手和裁判[②]。此外，排球也能够培养人们的领导能力和决策能力，队长和教练需要在比赛中做出正确的战术安排和决策。通过参与排球活动，人们能够获得全面的教育培养，提高综合素质。

（四）排球文化在全球交流中起到重要的桥梁作用

排球是一项全球性的运动，各个国家和地区都有自己的排球文化。通过排球比赛和交流活动，人们能够跨越语言和文化的障碍，促进不同国家和地区的

---

① 党婷婷.论高校排球文化的功能与实现路径 [J].武术研究，2022，7（3）：137-139.

② 陈辉.全民健身背景下排球运动项目推广研究 [J]. 文体用品与科技，2023（12）：19-21.

友好交流与合作。排球比赛和国际赛事也是各国运动员展示实力和交流经验的平台，推动了全球体育的发展与繁荣。通过参与国际排球交流，人们能够增长见识、开拓视野，拓展国际化的交流渠道。

三、排球的价值观与精神

排球作为一项具有丰富内涵的体育运动，不仅仅关乎技术和比分，更重要的是其所传递的价值观和精神。在排球的实践过程中，人们逐渐形成了一系列积极的价值观念和精神追求。下面将从团队合作、公平竞争、自我超越以及积极心态等方面探讨排球的价值观与精神。

团队合作是排球所强调的核心价值观之一。在排球比赛中，球队的成功与否取决于队员之间的默契配合和紧密合作。每个队员都需要尽力发挥自己的优势，同时也要为了整个团队的利益做出牺牲和奉献。团队合作需要每个队员充分发挥自己的能力，同时也需要相互理解、尊重和信任。通过排球的实践，人们能够培养团队精神和集体荣誉感，学会在团队中协调与协作，形成积极向上的合作态度。

公平竞争是排球所倡导的另一个重要价值观。在排球比赛中，公平竞争是保证比赛公正和公平的基本原则。每个队员都应该遵守比赛规则，尊重对手和裁判的决定，并且遵循道德与伦理的要求。公平竞争要求每个人都能够发挥自己的实力，尽力去追求胜利，但不以损害他人利益为代价。通过参与排球的公平竞争，人们能够培养诚实守信的品质，学会尊重他人和接受失败，从而塑造积极向上的竞争心态。

自我超越是排球所推崇的精神追求之一。排球比赛中，每个队员都在不断地追求个人的进步和提高。无论是技术上的突破，还是身体素质的提升，都需要队员们持续不断地努力和拼搏。自我超越要求每个队员在比赛中超越自我，突破自己的极限，不断追求进步和完善。通过排球的实践，人们能够培养坚持不懈的毅力和勇于挑战的精神，学会面对困难和压力时坚持下去，达到个人的最佳状态。

积极心态是排球所倡导的重要精神。在排球比赛中，积极的心态对于团队的成功至关重要。无论遇到什么困难和挫折，积极的心态能够激发队员的斗志和信心，帮助他们克服困难、迎接挑战。积极心态要求队员们以乐观、积极的态度面对比赛和训练，不轻言放弃，不畏惧失败。通过排球的实践，人们能够培养积极向上的心态，学会从失败中吸取教训，坚持追求梦想和目标。

四、排球技能的基础要素

（一）发球技巧

排球技能的基础要素之一是发球技巧。发球在排球比赛中占据了至关重要的地位，它是比赛的开端，也是进攻的起点。一个强有力的发球不仅可以直接为球队赢得分数，还可以掌控比赛的主动权，打乱对手的防守布局，使对手陷入防守的困境，从而减轻己方的防守压力。同时，一个优秀的发球还能鼓舞队友的士气、挫败对手的斗志，使对手在心理上产生压力，提高其犯错误的可能性。

然而，发球并非简单地将球打过网，它需要精确的技术和策略。发球技术的种类繁多，包括平抛发球、跳发、侧身发球等，每一种发球方式都有其独特的技巧和要求。无论采用哪种发球方式，都需要遵循一些基本原则。例如，抛球要平稳，保证抛球的高度和落点准确无误；击球要准确，手部和球相接触的部位以及球击出的方向都要精确；发球的力度和角度要适中，既要保证球能过网，又要尽可能使对方接球困难。

在实际比赛中，发球员还需要根据场上的实际情况，灵活运用各种发球技术。例如，当对方防守严密时，可以选择攻击性强的跳发或侧身发球，打乱对方的防守布局；当对方接球手不稳时，可以选择变化多端的飘球，增加对方的接球难度。因此，发球不仅是一种技术，更是一种策略。

发球技术的提高需要大量的训练和实践。发球员需要不断尝试各种发球方式，找出最适合自己的发球技巧。同时，发球员还需要通过观看比赛录像，学习和借鉴高水平运动员的发球技术和策略，不断提高自己的发球水平。

（二）带球与传球技巧

排球技能的基础要素中的另一个重要部分是带球与传球技巧。在排球比赛中，带球与传球是非常关键的技术，它们是比赛中进攻与防守的桥梁，也是团队协作的重要环节。

带球技术主要包括如何控制球的运动方向和速度，以及如何在运动中保持对球的控制。带球时，球员需要灵活运用腿部和手部的力量，以及身体的移动和转向，以实现对球的精确控制。同时，球员还需要根据比赛的实际情况，灵活运用各种带球技巧，如变向、变速、停球等，以应对对手的防守和配合队友的进攻。

传球技术则主要包括如何准确、迅速地将球传给队友，以及如何在接球和传球中保持稳定和准确。传球时，球员需要准确判断球的飞行轨迹和落点，快速移动到击球位置，对准传球方向调整身体姿势。同时，球员还需要掌握各种传球技巧，如正面传球、侧身传球、上手传球等，以应对比赛中的各种情况。

在实际比赛中，带球与传球技术的运用需要球员具有高超的技术水平和战术意识。球员需要根据比赛的实际情况，灵活运用各种带球与传球技巧，以实现团队的战术目标。同时，球员还需要通过大量的训练和实践，不断提高自己的带球与传球技术，以提高比赛的竞争力。

（三）扣球与拦网技巧

扣球是排球比赛中的一种攻击手段，它的目的是将球打到对方的场地，使对方无法接住。扣球的技巧主要包括以下三个方面。

（1）准备动作：扣球者需要在接到传球后，迅速调整身体位置，使自己处于最佳的扣球位置。这需要扣球者有良好的身体协调性和反应能力。

（2）跳跃：扣球者需要利用跳跃的力量，将身体抬高，以便能够更好地打击球。跳跃的高度和力度直接影响扣球的效果。

（3）打击：扣球者需要在空中，用力将球打向对方的场地。这需要扣球者有强大的手臂力量和准确的打击方向。

拦网是排球比赛中的一种防守手段，它的目的是阻止对方的扣球。拦网的技巧主要包括以下三个方面。

（1）位置选择：拦网者需要根据对方扣球者的位置和动作，选择最佳的拦网位置。这需要拦网者有良好的观察力和判断力。

（2）跳跃：拦网者需要利用跳跃的力量，将身体抬高，以便能够更好地拦截球。跳跃的高度和力度直接影响拦网的效果。

（3）拦截：拦网者需要在空中，用力将球打回对方的场地。这需要拦网者有强大的手臂力量和准确的拦截方向。

扣球和拦网虽然是两种不同的技术，但它们在排球比赛中是相互关联的。扣球者需要通过巧妙的扣球技巧，避开对方的拦网；而拦网者则需要通过精准的拦网技巧，阻止对方的扣球。因此，扣球和拦网是排球比赛中攻防两端的重要技术。

通过对扣球和拦网技术的研究，我们可以发现，这两种技术都需要排球运动员有良好的身体协调性、反应能力、观察力和判断力。同时，它们也需要排球运动员有强大的手臂力量和准确的打击或拦截方向。这些技术的掌握和运用，对提高排球比赛的水平和质量具有重要意义。

扣球和拦网技术的研究和实践，不仅可以提高排球运动员的技术水平，也可以为排球教学和训练提供理论指导。通过对这两种技术的深入研究，我们可以更好地理解排球运动的规律，从而更好地指导排球运动的实践。

在实际比赛中，扣球和拦网技术的运用需要根据比赛的实际情况进行灵活调整。例如，当对方的防守压力较大时，扣球者可以选择更加巧妙和难以预测的扣球方式，以突破对方的防守；而当对方的扣球威胁较大时，拦网者可以选择更加积极和果断的拦网方式，以阻止对方的攻击。

（四）接发球与扑救技巧

排球运动中的接发球和扑救是两种基础且关键的技术，它们在比赛中起着至关重要的作用。以下将对这两种技术进行简略的研究和分析，以揭示其在排球比赛中的重要性。

接发球是排球比赛中的一种基础技术，它的目的是接住对方的发球或扣球，然后将球传给队友，为下一步的进攻做准备。接发球的技巧主要包括以下三个方面。

（1）位置调整：接发球者需要根据对方发球的方向和力度，迅速调整自己的位置，以便能够接住球。这需要接发球者有良好的观察力和反应能力。

（2）球的接触：接发球者需要用手臂的内侧接触球，然后用力将球向上弹起。这需要接发球者有准确的手眼协调能力和手臂力量。

（3）传球：接发球者需要在接住球后，迅速将球传给队友。这需要接发球者有良好的传球技巧和判断力。

扑救是排球比赛中的一种防守技术，它的目的是在球即将落地时，通过跳跃或滑行的方式将球扑救起来，防止对方得分。扑救的技术主要包括以下三个方面。

位置选择：扑救者需要根据球的落点，选择最佳的扑救位置。这需要扑救者有良好的观察力和判断力。

（1）跳跃或滑行：扑救者需要利用跳跃或滑行的方式，尽可能接近球的落点，然后用手臂将球扑救起来。这需要扑救者有良好的身体协调性和反应能力。

（2）扑救：扑救者需要在接触球的瞬间，用力将球向上弹起，防止球落地。这需要扑救者有强大的手臂力量和准确的扑救方向。

（3）接发球和扑救虽然是两种不同的技术，但它们在排球比赛中是相互关联的。接发球者需要通过精准的接发球技巧，为队友的扑救创造条件。而扑救者则需要通过出色的扑救技巧，防止对方的进攻。因此，接发球和扑救是排球比赛中攻防两端的重要技术。

接发球和扑救技术的研究和实践，不仅可以提高排球运动员的技术水平，也可以为排球教学和训练提供理论指导。通过对这两种技术的深入研究，我们可以更好地理解排球运动的规律，从而更好地指导排球运动的实践。

在实际比赛中，接发球和扑救技术的运用需要根据比赛的实际情况进行灵活调整。例如，当对方的发球威胁较大时，接发球者可以选择更加积极和果断的接发球方式，以防止对方的进攻；而当球即将落地时，扑救者可以选择更加果断和迅速的扑救方式，以防止对方得分。

（五）防守技巧

防守是排球比赛中的关键环节，往往能决定比赛的胜负。在排球比赛中，防守技巧主要包括接发球、拦网和防守布局。接发球是比赛的第一道防线，是防守的起点。研究表明，接发球的质量直接影响后续的进攻质量。因此，提高接发球技术是提高防守效果的关键。在实际训练中，运动员需要通过大量的练习来提高接发球的稳定性和准确性。

拦网是排球防守的另一重要环节。拦网不仅可以阻止对方的进攻，还可以对对方的进攻路线进行干扰，从而影响对方的进攻效果。研究发现，拦网的成功率与运动员的身高、跳跃能力、反应速度和判断能力等多个因素有关。因此，提高拦网技术需要从这些方面进行训练。

防守布局是排球防守的战术层面。正确的防守布局可以最大限度地利用场上每一名运动员的防守能力，从而提高整体的防守效果。研究表明，防守布局的选择应根据对方的进攻特点和自身的防守特点进行，而不是一成不变的。

在防守技巧的研究中，数据分析和模拟训练是两个重要的工具。数据分析可以帮助教练和运动员了解自身的防守优点和不足，从而制订出更有效的训练计划。模拟训练则可以让运动员在实战中应用和提高防守技巧。

五、排球技能的进阶提升

（一）团队配合与战术应用

排球作为一项团队运动，其比赛成败往往取决于团队的配合和战术的应用。在排球技能的进阶提升中，团队配合与战术应用的重要性不言而喻。以下将从学术和研究的角度，深入探讨团队配合与战术应用在排球技能进阶提升中的作用。

团队配合是排球比赛中的基础，也是提升排球技能的关键。在排球比赛中，无论是进攻还是防守，都需要队员之间的紧密配合。研究表明，良好的团队配合可以提高比赛的效率，降低失误的可能性，从而提高比赛的胜率。在实际训练中，教练员需要通过各种方式，如小组训练、模拟比赛等，来提高队员之间的配合程度。

战术应用是排球比赛中的高级技能，是提升排球技能的重要手段。在排球比赛中，正确的战术应用可以充分发挥队员的优点，避免队员的不足，从而提高比赛的胜率。研究发现，战术应用的成功率与教练员的战术知识、队员的技术水平、队员的心理状态等多个因素有关。因此，提高战术应用的效果需要从这些方面进行训练。

在团队配合与战术应用的研究中，数据分析和模拟训练是两个重要的工具。数据分析可以帮助教练员和队员了解自身的优点和不足，从而制订出更有效的训练计划。模拟训练则可以让队员在实战中应用和提高团队配合与战术应用的技巧。

（二）战术变化与应对策略

排球比赛中的战术变化和应对策略是决定比赛胜负的关键因素。在比赛中，教练员和运动员需要根据比赛的实际情况，灵活调整战术，以应对对手的攻势。同时，他们还需要根据对手的战术变化，及时制定出有效的应对策略。

战术变化是排球比赛中的常见现象，也是提升排球技能的重要手段。在比赛中，教练员和运动员需要根据比赛的实际情况，如比分、对手的技术特点、队员的状态等，灵活调整战术。研究表明，正确的战术变化可以提高比赛的胜率，增加比赛的不确定性，从而给对手带来更大的压力。在实际训练中，教练员需要通过模拟比赛、数据分析等方式，来提高队员的战术变化能力。

应对策略是排球比赛中的关键技能，是提升排球技能的重要环节。在比赛中，教练员和运动员需要根据对手的战术变化，及时制定出有效的应对策略。研究发现，有效的应对策略可以降低对手的得分率，提高自己的得分机会，从而提高比赛的胜率。在实际训练中，教练员需要通过模拟比赛、数据分析等方式，来提高队员的应对策略能力。

（三）心理素质的培养

排球运动中，运动员的心理素质对比赛结果有着重要影响。良好的心理素质可以帮助运动员在比赛中保持冷静，以做出正确的判断，从而提高比赛的胜率。

排球运动心理素质的培养是提升排球技能的重要环节。在比赛中，运动员需要面对各种压力，如比分压力、对手压力、观众压力等，良好的心理素质可以帮助运动员有效应对这些压力，保持比赛的稳定性。研究表明，心理素质的培养可以提高运动员的比赛表现，提高比赛的胜率。在实际训练中，教练员需要通过心理训练、模拟比赛等方式，来提高运动员的心理素质。

在排球运动心理素质的培养中，教练员和心理咨询师的角色尤为重要。他们需要根据运动员的心理特点，制订出适合的心理训练计划。同时，他们还需要通过心理咨询，帮助运动员解决心理问题，提高心理素质。

（四）排球训练计划的制订

制订排球训练计划需要考虑的因素众多，包括但不限于运动员的技术水平、身体条件、心理状态等，这些因素都会直接影响训练的效果和比赛的表现。例如，运动员的技术水平决定了训练的难度和重点，身体条件则影响了训练的强度和频率，而心理状态则可能影响运动员的训练投入和比赛表现。

除了考虑运动员的个人因素，训练计划还需要根据比赛的时间、地点、对手等实际情况进行调整。这是因为不同的比赛环境和对手，需要运动员具备不同的技能和策略。因此，训练计划需要有足够的灵活性，以适应比赛的变化。

在制订训练计划的过程中，教练员的角色尤为重要。他们需要根据运动员的特点和比赛的需求，制订出适合的训练计划。同时，他们还需要通过观察和反馈，及时调整训练计划，以应对比赛的变化。这既需要教练员具备丰富的专业知识，也需要他们有足够的敏锐度和判断力。

第三节　足球的文化诠释与技能提升

一、足球的历史与发展

足球是一项全球领先的运动，无论是在商业影响力、参与人数，还是观赏度上都享有至高无上的地位。而足球的历史，根据历史记载和文物考证，起源于中国古代的一种运动——蹴鞠。

蹴鞠最早出现在春秋战国时期的齐国故都临淄，至今已有几千年的历史。这项运动的主要目的是以足部操作球体，以达到各种目标。鞠由皮革制成，内部填充毛发。这一运动的起源可以追溯到传说中的黄帝时期，黄帝据说发明了蹴鞠来锻炼他的武士，如果这个传说是真的，那么足球的历史就有 4600 多年了。

到了战国秦汉时期，蹴鞠已经在社会上广泛流行，成了人们娱乐和体育锻炼的主要形式。汉代的蹴鞠发展成了多种形式，包括表演性的蹴鞠舞，对抗性的"白打"，以及在设有球门的"鞠城"中进行的比赛。

到了唐代，蹴鞠得到了新的发展，其主要表现为对鞠的改革，开始使用充气球，这对蹴鞠的比赛规则产生了重大影响。到了宋代，足球的游戏规则大致上已经与现代足球的规则接近了[①]。

然而，随着时间的推移，蹴鞠逐渐消失，直到 19 世纪末，足球再次以全新的形式在英国兴起，逐渐流行到全球各地。现代足球比赛的规则、比赛形式和设备在英国得到了完善和发展。

2004 年，国际足联宣布，足球最早起源于中国的蹴鞠，这一声明结束了关于足球起源的争论。这一认识的确立，是基于对全球足球历史的考证，由中国足协与相关体育历史研究者和考古学家共同进行论证和考察。

足球在 21 世纪继续发展，成为全球最受欢迎的运动。无论是世界杯、欧洲杯、亚洲杯，甚至各国的国内联赛，都吸引了数亿的球迷。足球运动也成了各国政策、经济和社会因素交织的平台。

二、足球文化的重要性

足球不仅仅是一项运动，它也是一种文化现象，全球各地的人们以热情的态度参与和观赏这项运动。足球文化的重要性不可忽视，因为它的影响力远远超过体育领域。

足球是一种全球性的语言，无论国籍、种族或社会经济地位，人们都能通过足球互相沟通和理解。它不仅把人们团结在一起，也打破了地域和文化的隔阂。足球的每一场比赛都是一次庆祝人类共同的努力和精神。

足球通过塑造地方和国家的身份，对社会产生了深远的影响。足球队象征着它们所代表的地方的骄傲和希望，带来了强烈的社区凝聚力。比如，世界杯等重大赛事将世界各地的人们联结在一起，形成了全球社区。

足球还培育了我们的价值观，尤其是公平竞争、团队精神和尊重。这些价

①　林秋菊，章翔. 足球文化导读 [M]. 合肥：中国科学技术大学出版社，2019：43.

值观不仅适用于体育，也应用于日常生活，对个人的品格和道德发展有着积极的影响。足球还教会我们承认失败，并从中站起来，重新开始。

足球文化也有经济价值。足球产业如今是全球最大的产业之一，创造了大量的工作机会，促进了地方和国家的经济发展。足球赛事吸引了大量的观众和广告商，对旅游和商业活动带来了巨大的利益。

三、足球的价值观与精神

足球所传达的价值观和精神在很大程度上反映了我们如何理解这个世界，以及我们应该如何在其中生活。足球的价值观最显而易见的体现之一是公平性。一场足球比赛的赛场是平等的，每个队员无论来自何方，只要他们的技能、努力和决心足够，他们都有机会成功。这种公平性的体现不仅在球场上，在球场外也是如此。所有的球员，不论其个人背景如何，都会受到相同的训练，在比赛中的待遇也相同。这种公平性的原则强调了每个人都应得到平等对待的重要性。

团队精神是足球的另一个核心价值。无论一个球员有多么出色的个人技术，他也不能独自赢得比赛。团队精神在足球中扮演着核心的角色。球员们必须学会一起工作，互相支持，互相信任，这样才能在比赛中取得成功。团队精神的重要性超出了球场，它提醒我们，无论是在工作、学习还是生活中，我们都需要他人的帮助，我们都是社区的一部分。

足球还强调了尊重的重要性。无论是对队友、对对手，还是对裁判，尊重都是非常重要的。在球场上，尊重体现为遵守规则，对决定的接受，对他人的尊重。这是足球的一项基本原则，也是我们生活中的基本准则。通过尊重规则和他人，我们建立起公平、正义和有序的社会。

足球还是坚韧不拔和毅力的象征。在比赛中，足球队员们不断面临挑战和困难，需要展现出他们的坚韧和毅力。这种在逆境中挺立的精神也激励着我们在面临生活的困难和挑战时，不轻易放弃，始终保持信心和决心，坚持到底。

四、足球技能的基础要素

（一）控球与传球技巧

在足球比赛中，控球与传球技巧是比赛胜利的基础和关键。如何精确地接住球，有效地控制球，以及准确无误地传给队友，是每一位足球运动员必须掌握的基本技能。同时，它们也是展现球员战术理解和实战能力的重要方式。

接球时，球员的身体微微前倾，双脚分开，这样可以最大限度地保持身体的稳定性。用脚的内侧或外侧接触球面，而不是脚尖或脚后跟，这是为了更好地控制球的移动方向。接球的过程中，脚的角度和力度的调整也相当重要，这决定了接触球后是否能够立即被控制住。

控球的时候，球员需要保持身体与球的接触，以便随时做出反应。保持低重心，频繁改变移动方向，可以使球员在瞬息万变的比赛中拥有球权。在控球的同时，球员还需要时刻观察场上的状况，判断是选择继续持球进攻，还是及时地将球传给队友。

在进行短传的时候，球员要用脚内侧触球，保持身体平衡，脚尖要指向传球的方向。短传需要力量适中，既不能过猛使接球的队友难以控制，也不能过轻让对方轻易截断。长传则需要用到脚背，脚尖依旧指向传球的方向，而身体稍稍后倾，以利于将球传得更远。长传的力量和精准度的要求更高，因此需要足够的身体力量和对比赛状况的敏锐洞察力。

传球决策是足球比赛中至关重要的一部分。当决定传球时，球员需要在瞬间判断队友的位置和移动方向，对方防守球员的位置和状态，以便将球精准、快速地传给队友。传球不仅仅是将球权转交，更是一种策略部署，能否有效利用场上的空间和机会，往往决定了比赛的胜负。

（二）射门与射门技巧

射门是足球比赛中至关重要的技术，因为最终，比赛的胜利者是得分最多的一方。良好的射门技巧能够大大提高射门的准确性，从而提高得分的可能性。理解和掌握射门的基本要素可以帮助球员更好地发挥在比赛中的水平。

在射门技术中，对球门的定位、对球的控制以及身体力量的应用是核心要素。一个成功的射门需要合适的力度和方向，这是通过合适的身体姿势和技术达到的。

在接触球之前，球员需要正确地定位自己和球门的位置。这需要对球场有深刻的了解，以确定最佳的射门角度和时机。正确的定位可以提高射门的成功率，并使射门更难被对方门将扑救。

控制球的技巧在射门中也起着重要的作用。球员需要利用脚内侧、外侧或脚背来触球，以便控制球的方向和力度。脚的触球部位的选择取决于射门的方式，比如远射、近射、挑射或者滑射等。

身体力量的应用是射门的关键。踢球的力量主要来自身体的转动和摆动，而不仅仅是腿的力量。同时，正确的身体姿态和平衡也能增强射门的力量和准确性。射门时，球员需要保持身体稳定，眼睛盯住球，然后用身体的力量将球射向球门。

射门的决策同样重要，选择何时、何地以及如何射门是根据比赛情况做出的决策。正确的决策取决于对比赛的理解和经验，这需要球员对游戏有深刻的认识，并能迅速地做出决定。

射门技巧的研究和学习对于提升球员的比赛性能至关重要。在理论知识和实践应用的结合下，球员能够不断提升自己的射门技巧，并在比赛中发挥出更好的竞技水平。

（三）盘带与突破技巧

盘带与突破技巧在足球比赛中占据了重要的地位，它们允许球员有效地控制球，同时克服对方的防守。这两种技巧都需要良好的身体协调性、技术理解以及快速决策的能力。

盘带是足球中的一项基本技术，它涉及在运动中控制和操纵足球。良好的盘带技巧可以使球员在面对对手的压迫时保持对球的控制，这需要熟练地利用脚内侧、外侧和脚背来触球。在盘带过程中，低重心和灵活的步伐也能够提高球员的稳定性和灵活性。与此同时，提升盘带技巧还需要球员有高度的场地意识，能够在快速移动的情况下迅速判断场上的情况。

突破则是一种进攻技术，它允许球员逾越对方防线，创造得分机会。成功的突破需要熟练的盘带技巧、快速的起步速度以及出色的运球技术。有效的突破通常需要一种无法预测的行为，比如快速的方向变换，或是突然的速度变化。这些都需要球员有出色的身体素质、技术熟练度以及对比赛节奏的理解。

盘带与突破技巧都需要球员具有出色的身体协调性、敏锐的场地意识以及决策能力。同时，这些技巧的提升也需要不断的练习和实战的磨砺。只有在反复的练习中，球员才能找到自己的节奏、了解自己的优势，从而在比赛中有效地运用这些技巧。

（四）防守技巧

防守技巧在足球比赛中起着关键性的作用。通过精确的防守，球员能够打断对方的进攻，保护自己的球门，并为反击创造机会。在防守时，站位和预判是至关重要的。站位要求球员始终处于对手和球门之间，以防止对手直接射门或是传球；同时，球员需要预判对手的意图和动作，这不仅需要对足球的理解，还需要关注对手的身体语言和动作。抢断也是防守的重要部分，它涉及正确时机和方式的选择，以便成功地从对方球员那里夺回球权。成功的抢断需要球员有快速的反应速度、良好的身体协调性，以及精准的判断能力。球员在抢断时要注意自己的身体位置和脚步动作，尽量避免犯规。

防守球员需要充分利用身体对抗来阻挡对手的进攻。身体对抗不仅仅是靠力量，更重要的是要利用身体的位置和角度。在对抗中，球员要尽量保持低重心，使用身体的侧面和肩膀，而非正面去抵挡对手。

除此之外，有效的防守还需要团队的协作。队员们需要相互沟通和配合，形成一道防线，共同阻挡对手的进攻。这需要队员们有良好的团队意识，以及对比赛形势的快速判断和反应。

防守技巧并不仅限于个人能力和技术，更重要的是要理解防守的基本原则，包括正确的站位、准确的预判，以及及时的抢断和对抗。只有这样，球员们才能在比赛中发挥出最好的防守技巧，有效地阻止对手的进攻。

（五）门将技巧

在足球比赛中，门将是一支队伍防线的最后一道保障，他们的作用至关重要。良好的门将技巧可以在比赛中起到决定性的作用，阻止对手的射门，保护球门不失分。

对门将来说，接住和挡住球是他们的基本职责。这需要他们有优秀的身体协调能力、反应速度和判断能力。他们需要准确地判断球的轨迹，然后迅速做出反应，如跳跃、横滚或侧扑，将球挡出或接住。同时，门将还需要精确的出击技巧，包括判断何时出击、如何出击和出击的角度等。在面对对方的突破或传中时，一个及时并准确的出击可以打乱对方的进攻节奏，提前化解危机。

门将在比赛中的另一项重要职责是组织和指挥队伍的防守。作为球场上视角最佳的球员，门将能够看清全场的状况，他们需要利用这一优势，通过口令和手势来引导和组织队友的防守。此外，门将在比赛中也需要发挥出球技巧。在接到后卫的回传，或者扑住对方的射门后，门将需要准确地将球分给队友，或者远射到前场，这需要他们有良好的出球技巧和判断能力。

第六章 网球、乒乓球与羽毛球的文化解析与训练

第一节 网球的文化解析与训练

一、网球的历史与发展

网球是一项充满活力的全球运动，其历史发展丰富而多元，从草地到硬地，从木质网拍到碳纤维网拍，从业余运动员到职业选手，网球的历史与发展反映了社会、科技、文化以及全球化进程的影响。

网球的历史起源可以追溯到 12 世纪的法国，那时的游戏被称为"手掌球"（jeu de paume），选手们用手掌击打球。在 16 世纪，人们开始用木制的拍子代替手来击球，这也是现代网球的雏形。随着时间的推移，这项运动在欧洲的贵族阶层中流行开来，尤其在英国，网球逐渐发展成一项受人喜爱的运动。

直到 19 世纪末，由于英国工程师马吉尔·温菲尔德（Major Walter Wingfield）的改良，现代网球才开始成形。他将球场设计成草地球场，使得比赛更具观赏性和竞争性。同时，由于橡胶球的引入，让球的反弹性大大提高，比赛的速度也随之增加。温菲尔德的这种网球游戏迅速在全球范围内流行开来，标志着现代网球的诞生。

进入 20 世纪，随着工业化和全球化的推进，网球经历了一系列的发展变革。其中最显著的是从草地场地转变为硬地场地，以及从木质网拍转变为合成材料网拍，这些变革使得网球比赛的速度和技巧都得到了显著提高。同时，随着电视的普及，网球比赛的观赏性也得到了提升，吸引了更多的观众。

另外，网球也经历了从业余到职业的转变。在此之前，网球运动员大多是

业余选手，他们参加比赛更多的是出于对运动的热爱，而非作为职业生涯。然而，随着网球的全球化和商业化，以及"开放时代"的到来，职业网球运动员逐渐崭露头角，他们的比赛水平和竞争激烈程度都显著提高，为网球的发展注入了新的活力。

网球的历史与发展是一部充满活力和创新的历史。在不断变革和发展中，网球不仅作为一项体育运动，也成了一种文化象征，反映了社会、科技、文化以及全球化进程对网球发展的影响。对于我们来说，了解和学习网球的历史与发展，不仅能够更好地理解这项运动，也能够从中领略到人类社会的进步与发展。

二、网球文化的重要性

网球作为一项全球性的运动项目，不仅体现了一种体育竞技的精神，更蕴含了丰富的文化内涵。探讨网球文化的重要性，涉及多个层面的理解和剖析。

（一）体育价值：网球文化是一种独特的体育文化

网球以球场为舞台，以球拍和网球为媒介，表现了运动员的力量、敏捷、技巧与智慧[1]。通过运动员之间的对抗，可以展示个人的竞技能力和团队的配合精神。这种力求胜利的精神以及对规则的遵循，体现了公平、公正和尊重的体育精神，这对培养人们的品格和价值观具有重要的意义。

（二）社会价值：网球文化是社会文化的重要组成部分

由于其深远的历史源流和全球的普及性，网球已经超越了单一的运动领域，进入社会生活的各个方面。人们通过观看和参与网球，不仅可以增强身体素质，还可以交流思想、传递感情、构建社区。网球比赛也经常成为国际交流的桥梁，通过运动比赛，可以弘扬友好与和平的理念。

---

[1] 严舒宁，向超宗. 网球训练中多方向移动训练法的应用探索 [J]. 网球天地，2022（12）：73-75.

（三）全球化价值：网球文化与全球化的联系也非常紧密

随着全球化进程的发展，网球已经成为一种全球性的语言，无论在哪里，无论什么语言，人们都可以通过网球这种形式进行沟通和交流。网球比赛也成了各国文化碰撞与交融的场所，推动了各种文化的传播与交流。

（四）科技价值：网球文化对科技发展具有推动作用

从球拍材料的改进，到比赛现场的高科技辅助设施，再到比赛录播的数字化技术，科技在网球运动中扮演着越来越重要的角色，网球比赛也成了科技发展的直接受益者。

三、网球的价值观与精神

网球作为一项深受全球人民欢迎的体育运动，不仅是身体素质、技巧和策略的完美结合，更是一个内涵丰富的精神和价值体系的载体。以下将对网球的价值观和精神进行分析。

（一）竞技精神

网球比赛是运动员之间的技术和意志的对决。无论对手是何等水平，都需要充分展示个人的竞技精神，力求胜利。这种"竞技至上"的理念鼓励运动员在比赛中不断超越自我，也体现了人们在生活中不断追求进步的精神面貌。

（二）尊重与公正

网球比赛严格遵循一套统一的规则体系，无论比赛大小，都需要遵守公平公正的原则。这体现了尊重对手、尊重比赛、尊重规则的价值观。每场比赛都是以握手开始、以握手结束，这个细节也传递了相互尊重的信息。

（三）毅力与坚韧

网球比赛的持久性和未知性要求运动员必须拥有顽强的毅力和坚韧的精神。在面临逆境时，如何调整心态，坚持到底，是每个网球运动员必须学会的。这种价值观和精神也能转化为生活中面对困难时的积极态度。

（四）体育精神

网球比赛的过程充满了变数和不确定性，运动员需要有冷静的头脑和高度的专注，这是一种体育精神的体现。而在比赛结束后，无论胜利还是失败，都需要优雅地接受结果，这也是体育精神的一种体现。

（五）团队合作

尽管网球比赛大部分是单打，但在比赛的准备、训练以及双打比赛中，团队合作显得尤为重要。这强调了合作、共享和互助的价值观，也反映了网球的社会性和人性化特征。

在一定程度上，网球的价值观与精神，不仅仅局限在比赛场上，更在于如何将这种体育精神带入日常生活，影响和塑造人们的行为方式和人生观念。

四、网球基本技术与战术

（一）发球技术

网球发球技术是一种结构复杂、需要高度协调的运动技术，是网球比赛中获取积分的重要方式。下面将详述网球发球的基本技术及其重要性。

网球发球技术可以分为以下几个主要部分：握拍、摆动、上举、击球和随后的跟进。这些环节相互影响，共同决定了发球的质量。

（1）握拍：发球的握拍方式通常为东方握法，即食指向后伸展，其余四指自然握住球拍，保持手腕的灵活性。

（2）摆动：发球动作开始于合适的摆动动作。当准备发球时，运动员的身体需要面向侧面，右脚（对于右手球员）略微在前。球拍的摆动应从低至高，如同挥鞭，产生速度。

（3）上举：在摆动过程中，左手将球上抛，右手带动球拍上升，准备击球。此时需要注意的是，上举球的高度和位置对于接下来的击球至关重要。

（4）击球：当球抛至最高点，开始下降时，右手带动球拍快速下击，利用腕力和下臂的力量，使球以最大的速度飞向对方场地。击球的时刻需要精准掌握，既不能过早也不能过晚，以保证发球的准确性和速度。

（5）跟进：击球之后，身体应继续向前，准备进行第二拍，这是发球后的重要跟进动作。

网球发球技术的关键在于协调与时机。技术正确的发球不仅能提高比赛中的得分机会，还能对对手施加压力，限制其反击的机会。发球的速度、旋转和方向的变化更能增加对手的挑战，使比赛更具策略性。同时，具备多样的发球技术，如平击发球、切割发球和上旋发球等，可以在比赛中更灵活地应对不同的对手和情况。

（二）接发球技术

网球接发球技术是比赛中得分的关键环节，它包括对手发球的判断、身体的移动和准备、球拍的接触点和方向的控制以及跟进动作等。对接发球技术的掌握程度直接影响球员在比赛中的表现。

（1）对手发球的判断：从发球动作的起始到发球的瞬间，对手的动作中都包含了关于发球方向、力量和旋转等信息。训练中，球员需要学会观察并解读这些信息，预判对手的发球。这需要对网球发球技术的深入理解和大量的实战经验。

（2）身体的移动和准备：预判对手发球的同时，球员需要迅速做出反应，移动到接球的合适位置。这需要球员拥有良好的步伐技术和灵敏的反应力。接球的位置应尽可能在身体的前方，这样才能更好地控制球的方向和力量。同时，身体的准备动作也是必不可少的，包括双脚的站稳、球拍的准备，以及身体的半蹲等。

（3）球拍的接触点和方向的控制：在接球时，球拍应在适当的高度和位置接触球，一般来说，这个位置应该在球员的腰部稍下的位置。接触点的选择和身体的动作配合可以决定球的发力点和方向。在击球时，球拍应根据来球方向、来球速度和自己的意图，适当地调整角度。

（4）跟进动作：在接发球后，球员应立即进行下一步的准备，这可能是接下来的击球，也可能是移动到场地的另一边。这种跟进动作的快速和准确，可以使球员始终保持在有利的位置。

在网球比赛中，接发球技术对比赛的影响是巨大的。它不仅可以帮助球员获得主动，也可以使对手陷入被动。因此，接发球技术的训练是每个网球运动员训练的重要部分。

（三）击球技术（正手、反手）

在网球比赛中，击球技术是一项基本技术，对比赛结果产生直接影响。击球技术主要分为正手击球和反手击球。

正手击球是指球员使用球拍正面击球的技术。正手击球的重要步骤包括预判、移动、准备、击球、结束和恢复[①]。首先，球员需要预判球的落点并及时移动到适当的位置；然后，把球拍抬至准备位置，准备进行击球；击球时，要用力并尽量在球的中心位置接触球；击球结束后，手臂要自然放松并做好恢复动作，以便进行下一个动作。在实际比赛中，正手击球技术的运用相当广泛，它既可以用于进攻，也可以用于防守。

反手击球则是指球员使用球拍背面进行击球的技术。反手击球和正手击球的步骤相似，但由于使用的是球拍背面，所以在动作细节和力度控制上会有所不同。反手击球通常比正手击球更加困难，因为它需要球员对身体的旋转和力量传递有更高的要求[②]。

对于正手和反手击球技术，其重点都在于击球的准确性和稳定性。为了提高击球的准确性，球员在击球时需要尽量保持身体的稳定，让力量可以更准确地传递到球上。此外，球拍的角度和方向也是影响击球准确性的重要因素。为了提高击球的稳定性，球员需要进行大量的练习，使得每一次击球都可以在相似的条件下进行。同时，身体的协调性和节奏感也是提高击球稳定性的关键。

在训练过程中，球员可以通过进行目标训练、多球训练和实战模拟等方法来提高击球技术。目标训练可以帮助球员提高击球的准确性；多球训练可以提高球员的反应速度和稳定性；实战模拟则可以帮助球员在比赛中更好地应用击球技术。此外，球员还可以通过录像回放和教练的指导，对自己的击球技术进

---

① 宫朝铭. 网球发球技术要点与训练研究 [J]. 网球天地，2022（12）：94-96.

② 陈祥慧，胡锐，张保华. 网球运动理论与实践 [M]. 广州：中山大学出版社，2021：48.

行分析和改进。

（四）网前与底线战术

在网球比赛中，网前与底线战术是至关重要的战术元素，它们各自适应不同的比赛场景并需要球员精准的判断和决策。

网前战术主要是指球员在球网附近位置采取的一系列攻防行动。网前战术的成功实施往往需要球员拥有出色的反应速度、灵敏的步伐和精准的击球技术。网前战术的应用通常可以划分为主动进攻和被动防守两种类型。主动进攻通常是通过施压对手，打出贴网低平且快速的球，逼迫对手犯错或产生劣势；被动防守则是在对手的攻势下采取救球、挑高等手段，以期延长比赛时间、寻求反击机会。在实施网前战术时，短距离冲刺、判断落点、控制击球角度和力度都是需要考虑的要点。

底线战术则主要是指球员在底线区域进行的持久战和拉锯战。相较于网前战术，底线战术更加依赖球员的体能和耐力，同时也需要良好的精神集中度和高度的战术理解①。底线战术中，球员需要充分运用发球、接发球、正手、反手等各项技术，运用变化球的落点、速度、旋转等技术，使对手处于不利位置。在进行底线战术时，球员需要对球场全局有清晰的认知，通过掌握比赛节奏、变化打法等手段，使自己处于比赛的主导地位。

无论是网前战术还是底线战术，其实质都是通过有效的战术布局和运用，使自己在比赛中处于有利的位置，以此提高比赛的胜率。因此，掌握和应用这些战术是每一个网球运动员必备的能力。在实际训练中，运动员需要结合自己的技术特点和对手的特性，灵活运用各种战术，才能在比赛中占得上风。同时，良好的身体素质、心理素质和技术运用能力也是实施这些战术的基础。

（五）网球比赛规则

1. 比赛

网球比赛通常由多个盘组成，一般为单数个盘。男子单打比赛通常为5盘，选手需要率先赢得3盘才能获胜；其他比赛通常为3盘，选手需要率先赢得2

---

① 顾华文. 网球训练中专项体能训练对策研究 [J]. 网球天地，2023（2）：71-73.

盘才能获胜。

发球权在每个局中轮流交换，并不受一盘比赛开始或结束的影响。决胜局被视为一局比赛。

比赛的总比分可以仅显示总盘数的比分（如 3-1，表示胜者赢得 3 盘，败者赢得 1 盘），或列出所有局数的比分，但必须先列出胜者的比分。例如，7-5、6-7（4）、6-4、7-6（6）表示胜者赢得第一、第三和第四盘，第二和第四盘是通过决胜局决出胜负。括号中的数字表示输者在决胜局中得到的分数，例如，第二盘决胜局的比分是 4-7，第四盘决胜局的比分是 8-6。

2. 盘

在网球比赛中，一盘比赛由多个局组成。当一名或一组选手达到规定的局数后，该盘比赛结束。在每个单数局结束后，选手们需要交换比赛场地。每个局的比分以常规的数字形式表示，并由裁判在每局开始前报出本盘比赛的比分。

在传统的规则中，选手需要率先获得 6 局的胜利，并且领先对手至少 2 局才能赢得该盘比赛。然而，现在更常见的计分方式是，在一盘比赛中双方战成 6：6 平时，进行一局特殊的"决胜局"，也称为"抢七局"。在决胜局中，率先获得胜利的选手将以总局数 7：6 赢得该盘比赛。在某些情况下，在五盘制比赛的最后一盘中，如果双方战成 6：6 平，将不进行决胜局，而是继续比赛直到一方连续获得两个局的胜利来结束比赛。

在决胜局比赛中，记分使用常规的数字形式，选手需要率先获得 7 分并领先对手至少 2 分才能获胜。决胜局的发球权归上一局比赛的接球手。该选手从自己的右侧发球区发球，然后将发球权交给对手。对手随后有两次发球的机会，之后轮流发球。每打完 6 分后，双方需要交换场地。

这些规则和计分方式在网球比赛中很常见，旨在确保比赛的公平性和悬念性。选手们需要展现出技术和毅力，在每个盘和决胜局中争取胜利。

3 局

在网球比赛中，一局比赛只有一名选手发球，率先获得至少 4 分且领先对手至少 2 分的选手赢得该局比赛。每局比赛中，发球权需要在两个发球区之间轮流进行，而每局的第一次发球始于右侧发球区。

网球的记分方法在每局比赛中是独特的。从 0 分到 3 分分别称为"零"

（love）、"十五"（fifteen）、"三十"（thirty）和"四十"（forty）。记分时，发球手的得分放在前面。因此，例如"30∶0"表示发球手赢得了两分，而接球手尚未得分。

当双方选手的得分都达到 3 分时，通常称为"平局"（deuce），而不是"40∶40"。此时，一名球员再赢得 1 分后，被称为"占先"（advantage），不再计分。如果在占先的情况下失去 1 分，则回到平局；而如果再赢得 1 分，则赢得该局。当发球手占据优势，或领先对手 2 分或更多时，称之为"局点"（game point）[如果赢得该局后可以赢得一盘，则称之为"盘点"（set point），如果赢得比赛的关键一分，则称之为"赛点"（match point）]。当接球手处于类似情况时，则称之为"破发点"（break point）。

在每次发球前，裁判应当口头报出该局比赛的比分。在没有裁判的比赛中，发球手需要报分。

4. 场地

网球比赛在一个长方形的场地上进行，场地由白线划分出界线。标准网球场的长度为 23.77 米，而宽度在单打比赛时为 8.23 米，在双打比赛时为 10.97 米。场地的两侧有单打边线和双打边线，两端为底线。场地中央的底线之间标有一个短小的中界点。球场的四周需要有一定的空间，以确保比赛的进行。

球网与场地的底线平行，穿过整个球场，将其分为两个相等的部分。球网与底线之间的距离为 11.89 米。球网悬挂在两侧的网柱上，网柱的中心位于双打边线外侧的 91.4 厘米处。球网的高度在网柱处为 1.07 米，在球场中央为 91.4 厘米。球网顶部通常用白色网边布包裹。

球场上还有两条发球线，用于划分发球区。发球线与底线和球网平行，距离球网 6.40 米，两端与单打边线相连。发球中线与边线平行，从球网中心开始延伸到发球线处。球场的四个发球区边界分别由球网、单打边线、发球线和发球中线组成。

网球场地的表面材料可以分为草地、红土和硬地。不同的场地类型提供不同的球速和弹跳效果。硬地可以有多种类型，包括传统的混凝土、室内木地板和类似 AstroTurf 的人造草地。红土场地被认为是慢速场地，球反弹较高且较慢，使得球员不容易击出难以回击的球。在红土场地上，裁判员判断球是否出界相对较容易，因为球会在土地表面留下痕迹。而硬地和草地被视为快速场地，球速快，反弹较低，使得击球更短促而有力，这对于善于发球的球员来说具有优势。在四大满贯赛事中，澳网和美网使用硬地（尽管最初是草地），法网使用红土，温网使用草地。

5. 人员

比赛中除了选手外还有其他相关人员在场。主裁判坐在球场外的高椅上，对比赛中的所有事件拥有最终仲裁权。边裁协助主裁判进行裁决，主要负责判断球是否落在规定的区域内，以及检查发球时是否违规。还可能设置网裁，负责判断发球时球是否触网。

比赛中还可以有球童，他们负责捡球并将球和毛巾递给选手，但不参与裁决。场外裁判坐在观众席中，拥有对比赛规则的最终解释权。

6. 得分

在网球比赛中，参赛选手站在球网的两侧，其中一位选手是发球手，另一位是接球手。一局比赛结束后，两位选手交换发球权。

发球手必须站在底线后方，可以选择站在中界点和边线之间的任意位置。接球手通常选择站在发球手斜对面的球网后方。一旦接球手示意准备好，发球手就开始发球。发球时，选手需要将球抛向空中（通常是向上），然后在球落地之前用球拍击球。如果发球手对自己的发球动作不满意，可以让球自然落地重新开始。但如果发球手做出击球动作却没有击中球，则被视为发球失误。

发球手在整个发球过程中，两脚不能离开最初的位置。尽管可以离开地面，但不能移动或奔跑，以防止故意误导球的方向。违反这个规定或双脚偏离区域过大将被视为违例。

在一次正确的发球中，球应该越过球网但不能触碰球网，并落在对角线上的发球区中的任意位置。如果球触碰球网但仍然落在对角线的发球区，则被视为触网，需要重新发球（不算发球失误）。如果球落在球网上、落地前未过网、触碰除球网外的任何物体或未落在对角线发球区，则被视为发球失误。在发球失误后，发球手有机会再发一次，但如果再次失误，则对手得分。

成功发球后，接球手进行回击。球员需要在球回弹两次之前用球拍击球一次，使球穿过球网并落在对方场地内的任意位置，否则将失去一分。

球员可以在球落地回弹之前击球，这仍然有效。但触碰球网、在球穿过球网之前击球、用球拍以外的物体击球或故意击球两次等行为将导致失分。在双打比赛中，发球和首次回击之后，任何一位搭档都可以在任意回合中击球，但不能同时击球。

7. 记分

在网球比赛中，一个标准比赛的记分方式如下：首先报告发球者的分数，没有得分为"Love"（0分），第一分为"十五"（15分），第二分为"三十"（30分），第三分为"四十"（40分），第四分为"game"（局点）。如果双方都赢得了三分，比分将达到平分，称为"Deuce"（平局）。在平分后，下一分赢球的球员／团队将取得优势。如果该球员／团队接下来再赢得一分，就能赢得比赛；如果对方球员／团队赢得下一分，比分将重新回到平分。球员／团队需要在平分后连续赢得两分才能赢得比赛。

在网球比赛中，当每盘的局数达到6∶6平时，存在两种常见的计分制。长盘制是一种计分制度，要求一方净胜两局才能赢得1盘比赛。这意味着比分必须达到7-5或更高，以确保胜者有足够的优势。另一种计分制度是短盘制。在短盘制中，除了决胜盘外，一般情况下遵循以下规则：首先得到7分的一方赢得该局和该盘，但如果比分达到6平，一方必须净胜两分，也就是说必须以8-6或更高的比分取胜。发球顺序按照规定进行，首发球员发出第一分球，对方发出第二和第三分球，然后双方轮流发出两分球，直到比赛结束。发球方每发出6个球，或在决胜局结束后，都需要交换场地。

8. FAST4 网球

FAST4 网球是一种简单而令人兴奋的方式，旨在加快传统网球比赛的速度。它保留了网球的基本原则，但通过以下四条规则确保比赛迅速、具有竞争力、令人兴奋，并且能够在合理的时间内完成。

（1）先赢4局：比赛的目标是先赢得4局，无论如何都要确保在对手之前实现这一目标。

（2）3平局进行抢七赛：当比分达到3平局时，将进行一场抢七赛。抢七赛的比赛积分为7分，如果比分达到6-6，则需要以2分的优势获胜。

（3）无广告积分制：当比分达到平分时，将进行决胜点。接发球方可以选择在哪一侧发球。这个规则同样适用于双打比赛，接发球的组合决定谁接发球。然而，组合不能改变位置。在混合双打比赛中，同性别的球员应该接发球。

（4）各胜一盘后进行决胜抢七赛：如果各胜一盘，将进行一场决胜抢七赛来决定比赛的结果。决胜抢七赛将进行到 10 分，如果比分达到 9-9，则需要以 2 分的优势获胜。

通过这些规则，FAST4 网球结合了快速、激烈和紧凑的比赛形式，为参与者和观众带来了更加刺激和有趣的体验。

9. 其他规则

比赛应该是连续进行的，因为选手的体能也是决定比赛胜负的因素之一。发球应在上一次得分后 20 秒内进行；每两局结束后，球员交换场地时应在 90 秒内发球。每盘比赛后有 120 秒的休息时间。在正式比赛中，选手在出现伤病时被允许有限次数的暂停呼叫治疗师入场治疗。除此之外，其他拖延比赛进程的行为可能被警告或罚分。

球的使用也有严格规定。在正式比赛中，球的损坏速度很快，规定每 9 局比赛需要更换一组新球。比赛开始后的第一组球在进行 7 局后需要更换，因为这组球在选手的热身中已经使用过。如果比赛因各种原因被迫中断（通常是因天气问题），在重新开始时，选手需要再次进行热身，必须使用新球，直到热身结束并正式恢复比赛，才可以继续使用之前使用的球。

轮椅网球比赛可以在残疾选手和健全选手之间进行。在这种比赛中，选手需要坐在轮椅上击球，且允许在球反弹两次后再击球。这个规则使得残疾选手和健全选手之间的混合赛成为可能。

此外，还有一种名为"加拿大式双打"的网球比赛形式，由一名球员与两名球员对打。对单人方使用单打规则，对方的回球必须落在单打线内；对双人方使用双打规则，对方的回球只有落在双打线内才算有效。

五、网球训练与技能提升

（一）技术训练计划与方法

网球是一项对技术、战术、体能和心理素质要求极高的运动，技术训练计划与方法对网球运动员的技能提升起到关键的作用。

在网球技术训练中，主要包括基础技术训练和高级技术训练两大部分。基础技术训练主要是为了让运动员掌握并熟练应用各种基本的网球技术，如正反手底线击球、发球、挑高球、截击等。在熟练掌握这些基础技术的基础上，才能进一步学习和掌握更高级的技术，如变向击球、旋转发球、止步挑高球等[①]。

在技术训练计划的制订上，首先需要明确训练目标，依据运动员的技术特点和比赛需求，制定具体、明确、可实施的技术训练目标。然后，制订具体的训练计划，包括训练内容、训练方式、训练强度、训练频率等。在训练过程中，教练员需要对运动员的技术动作进行详细的解析和示范，指导运动员正确执行，然后通过大量的反复练习，使运动员的技术动作变得熟练和自然。

在网球技术训练中，方法的选择和使用是十分关键的。有效的训练方法不仅可以提高训练效果，还可以提高训练的兴趣和动力。比如，可以采用模仿法，让运动员观看和模仿优秀运动员的技术动作；可以采用对抗法，让运动员在比赛中找出自己的技术短板并进行改进；也可以采用游戏法，通过有趣的网球游戏，让运动员在游戏中进行技术训练。

（二）网球战术训练与应用

网球战术训练与应用对提升比赛成绩有着举足轻重的影响。战术训练不仅涉及对特定技术的运用，也包含在比赛中对对手、场地、比赛进程的分析与调整。因此，有效的战术训练是赢得比赛的关键因素。

网球战术训练通常包括技术应用、比赛观察、动态调整和心理准备等部分。其中，技术应用训练着眼于如何将日常技术训练中掌握的技术在实际比赛中应用，比如根据对手的弱点选择攻击点、运用各种击球方式和速度以及考虑场地条件等因素[②]。比赛观察训练主要是教授运动员如何在比赛中快速分析对手的技术和战术特点，以便及时做出有效的反应。动态调整训练主要关注如何在比

---

① 　李翔，贺沙. 核心力量训练对大学生网球运动员反手击球技术的影响 [J]. 体育视野，2023（6）：88-90.

② 　桑裕. 核心力量训练在高校网球训练中的应用 [J]. 网球天地，2022（12）：76-78.

赛过程中根据比赛进程和对手的调整做出相应的战术调整。心理准备训练则是教授运动员如何控制和调整自己的心态，以保持最佳的竞技状态。

网球战术训练的方法有许多，如观看和分析比赛录像、模拟比赛训练、参与实战比赛等。观看和分析比赛录像可以让运动员从更宏观的角度去理解比赛中的战术运用和变化，同时也可以提供对自身技术和战术的反思和改善。模拟比赛训练则是以实战的形式让运动员在比赛环境中进行训练，这样可以提高运动员在真实比赛中的战术应用能力。参与实战比赛是最直接的战术训练方式，通过实际的比赛经验，运动员可以更好地理解和运用战术知识。

在实施网球战术训练时，教练需要针对运动员的技术特点、心理状态以及比赛需求，制订出适合的战术训练计划。在训练过程中，教练要注重运动员战术理解和应用能力的提升，同时也要关注运动员的心理调适，及时引导运动员调整心态，保持良好的比赛状态。

（三）体能与灵敏度训练

网球运动员的体能与灵敏度训练是保持高质量表现的重要因素。对于网球运动员来说，优秀的体能不仅能提供强大的击球动力，还能保证在比赛中持续高效的移动和反应。而灵敏度则关系运动员对比赛变化的快速反应和精确判断。

体能训练对于网球运动员来说是必不可少的。包括有氧耐力训练、肌肉力量训练、速度训练和爆发力训练等。有氧耐力训练能提高运动员的心肺功能和持久力，使其在长时间的比赛中保持良好的体能状态。肌肉力量训练则有利于提高运动员的基本击球能力和防守稳定性，同时也能预防运动伤害。速度训练和爆发力训练能提升运动员的起步速度和瞬间爆发力，这对网球运动员的位置移动和高强度换向尤为重要。

灵敏度训练主要包括反应速度训练、动作协调性训练和灵敏度游戏等。反应速度训练可以提高运动员对各种比赛情况的快速反应能力。动作协调性训练能帮助运动员提高击球、移动和变向等动作的协调性和流畅性。灵敏度游戏则以游戏的形式提高运动员的反应速度和动作灵敏性，使训练更加有趣。

体能与灵敏度训练需要根据运动员的具体情况进行个性化设计。不同的运动员因为年龄、性别、体质和比赛特点等差异，需要的体能与灵敏度训练方案也会有所不同。此外，训练过程中应充分考虑恢复问题，以避免过度训练和运动伤害。

（四）心理素质与比赛准备

在网球比赛中，心理素质对于运动员的表现有着极其重要的影响。一方面，良好的心理素质能帮助运动员在压力下保持冷静和专注，从而更好地发挥自身的技术和战术水平；另一方面，心理素质也会影响运动员的比赛准备，包括对比赛的心态调整、对手的心理分析以及赛前的心理建设等。

心理素质的培养应以运动员的心理特点和需要为基础，采取个性化的心理训练方案。这包括：情绪管理训练，帮助运动员掌握有效的情绪调节技巧，学会在比赛中积极应对各种压力和挫折；自信心和动机激励训练，通过建立合理的目标和积极的反馈，增强运动员的自信心和比赛动机；还有注意力和专注力训练，帮助运动员在比赛中集中注意力，避免被无关的因素干扰。

比赛准备是比赛成功的关键一环，它涵盖了赛前的技术复习、战术分析、体能恢复和心理建设等多个方面。在比赛准备中，运动员需要对即将对阵的对手进行深入的分析，熟知其技术特点和常用战术，以便在比赛中做出快速准确的反应。此外，运动员还需要进行适当的技术复习和体能恢复，确保自己在比赛中发挥出最佳的水平。最后，赛前的心理建设也是比赛准备的重要组成部分，通过合理的心态调整和积极的心理暗示，运动员可以在比赛中保持最佳的心理状态。

第二节　乒乓球的文化解析与训练

一、乒乓球的历史与发展

乒乓球是一项起源于 19 世纪的运动项目，尽管最初的起源史仍然存在争议，但它最早是作为一种室内娱乐活动在英国上层社会中流行起来的。早期的乒乓球设备包括一个餐桌、两个书本和一个球，人们使用书本击打球来进行游戏。随着时间的推移，人们开始使用专门制作的木制球拍和羽毛球，游戏的规则也逐渐成型。

20世纪初，乒乓球的专业化设备开始出现，如橡胶覆盖的球拍和充气的球。这时的乒乓球已经变得更像今天我们所熟悉的样子。然而，直到1926年，世界乒乓球联合会（International Table Tennis Federation，ITTF）的成立，乒乓球才真正被认定为一项国际竞技运动。随后，世界乒乓球锦标赛也随之诞生。

在20世纪50年代和60年代，乒乓球在亚洲尤其是中国和日本开始流行起来。中国乒乓球运动员在国际比赛中取得的突出成绩，使得乒乓球成了中国的国球，乒乓球在中国的地位十分重要。

1971年，中美乒乓球交流打开了两国之间的外交大门，这被历史称为"乒乓外交"。这一事件充分展示了乒乓球的文化和外交价值，其不仅是一项运动项目，更是一种文化和交流的媒介。

进入21世纪，乒乓球运动继续发展，技术和战术也在不断进化。比如，2000年ITTF改变了球的直径，以减慢比赛的节奏，使观众更易理解比赛过程。这也导致了乒乓球运动员技术和战术的改变，注重力量和耐力的训练变得更加重要。

乒乓球的历史和发展是一个充满变革和挑战的过程。从最初的室内娱乐活动，到今天的全球性竞技运动，乒乓球的历史是一个不断进步和适应变化的历史。这也证明了乒乓球的魅力和持久力，无论在竞技场上还是在文化交流中，乒乓球都具有重要的价值和意义。

二、乒乓球文化的重要性

乒乓球，这个深受全球人民喜爱的运动项目，其独特的文化价值和深远的社会影响力使其在全球体育文化中占据了独特的地位。乒乓球文化反映了人们对健康、公平、竞争和协作等核心价值观的追求，它作为一种体育文化的载体，成为连接世界各地人民的桥梁，促进了全球文化的交流和理解。

乒乓球不仅是一种运动，它还是国际交流的重要平台。那一段被称为"乒乓外交"的历史，通过乒乓球这一平台，中美之间的外交大门得以打开，实现了两国间的友好交流。这足以证明，乒乓球运动的影响力远远超出了体育领域，成了国际关系中不可忽视的一部分。

在教育领域，乒乓球文化同样发挥着重要作用。其蕴含的健康、竞争、协作、公平和尊重等价值观，是引导人们形成正确世界观、人生观和价值观的重要途径。通过乒乓球运动，我们可以引导年轻人树立正确的竞技观念，培养他们的团队协作精神和竞争意识。

中国作为乒乓球运动的强国，乒乓球在国内具有广泛的群众基础。它不仅是中国的国球，更是象征着国家形象和力量的重要标志。中国乒乓球队在国际赛场上的出色表现，是对全球展示中国体育实力的重要窗口。

乒乓球运动简单易学，不受场地限制，是一种健康的体育娱乐活动，它的普及有助于推广健康的生活方式，提高人们的生活质量。

三、乒乓球的价值观与精神

乒乓球是一项深受全球人民喜爱的运动，其独特的价值观和精神力量远远超出了赛场，深深地影响着我们的日常生活。乒乓球文化体现出一种健康至上的价值观，它鼓励我们全面发展身心，提高身体素质，增强免疫力，以达到健康的目的。乒乓球运动强调，健康不仅仅是身体的健康，也包括精神的健康。这种以健康为中心的价值观，对引导我们树立正确的健康观、形成健康的生活方式具有深远的影响。

乒乓球比赛是一种精神和技术的对决，它强调公平竞争、尊重规则、全力以赴。在这个环境中，我们学会在公平、公正的环境中努力比赛，我们学会尊重对手、尊重比赛、尊重自己。这些价值观和精神不仅对比赛结果有影响，也塑造了我们的道德观，影响了我们的行为和态度。

尽管乒乓球是一项个人项目，但在团体比赛中，队员需要与队友共同协作、互相支持，共同应对比赛中的挑战。这种团队协作的价值观和精神，不仅能提高我们的竞技水平，也能让我们学会在生活中更好地与他人合作。

乒乓球比赛中的顽强拼搏精神，让我们学会在面对困难时不屈不挠、永不放弃。这种精神不仅可以让我们在比赛中逆转战局，也可以让我们在面对生活中的困难时有勇气和决心去克服。

四、乒乓球基本技术与战术

（一）发球技术

乒乓球的发球技术是整场比赛的起始和关键环节，掌握正确且独特的发球技术，就等于为整场比赛赢得了开局的优势。发球不仅需要精准的力度控制，更需要巧妙的战术规划和运用。

低旋发球以其稳定的弹跳点和低旋的特性，对于对手而言预判困难，需要发球者具备出色的触球感和精准的力度控制。同时，这种发球方式也对运动员的基本技术提出了更高的要求。

侧旋发球的特点在于，它能让乒乓球在接触到球桌后产生一种非常规的移动轨迹，增加了对手接球的难度。这种发球方式需要运动员熟练地掌握球拍的角度和力度，以及球的旋转方向和力度。

上旋发球通过在发球时给予球上旋的力度，使得球在空中产生上旋的轨迹，使得对手在接球时因为球的快速向前的轨迹而增加接球难度。通过上旋发球，运动员可以通过变化发球力度和旋转强度来创造出多样化的发球效果。

下旋发球则是通过在发球时给予球下旋的力度，使得球在落地后的轨迹较为滞后、缓慢，旨在打乱对手的步伐，扰乱对方的进攻节奏。

（二）正手与反手击球技术

乒乓球比赛中，正手与反手击球技术是基础中的基础，是赛事胜败的决定性因素。一手精准的正手击球技术和反手击球技术，能够使运动员在比赛中占据优势。

正手击球是乒乓球的常见和基础击球方式，可以完成大部分的进攻和防守。正确的正手击球技术需要运动员保持稳健的站姿，两脚略宽于肩膀，左脚稍微在前，这样有利于挥拍。击球时，运动员需要从下腹部到手臂使用全身的力量，协调整个身体，以使击球更具力量。同时，选择正确的击球点也至关重要，一般来说，应选择在球的下半部进行击球，这样可以更好地控制球的方向和旋转。

相比于正手技术，反手击球技术的操作难度稍大，但它能有效地应对对手的侧旋球，且反手击球的不确定性更大，从而增加了对手的防守难度。在反手击球技术中，站姿与正手类似，但在击球时需要更多地使用手腕的力量，同时，手腕、肘关节和肩关节的协调配合十分重要。反手击球的击球点通常选择在球的中部或下半部，以更好地控制方向。

乒乓球的正手与反手击球技术的掌握和运用，需要运动员通过长时间的训练和实战经验的积累来逐渐完善。能够熟练运用正手和反手击球技术的运动员，会在比赛中更具优势，也更有可能取得胜利。掌握这两项基本技术，是每一位乒乓球运动员的基本功，也是他们在比赛中取得胜利的关键。

（三）接发球技术

乒乓球的接发球技术在比赛中占据关键性地位。良好的接发球技术可以使运动员有效抵挡对手的发球，同时也能帮助他们迅速进入比赛节奏，及时制定出有力的攻防策略。这项技术的精髓在于对球的旋转、速度和方向的准确判断，同时对接球的时间和位置也要进行精确的控制。

一般来说，接发球的过程中，站位的重要性不容忽视。运动员需要选择一个合适的位置，以确保自己有足够的反应时间，并能应对各种类型的发球。为此，运动员需要保持一定的距离，站在距离球桌适当的地方，身体稍微向前倾，眼睛始终注视着球，以便及时做出反应。

接发球时，运动员需要根据来球的旋转和速度，灵活调整自己的球拍角度和力度。一般而言，面对上旋球时，运动员需要采用下切的方式接球；对于下旋球，则需要采用上切的方式。而对于无旋球，运动员则可以选择直接进行平击。同时，针对快速来球，运动员通常会采用挡击的方式；而对于速度较慢的球，则可以选择推挡或者直接进行进攻。

乒乓球的接发球技术要求运动员具备出色的判断和预测能力。在比赛中，发球方经常会采用各种手段掩饰自己发球的轨迹和旋转，因此，接球方需要通过观察和判断发球方的动作，以及对比赛节奏的掌握，预判对方可能的发球。

（四）控制与进攻战术

乒乓球比赛中，控制与进攻战术的运用决定了比赛的节奏和胜负。在这方面，策略的选择和技术的执行是分不开的。因此，了解和熟练运用各种控制与进攻战术是每个乒乓球运动员必备的技能。

乒乓球的控制战术主要是通过打击的角度、速度和旋转，以及发球和接发球的方式，来影响和控制对手的打击方式和节奏。控制战术需要运动员有很高的球感和判断能力，以及稳健的基本功和丰富的打法。

例如，在比赛中，运动员可以通过连续的下旋球，来制约对手的进攻，或者通过快速的直线球，来打破对手的防线。同时，运动员还可以通过变化发球的旋转和方向，来打乱对手的节奏，或者通过连续的深球和短球，来制造对手的失误。

相比之下，乒乓球的进攻战术更加依赖于运动员的技术水平和反应速度。进攻战术的核心是准确的判断和瞬间的爆发。通常情况下，当对手的球落点在台面中部或者后半区时，运动员就可以选择进攻。

进攻时，运动员需要根据对手的位置和自己的技术特点，选择不同的打法和线路。例如，当对手站位较为靠后时，运动员可以选择快速的直线球或者侧旋球，来制造对手的防守难度；当对手站位较为靠前时，运动员可以选择高抛的上旋球，来打破对手的节奏。

（五）乒乓球比赛规则

乒乓球比赛的规则构成了比赛的基本框架、规范了运动员的行为，并保证了比赛的公正和公平。理解和遵守比赛规则，对于乒乓球运动员来说同样重要。以下是乒乓球比赛的一些核心规则。

（1）比赛的开始以及赛制：一场标准的乒乓球比赛开始于投掷硬币，赢得投掷的一方可以选择先发球或者先选边。每场比赛包括若干局，通常为奇数局，如三局两胜、五局三胜、七局四胜等。每局比赛首先达到11分的运动员获胜，如果双方比分战至 10 ： 10 平，那么必须以两分差获胜。每方连续发两球后换发球权。

（2）发球规则：发球者必须将球在自己的一半场地上投掷至少16厘米的高度，然后用球拍击打，使球先在自己半场的发球区弹起，越过网，落在对方半场的接球区。在整个发球过程中，发球者的手及球都不能被身体或者衣物阻挡，以保证接球方能清楚地看到球。

（3）接发球规则：接发球者必须让球在自己半场弹起后，再用球拍击打，越过网，落到对方半场。

（4）得分规则：如果发球者违反了发球规则，或者球没有越过网，或者球在对方半场落地前击中了任何物体，那么接球方得分。反之，如果接球方未能在球落地前有效击回，或者将球击出界，那么发球方得分。

除了上述规则，乒乓球比赛规则还包括休息时间、设备标准、运动员行为等多个方面。理解和掌握这些规则，对于乒乓球运动员进行有效的比赛至关重要。同时，这些规则也对乒乓球比赛的公平性和公正性起到了决定性的作用。

五、乒乓球训练与技能提升

（一）技术训练计划与方法

乒乓球训练与技能提升不仅包括技术性的训练，对基本技术和特殊技术的熟练掌握，还涵盖了战术理解、比赛节奏控制和心理调控等多个方面。此外，适应性训练和环境变量的熟悉同样对运动员的比赛表现产生重要影响。在制订训练计划时，需要根据运动员的实际情况和比赛计划进行个性化的设计，并在训练中进行动态的调整，以确保训练效果的最大化。

技术训练是乒乓球训练中的核心部分，即对运动员的基本技术、特殊技术和综合技术进行系统化和结构化的训练。通过模仿、反复实践、专项练习和比赛模拟等多种训练方法，使运动员在不断的练习中掌握和熟练各种技术，提升技术的效率和准确性。

战术训练则是针对比赛中的实际情况，训练运动员的战术理解和决策能力。在比赛中，运动员不仅需要掌握技术，还需要根据比赛的实际情况做出准确的战术决策。这需要运动员具有丰富的比赛经验和高度的战术理解。

比赛节奏控制和心理调控训练是对运动员在比赛中的表现进行提升的关键。比赛节奏的控制影响着比赛的进程和结果，而心理调控则直接影响运动员的表现和状态。通过这两方面的训练，可以使运动员在比赛中保持最佳的状态，发挥出最好的水平。

乒乓球训练与技能提升的目标是帮助运动员全面提高自己的技术水平和比赛表现，因此，制订有效的训练计划和方法，以及对训练结果的及时评估和反馈，都是实现这一目标的重要手段。

（二）乒乓球战术训练与应用

乒乓球作为一种技术和策略相结合的运动，需要运动员掌握和应用各种战术来应对比赛中的各种情况。乒乓球的战术训练主要涉及战术理解、决策、发球、接发球、控制、进攻和防守等方面，其目的是提高运动员的战术应用能力，以优化比赛表现。

运动员对战术的理解和决策能力是战术训练的首要任务。通过比赛模拟和战术讨论等方式，运动员可以提高对比赛情况的敏感性和判断能力，从而在比赛中做出正确的战术选择。

发球和接发球是比赛的重要环节，对比赛结果有直接的影响。运动员需要通过反复的定向训练和配对训练，掌握和应用各种发球和接发球战术，以优化自己在比赛中的发球和接发球表现。

控制和进攻是比赛中的主要战术之一。运动员需要通过训练比赛和模拟比赛，提高在控制比赛节奏和主动进攻时的战术水平。

防守战术训练旨在提高运动员在防守时的稳定性和变化性。通过防守技巧训练和防守对抗训练，运动员可以在防守时获得主动权，从而提高比赛水平。

乒乓球的战术训练是一项系统性、长期性的任务，需要运动员在反复的训练和实战中不断学习、掌握和应用战术。只有这样，运动员才能在比赛中发挥出最佳的水平，取得优秀的比赛结果。

（三）快速反应与灵敏度训练

乒乓球是一项对反应速度和灵敏度要求极高的运动，每一次击球的时间差都可能影响比赛的结果。因此，快速反应与灵敏度训练成了乒乓球训练中不可或缺的一部分。

快速反应训练主要是提升运动员对比赛瞬间变化的响应能力，帮助运动员在最短的时间内做出最准确的判断并执行出最合适的动作。快速反应训练包括视觉反应训练、听觉反应训练和触觉反应训练。训练方法有多种，例如，可以设置一些特定的刺激（如声音或光线的变化），要求运动员在刺激发生后的最短时间内做出相应的反应；也可以让运动员进行一些需要快速决策和反应的小游戏，比如"击打闪烁的灯"等。

灵敏度训练则是针对运动员的动作敏捷性，即在复杂、多变的比赛环境中，能迅速改变身体位置或动作方向，以适应比赛的需要。灵敏度训练可以通过专项训练和配合其他训练方式进行，如变向跑、台阶跳跃、梯形跳跃等。

在进行快速反应与灵敏度训练时，需要注意以下几点。

（1）训练强度适中，避免过度疲劳，防止训练效果下降；

（2）训练时要全神贯注，提高训练效果；

（3）训练应结合比赛实际，模拟比赛中可能出现的情况；

（4）训练要有计划性，根据训练效果及时调整训练内容和方式；

（5）注意恢复，以保证训练效果。

（四）心理素质与比赛准备

乒乓球作为一种高度对抗性、技巧性的运动项目，其比赛的胜负常常取决于微弱的优势，而这微弱的优势除了来自技术、体能等方面，更多的是来自心理素质。心理素质训练和比赛准备，是每位运动员都必须注重的一部分。

强大的心理素质是比赛的有力保证，它包括自信心的培养、动机的激发、压力的管理、情绪的控制以及集中注意力的能力等。自信心的培养是让运动员对自己的能力有充足的信心，这种信心能让他们在比赛中充分发挥出自己的水平。而动机的激发是指引运动员向前的强大内驱力。压力的管理和情绪的控制，能让运动员在面临困难和压力时，保持平静的心态，从而保持最佳的比赛状态。最后，集中注意力的能力能帮助运动员在比赛中把全部精力集中在比赛上，从而做出最佳的决策和动作。

比赛准备则是将训练中积累的技能和心理素质最大化地应用到比赛中去。这不仅包括比赛策略的制定、对对手的研究，还包括对比赛环境的适应，如对场地、气候、食物等的适应。这需要运动员和教练员充分利用比赛前的时间，进行全方位的准备。

在进行心理素质训练和比赛准备时，运动员需要注意以下几点：

（1）训练应注重实效，训练内容应与比赛实际紧密结合，不断提高运动员的心理素质；

（2）心理训练和技术训练要互相结合，不能孤立开展；

（3）对于运动员的个体差异，需要有针对性的训练，根据每个人的性格、经验等特点，进行个性化的心理训练；

（4）在比赛准备阶段，运动员需要学会管理自己的情绪，克服紧张、焦虑等负面情绪；

（5）在比赛准备过程中，应综合运用科学的方法，如视频分析、数据分析等，以充分了解对手，制定出合理的比赛策略。

第三节　羽毛球的文化解析与训练

一、羽毛球的历史与发展

羽毛球运动的历史悠久，其起源有多个版本的传说，最广为接受的说法是源自古代欧洲。然而，正式的现代羽毛球运动则是在 19 世纪中叶的英国诞生，并在 20 世纪内逐渐发展成为全球范围内的竞技运动。

羽毛球运动的雏形可以追溯到古代的欧洲，那时的人们会用一个羽毛装饰的球和一个打击用的器具进行游戏。这种游戏最早的形式可能更像我们现在所熟知的"抛球接球"游戏，而非竞技对战。

然而，真正标志着羽毛球运动诞生的，是 19 世纪中叶的英国。那时候，一款名为"战鸟球"的游戏在英国社交圈内流行，这项游戏的规则和现代羽毛球类似，需要两名或四名选手用球拍击打一个由羽毛和软木制成的球，使其越过中间的网，落入对手的场地。这款游戏最初在户外进行，后来渐渐演变为室内活动。

进入 20 世纪，随着英国殖民地的扩张，羽毛球运动也被带到了全球各地。特别是在亚洲国家，如中国、印尼和马来西亚，羽毛球运动迅速发展并取得了巨大成功。此外，在丹麦，羽毛球也得到了积极的推广和发展，成为欧洲最成功的羽毛球运动国家。

羽毛球的竞技化进程在 20 世纪中叶加快，1955 年，国际羽联（International Badminton Federation，IBF）在英国成立，这是首个羽毛球运动国际性组织，其宗旨是推广和发展全球羽毛球运动，设立了全球最高水平的羽毛球赛事——全英羽毛球公开赛。1981 年，国际羽联将世界羽毛球锦标赛纳入其主办的比赛，使得这个赛事的影响力和竞技水平得到进一步提升。

1992 年，羽毛球运动被列为奥运会正式比赛项目，这标志着羽毛球运动进入了全新的发展阶段。自那以后，羽毛球在全球的影响力不断扩大，比赛水平也不断提升，特别是在亚洲国家，羽毛球运动得到了前所未有的关注和发展。

二、羽毛球文化的重要性

羽毛球文化的重要性源于其具有深远影响的社会价值、人文价值和教育价值。羽毛球文化不仅体现在运动技术、比赛规则和赛事活动中，更渗透在运动者的行为准则、价值观和生活态度中。

从社会价值角度看，羽毛球文化以其特有的精神风貌和社会风尚对社会产生了深远的影响。羽毛球运动强调的公平竞争、尊重对手、坚韧不拔的运动精神，对塑造和谐社会具有积极作用。同时，羽毛球运动活动的开展，也是社区互动、友谊交流的重要平台，具有增进人们身心健康、提高生活质量、增进社会团结和谐的价值。

从人文价值角度看，羽毛球文化展现了多元文化的交融和共享。作为一项全球范围内广泛开展的运动，羽毛球吸收了东西方文化的精髓，体现了文化交流和互鉴的价值。每个国家和地区都有其独特的羽毛球风格和文化特色，形成了多元、共享的羽毛球文化景观。

从教育价值角度看，羽毛球文化是运动教育的重要内容。通过羽毛球运动，运动者不仅可以锻炼身体、提高运动技能，更可以培养团队精神、竞争意识、公正公平的道德品质以及坚韧不拔的意志品格等，实现人的全面发展。

羽毛球文化对推动社会和谐、人文交流、教育成长等方面具有深远的影响，体现了其重要的社会价值。同时，也正因为有了羽毛球文化的支撑，羽毛球运动才得以长久发展并越来越受到人们的喜爱。

三、羽毛球的价值观与精神

羽毛球的价值观与精神是羽毛球运动所特有的核心理念和精神风貌，体现在运动规则、技术表现、比赛态度和运动精神等多个方面。

羽毛球的价值观首先体现为公平公正。比赛中每一个球员都必须遵循比赛规则，尊重对手，公平竞争。这一价值观不仅体现在比赛中，同时也应体现在训练、赛前准备和赛后总结中。公平公正的精神让每一个参与羽毛球运动的人都能在遵守规则的前提下，通过自身的努力和技术实现自我提升。

羽毛球的价值观还体现为追求卓越。羽毛球运动员在技术、策略、体能、心理等方面都追求最优表现，力求在比赛中实现自我，发挥最好的水平。这种追求卓越的精神鼓励运动员不断超越自我，面对挫折和困难能够坚持不懈，始终保持积极的态度和高昂的斗志。

羽毛球的价值观也体现为团队合作。虽然羽毛球有单打和双打两种形式，但无论何种形式，配合和默契都是不可缺少的。运动员们需要通过有效的沟通和配合，以团队的力量去面对对手。这种团队合作的精神在羽毛球运动中得到了充分体现，也是运动员们在训练和比赛过程中需要不断学习和提升的。

羽毛球的精神表现为坚韧不屈，无论比赛形势如何，都要坚持到底，这种精神是羽毛球运动员特有的品质，也是他们在赛场上能够一次次逆转局势的重要精神支撑。

四、羽毛球基本技术与战术

（一）发球技术

发球是羽毛球比赛中的开局和比分起点，是每个回合比赛的起始。正确的发球技术对比赛的成功至关重要，它能够决定整个回合比赛的主导权，更可以在一定程度上影响对手的应对策略。下面将从几个主要方面阐述羽毛球的发球技术。

1. 短球发球

短球发球常用于单打比赛，主要的目的是让羽毛球以尽可能低的高度越过网，尽可能地落在对方的接球区前方。这种发球方式可以限制对手的击球空间，迫使对手低位接球，难以形成有效的进攻。短球发球时，球拍应保持稳定，用球拍上部的部分击打球的下半部，使球飞行时的弧线小且速度慢。

2. 高远发球

高远发球主要用于双打比赛中，让羽毛球高高飞越网，在对方的底线落地。这种发球方式可以让球以较高的弧线越过对手的前场，使得对手难以快速进攻，提供给自己和搭档足够的防守时间。进行高远发球时，击球点应高于头顶，运用全身力量，使球沿着一条高大的弧线飞出。

3. 平推发球

平推发球的特点是让球以快速、低平的轨迹越过网，落在对方的底线。这种发球方式能迅速压迫对方，使其无法形成有力的进攻。执行平推发球时，球拍应保持稳定，且击球动作需迅速、凌厉。

4. 侧旋与反旋发球

侧旋发球和反旋发球主要通过改变击球的角度和力量，让羽毛球在飞行过程中产生旋转，从而干扰对手的判断和接球。执行这种发球时，需要运用球拍的角度和力度以达到预期的旋转效果。

（二）正手与反手击球技术

正手与反手击球技术是羽毛球比赛的基础，其深度和广度使得运动员能够在比赛中应对各种状况，从而更精确地控制球的飞行方向、高度、速度和落点。

正手击球，也称为正面击球，运动员面向羽毛球，使用击球侧的手臂完成击球动作。对于正手下旋球，运动员通常在面对低位球时采取此招，通过斜切方式将球快速打向对方场地的前场。这种技术要求运动员的手腕灵活，准确控制力度和角度，目标是找到进攻机会或者扰乱对手步伐。正手上旋球则常用于防守状态，目标是将球高远打出，让球落在对手底线，旨在争取调整阵型的时间或者等待对手失误，从而寻找反击的机会。正手平抽球主要针对中网高位球，其关键是快速直线将球打向对手场地，让球尽可能低平快速，以制造对手接球的困难，是进攻的重要手段。最后，正手挑球主要应对对方的短网球，通过挑的方式将球打向对手场地的前场，目的是扰乱对手节奏，制造机会。

反手击球，也被称为背手击球，涉及运动员转动上身，使用击球侧的手臂完成击球动作。反手下旋球与正手下旋球类似，面对低位过来的球时，运动员通常以斜切方式将球打向对方场地的前场。这种技术需要球员手腕灵活，能快速准确地斜切出球，从而找到进攻的机会。反手上旋球主要用于防守状态下，将羽毛球从低的位置打向对手的底线，让球尽可能高远，以争取时间，期待对手的失误或者寻找反击的机会。对于反手平抽球，运动员需要对付对方中网的高球，将球直线打向对方场地，让球尽可能低平快速，以增加对手接球的难度。反手挑球则用于对付对方的短网球，用球拍的甜区以挑的方式将球打向对手场地的前场，也是为了扰乱对手的节奏，制造进攻机会。

（三）控球与进攻战术

控球与进攻战术是羽毛球比赛中赢得胜利的关键。通过控制比赛节奏，妥善安排击球路线和力度，使得对手无法进行有效防守，从而获取比赛的主动权。

控球战术的主要目标是限制对手的活动范围，使其无法进行有效的反击。羽毛球运动员可以通过调整球的落点，变化打球的方向和速度，以及合理地运用各种击球技术，来控制比赛的节奏和对手的移动路线。在具体执行过程中，球员应充分考虑自身和对手的技术特点，力求把握住比赛的主动权。

进攻战术主要目标是以最快的速度和最高的效率结束比赛。在实施进攻战术时，球员需要精确的击球技术、迅速的判断力，以及强大的身体素质。这就要求运动员在训练中注重提高自己的技术能力、培养灵敏的反应速度、增强爆发力和耐力，以便在比赛中实施有效的进攻。

控球与进攻是羽毛球比赛中相辅相成的两个方面。成功的控球可以为进攻创造有利的机会，而有力的进攻则可以让控球战术更加有效。因此，运动员在比赛中应根据实际情况，灵活运用控球和进攻战术，以达到最好的比赛效果。

（四）羽毛球比赛规则

1. 抛硬币

比赛开始时，进行抛硬币决定。无论是单打还是双打，A 队和 B 队选择硬币的一面（正面或反面）。裁判抛硬币后，抛硬币的赢家可以选择以下两个选项之一：先发球或先接发球，以及选择场地的一侧开始比赛。抛硬币失败的一方则选择剩下的选项。例如，如果赢家选择先发球，失败的一方将选择场地的一侧开始比赛。

示例：

A 队赢得抛硬币，并决定首先接发球。注意，选项 1 又有选项 1A 和 1B，也就是说，如果你选择选项 1，你可以进一步选择是先发球还是先接发球。剩下的选项就是选项 2，所以 B 队有权选择从场地的哪一侧开始比赛。

B 队赢得抛硬币，并决定在场地的一侧开始比赛（假设为场地的北侧）。B 队将拥有选项 1。B 队可以选择选项 1A（先发球）或选项 1B（先接发球）。

2. 记分

目前使用的羽毛球比赛记分系统是从 2006 年开始使用的记分系统。简单地说，记分系统是一个三局两胜制、每局 21 分制的回合制记分系统（如果一局比赛的比分为 20：20，则进入胜 2 分制，上限为 30 分）。单打和双打的记分系统相同。每局比赛的结果可能是以下几种情况之一：A 队以 2：1 赢得两局，B 队以 2：1 赢得两局，A 队以 2：0 赢得两局，或 B 队以 2：0 赢得两局。回合制记分系统意味着在比赛中无论哪个队伍发球，都有机会得分。每得 1 分的队伍将获得下一次发球权。一局比赛可以是常规局（得分限制为 21 分）或平局（当比分达到 20：20 时）。在平局中，要赢得一局，一支队伍必须以至少 2 分的优势超过对手，直到达到 30 分。

3. 场地换边

比赛中，双方队伍在第一局比赛开始时决定各自的场地一侧。在第一局结束后以及第二局（如果有第三局）结束后，队伍会换边。例如，在第一局中，A 队在场地的 X 侧打球，B 队在场地的 Y 侧打球；在第二局中，队伍换边，A 队在场地的 Y 侧打球，B 队在场地的 X 侧打球；在第三局中，队伍换边，A 队在场地的 X 侧打球，B 队在场地的 Y 侧打球。

此外，在第三局中，如果领先得分的一方达到 11 分，还会有额外的换边。例如，如果在第二局中，A 队在场地的 Y 侧打球，B 队在场地的 X 侧打球，A 队在第三局中达到 11 分而 B 队得分为 7 分，将进行换边。换边后，A 队将在场地的 Y 侧打球，B 队将在场地的 X 侧打球。

双打比赛有一个特殊规则：在双打比赛中，首先发球的队伍可以决定队伍中的哪一名球员先发球，而首先接发球的队伍可以决定队伍中的哪一名球员先接发球。

4. 发球和得分

发球和得分的规则在单打和双打中有所不同。在单打比赛中，当一名选手发球且得分为偶数时，该选手必须从右发球场发球。当得分为奇数时，该选手必须从左发球场发球。在双打比赛中，发球方的得分为偶数时，站在右发球场的球员发球。但是，如果发球方赢得 1 分，发球方的球员将交换位置；而如果发球方失分，球员将保持原位。

5. 犯规

犯规是指选手违反羽毛球规则。当选手犯规时，对方队伍将得到 1 分。犯规的情况包括：选手在比赛中用除球拍以外的部分接触羽毛球；接触网或网的支撑部件；在比赛中干扰对方队伍；在击球前用球拍抓住羽毛球；在羽毛球完全过网之前击球；在羽毛球传到对方场地之前多次击球；等等。

当比赛出现特殊情况时，将会出现让球。让球意味着重打该球。例如，当一名选手发球时，对方选手没有准备好，就会出现让球的情况。这时，比分不会改变，也不会更换发球权，而是重新开始该回合，发球方仍然是原来的选手。

6. 暂停

比赛中还有一些额外的规则，包括连续比赛、不当行为和处罚。比赛中除了以下休息时间外，比赛双方必须持续进行比赛，直到比赛结束。第一局和第二局之间有 90 秒休息时间，第二局和第三局之间有 5 分钟休息时间。

五、羽毛球训练与技能提升

（一）技术训练计划与方法

技术训练计划与方法在羽毛球的学习和提升中扮演着重要的角色。一个高效的训练计划和科学的训练方法能够帮助运动员更好地掌握和提升技术，提升比赛表现。

技术训练的计划应根据运动员的水平，设定适当的训练目标。初级阶段，训练重点应在基础技术的熟练掌握，如基本的击球技术、步法与站位等。中级阶段，进一步强化各种技术的实战应用，如发球、接球、挑高球、网前技术、杀球等，并开始逐渐引入各种战术的训练。高级阶段，强化运动员的特色技术和独特战术，通过各种比赛模拟和实战演练，强化其在高压环境下的应变能力。

技术训练的方法应根据训练的内容和阶段进行选择。单项训练法是常用的技术训练方法，将训练内容拆分成不同的部分，分别进行训练。这种方法有利于运动员集中精力，有针对性地提高某项技术。综合训练法将多项技术融合在一起进行训练，更加贴近实战，有利于提高运动员的应变能力和整体技术水平。另外，可以利用影片回放、模拟比赛等手段，来提升训练的效果。

运动员在训练过程中应始终保持专注和高效，主动寻找并解决问题，以提升训练的效果。同时，运动员应在训练中注重基本功的打造，因为所有高级技术都是建立在基本技术之上的。在技术训练中，反复练习是提高技术水平的关键。运动员需要经过大量的反复练习，才能使技术变得自然、流畅。

（二）羽毛球战术训练与应用

在羽毛球中，战术训练是提高运动员比赛成绩的关键要素。正确的战术选择和应用可以使运动员在比赛中获得优势，提高得分率和胜率。

战术训练的核心目标是提高运动员的战术意识和战术选择能力。这需要运动员了解和掌握各种基本战术和常用战术，如长短线打法、左右开弓、前后夹攻、弱点突击等。同时，运动员还需要学会在比赛中灵活运用这些战术，以应对不同对手和比赛情况。

战术训练的方法应结合运动员的技术水平和对手情况进行设计。可以通过模拟比赛、分析录像、定向训练等方式进行。模拟比赛可以使运动员在实战条件下应用战术，提高其应变能力和战术执行能力；录像分析可以帮助运动员理解并修正比赛中的战术错误，提升其战术理解力；定向训练则是针对特定的战术内容进行训练，以提高其技术执行的准确度和稳定性。

在战术应用上，运动员应善于调整和变化自己的战术选择，以应对不同的比赛情况。例如，在对手的防守较强时，可以选择打消耗战，通过较长的拉锯战消耗对手的体力；在领先时，可以选择进攻战术，以求快速结束比赛。

总的来说，战术训练需要运动员理论与实践相结合，通过不断的训练和比赛实践，提高其战术理解力和应用能力，以提高比赛的表现。

（三）爆发力与耐力训练

在羽毛球比赛中，爆发力和耐力是决定运动员竞技水平的两个关键体能因素。爆发力能够帮助运动员在关键时刻完成力量大的攻击和移动，如跳跃扣杀、快速移动到球场的各个角落。耐力则能保证运动员在比赛过程中持久的发挥，尤其是在那些需要长时间拉锯的比赛中。

爆发力训练的主要目标是提升运动员在短时间内产生最大力量的能力。常见的训练方法有阻力训练、爆发力跳跃训练、快速冲刺训练等。例如，阻力训练可以使用器械或者拉力带进行，重复完成短时间内的高强度力量输出；爆发力跳跃训练则可以通过跳箱、深蹲跳跃等方式，强化下肢的爆发力；快速冲刺训练则可以提升上肢和全身的爆发力。

耐力训练则注重提高运动员的心肺功能和肌肉的耐力水平，使其能够在比赛中维持较高的活动强度。常用的训练方法有长跑、游泳、间歇训练、高强度循环训练等。长跑和游泳能够很好地提升运动员的心肺功能，增强其有氧耐力；间歇训练和高强度循环训练则通过模拟比赛中的高强度运动和短时间休息，提升运动员的无氧耐力和恢复能力。

爆发力训练和耐力训练需要有针对性地进行，根据运动员的具体情况和比赛需求，制订个体化的训练计划。同时，还要注意训练强度的控制和恢复的安排，防止过度训练和运动伤害。

（四）心理素质与比赛准备

在羽毛球比赛中，心理素质与比赛准备同样关键。强健的心理素质，包括良好的专注力、高度的自信、能够有效地应对比赛压力等，能够为运动员在关键时刻打出决胜的一球提供支撑。比赛准备，则关乎运动员的生理状态、战术打法，以及对比赛对手的了解，这些因素对比赛结果有着深远影响。

在心理素质培养方面，可以通过心理咨询、心理训练等手段，帮助运动员建立自信、提高专注力、学会调控情绪等。例如，通过咨询可以解决运动员的心理问题，缓解其比赛焦虑；通过心理训练，如放松训练、冥想，提高运动员的专注力，以更好地集中注意力在比赛中。

比赛准备方面，首先，运动员要进行全面的热身运动，使身体达到比赛状态。其次，运动员要对比赛进行策略规划，根据对手的特点调整战术，例如，如果对手的后场能力较弱，可以采取更多的高远球战术。最后，运动员要充分了解比赛规则，减少因规则不熟悉引发的失误。

心理素质与比赛准备是羽毛球比赛中不可忽视的重要环节。对于教练员和运动员来说，应全面考虑这些因素，进行综合性的训练，提高比赛的胜算。

第七章　武术的文化阐释与技能磨练

第一节　武术的文化阐释

一、武术的起源与历史

武术作为中国独特的文化瑰宝，悠久的历史和深厚的文化内涵使其在中国历史文化中占有举足轻重的地位。武术的起源可以追溯到远古时代人们在狩猎、战斗中积累的基本的打击、防御技能。

据《易传·系辞上传》记载："易有太极，是生两仪，两仪生四象，四象生八卦。"[①]八卦是武术的发展框架，是我国古代武术理论的基础。在"两仪生四象，四象生八卦"的理念中，融入了我国古代的天人合一的思想。这种思想的体现，让我们看到了武术不仅是一种用于战斗的技能，也是一种修身养性的方式。

商朝的青铜器中，就有刻画斗牛、摔跤等武术动态的图案。西周时期，武术已经成为礼教的一部分，武士阶层崭露头角[②]。春秋战国时期，由于战争的频繁，士兵需要广泛的训练，以提高他们的战斗技能，这一时期的武术开始向公众普及，出现了许多著名的兵器和格斗技术。

秦汉时期，随着社会的发展，武术逐渐演变为一种具有娱乐性的活动，同时也成为一种体育运动，它被广泛用于兵士的训练以及群众的健身活动。魏晋南北朝时期，随着佛教的传入，形成了具有中国特色的禅宗思想，推动了武术内外兼修的理念，对武术的发展产生了深远影响。

---

① 姬昌.周易[M].东篱子，译注.北京：北京时代华文书局，2014：42.

② 杜迺松.中国青铜器[M].杜迺松，主讲.北京：中央编译出版社，2008：65.

唐宋时期，随着封建社会的稳定和发展，人们对武术的研究更加深入，这一时期出现了很多著名的武术流派和大师，如杨氏太极拳、陈氏太极拳等。明清时期，武术进入了另一个高峰期，人们对武术的兴趣更加浓厚，武术教育也变得更加系统和规范。

近现代以来，随着现代科学技术的发展，武术更加科学、系统，既注重实战，又强调养生。作为我国传统文化的一部分，武术在全球范围内得到了广泛的传播和推广。许多外国人通过学习武术，对中国文化产生了浓厚的兴趣。

总的来说，武术的发展历程是一个不断进步、不断创新、不断与时俱进的过程，它不仅反映了中国古代社会的历史变迁，也体现了中国人民的智慧和才能，展示了中华民族的精神风貌和价值观念。

二、武术的哲学与精神

中国武术的哲学和精神是其丰富内涵的重要组成部分，也是其与其他国家武术的本质区别。武术不仅仅是一种身体上的技能，更是一种精神力量、一种生活态度、一种哲学思想。其背后所体现出的是中国人的价值观、道德观和人生观。

武术的哲学精神首先体现在它的道家思想中。道家主张"无为而治"，强调顺应自然，把"道"视为宇宙万物生成变化的根本原则。在武术的实践中，我们可以看到这种道家思想的影子。武术家们追求技术上的无为，即顺应对方的力量，而不是硬抗硬拼[①]。在对待生活态度上，他们主张"无欲无求"，以达到心态的平和、精神的宁静。

其次，武术的哲学精神体现在儒家思想中。儒家主张"和为贵"，提倡中庸之道。在武术中，这种和谐的精神体现在力与柔、刚与软、动与静的相互协调，体现在技击与防御的平衡。同时，武术家们也强调"修身、齐家、治国、平天下"的社会责任，这是儒家"小人修身，君子治国，圣人安天下"思想的体现。

最后，武术的哲学精神体现在佛家思想中。佛家强调"无我"，主张舍弃自我，追求内心的安宁和平静。在武术的修炼中，这种佛家思想体现在舍弃自我、

---

① 周红阳，唐茹. 全国武术散打冠军的时空分布特征及影响因素 [J]. 湖北体育科技，2023，42（5）：422-426.

抛弃私欲、摒弃恶念，以达到内心的宁静、心态的平和。

在现代社会，武术的哲学精神并没有过时，反而越来越受到人们的重视。在快节奏的生活中，人们更加追求内心的平和、身心的和谐[①]。因此，武术的哲学精神对于现代人来说，有着极其重要的价值和意义。

三、武术的道德与价值观

武术作为一种深入人心的传统体育活动，它在提升人们身体素质的同时，也培养了深远的道德和价值观。它涵盖诸多价值观，如尊重生命、自律自强、公平竞争、谦虚低调以及团队合作，这些都是我们在日常生活中不断追求和实践的重要品质。

在武术的世界中，生命被视为至高无上的存在。它强调的尊重和敬畏生命的价值观，就像是武术家在严格遵守比赛规则时所体现的那样，他们尊重每一位对手，严禁任何可能伤害到对手的行为。这是对生命价值的尊重，也是我们应该在日常生活中遵循的准则。

武术也可以培养人们自律和自强的精神。每个武术动作的熟练掌握都需要大量的训练和锻炼，这就需要极高的自我约束力和毅力。这种自律和自强的精神不仅体现在武术的训练过程中，更是在日常生活中所需要的重要品质。

公平竞争的价值观在武术比赛中体现得淋漓尽致。无论对手的实力如何，都应公平对待，不允许有任何不公正的行为。这是一种公平竞争的理念，也是我们在社会生活中应该遵循的原则[②]。

武术家们的谦虚和低调，也是武术所倡导的一种美德。无论实力如何，他们总是保持着低调的态度，对自己的成就持谦虚的态度。这种谦虚和低调的精神，不仅在武术界深受赞扬，也是我们在日常生活中应该学习的美德。

团队合作的价值观在团队武术表演中得到了很好的体现。在团队表演中，每个人都是团队的一部分，他们必须共同协作才能完成演出。这也告诉我们，

---

① 周雅竹，王振宇. 浅析武术散打进校园的发展策略 [J]. 冰雪体育创新研究，2023（10）：92-94.

② 刘畅宇，李春木，王宏. 武术散打段位制推广价值、困境与对策 [J]. 体育教育学刊，2023，39（1）：66-71.

在日常生活和工作中，我们需要懂得团队协作的重要性。

四、武术与身心修养

武术与身心修养深度关联，具有重要的研究意义和实践价值。无论是中国传统的武术还是现代的武术运动，它们都包含着丰富的身心修养元素。

武术不仅是一种身体运动，也是一种精神修炼。它要求运动员不仅要有优秀的身体素质，如力量、速度、敏捷性、柔韧性等，还要有强大的心理素质，如决心、毅力、勇气、专注力等。在训练中，运动员需要控制和调整自己的呼吸，集中精力，形成一种身心合一的状态。这既是对身体的训练，也是对心灵的修养。

此外，武术的许多原理和理念，如阴阳平衡、顺应自然等，也对身心修养有深远的影响。这些原理和理念教导人们要和谐地对待自然和社会，要有正确的态度和观念，要有良好的道德品质和行为规范。这对提高人们的生活质量、形成积极健康的人生观具有重要的价值。

无论从训练方法，还是从理念层面，武术都是一种有效的身心修养方式。通过练习武术，人们可以提高身体素质、增强心理素质，得到身心的健康和和谐。同时，武术也是一种文化遗产，它传承和弘扬了中国传统的道德观念和生活哲学，对提升个人修养、实现自我提升具有独特的意义。

五、武术在当代社会中的地位与影响

在当代社会中，武术的地位和影响力正在逐渐提升。在全球化和数字化的影响下，武术以其独特的魅力和深厚的内涵，不仅在中国，在其他国家也产生了广泛的影响。

武术在当代社会中的地位主要体现在以下几个方面。

（一）运动健身领域

武术在当代社会的运动健身领域中占据着举足轻重的地位。作为一种综合性的体育运动，武术涵盖了各种身体技能的训练，不仅有力量、速度、敏捷性、柔韧性的提升，更有对于身体协调性、平衡感以及稳定性的锻炼，这使得武术成为一种全面提升身体素质的有效方式。

一方面，武术中的多种动作，如踢、打、摔、锁等，都需要大量的力量输出。通过这些动作的训练，可以有效提升身体各部位的肌肉力量，尤其是腿部、腹部和上肢的力量。在武术的动作中，许多技巧需要快速精准的执行，这对速度和敏捷性有着高度的要求。武术的速度训练不仅可以提高运动员的反应速度，更能提升动作的爆发力和执行速度。另外，许多武术动作需要很好的身体柔韧性，如高踢、大劈等。通过这些动作的训练，可以有效提高身体的柔韧性和伸展性，同时也有利于预防运动伤害。

另一方面，武术训练中的深呼吸和动静结合的运动模式，对改善心肺功能、降低生活压力具有显著的效果。深呼吸能够使得身体吸入更多的氧气，对心肺功能的提升有着直接的帮助。同时，动静结合的训练模式，能够有效调节身心状态，达到舒缓压力、提高身心健康的效果。

在现代社会，人们越来越注重健康和健身，武术因其独特的健身效果，越来越受到人们的欢迎。而且，武术的训练不仅能提高身体素质，还能提升精神境界，对于现代人来说，这无疑具有极大的吸引力。

（二）教育培训领域

在教育培训领域，武术作为一种独特的运动形式，其训练过程中所强调的纪律性、毅力、坚韧不拔的精神以及尊师重道的道德观，无疑与当代教育的价值观紧密相连。因此，武术教育逐渐在现代教育体系中占据一席之地，越来越多的教育机构开始将武术课程融入日常教学，不仅将其作为一种体育锻炼方式，也将其视为一种德育教学手段。

纪律性是武术训练的基础，运动员必须遵守训练规程，准时参加训练，并在训练中专心致志。这种严谨的训练态度对形成良好的生活习惯和行为规范具有积极作用，有利于学生形成自我管理和自我控制的能力。

毅力和坚韧不拔的精神则是武术训练的核心，学习武术需要长期的努力和练习，面对困难和挫折需要有坚韧的意志力来克服。这种精神品质在学生的学习和生活中具有广泛的应用价值，能够培养他们面对困难不退缩、积极向上的人生态度。

尊师重道的道德观是武术文化的重要内容，它强调尊重老师、尊重他人、尊重规则的道德理念。将这种道德观融入教育，可以培养学生的良好道德品质，提升他们的社会责任感和公民意识。

（三）文化交流领域

作为中国文化的重要组成部分，武术汇聚了中国传统文化的精髓，既是一种体育运动形式，也是一种富含哲理的文化艺术。因其独特的魅力和深厚的内涵，武术在全球范围内引发了极大的关注和热情，成为国际文化交流的重要桥梁。

在全球化的趋势下，武术逐渐融入世界各地的文化生活。各类武术学校、武术表演、武术比赛在全球范围内广泛举行，使得武术的影响力得到了显著的提升。这些活动和比赛不仅让更多的人了解和认识到武术，同时也深化了人们对中国文化的理解和认同。

武术交流活动以其鲜明的中国特色和独特的艺术魅力，展示了中国传统文化的深度和广度。在国际舞台上，中国武术展现出的力与美、刚与柔的独特韵味，让世界各地的人们为之赞叹，对中国文化充满了敬意和热爱。

同时，武术比赛也是推广中国文化的重要方式。随着武术在国际比赛中的表现越来越出色，中国文化的影响力也在全球范围内逐渐提升。通过比赛，人们不仅能够欣赏到高水平的武术表演，同时也能深入理解武术背后所蕴含的哲学理念和生活智慧。

（四）影视娱乐领域

影视娱乐领域是武术影响力得以显现和传播的重要平台。从早期的功夫电影，到近年来的电视剧、动漫、电子游戏，武术元素的应用无处不在，为观众带来了独特的视觉享受，同时也提升了武术在全球的知名度和影响力。

在电影中，武术表演以其独特的魅力，将动作与艺术完美融合，给观众带来深深的震撼。例如，李小龙、成龙等武术巨星的影片中，武术动作的精彩绝伦，深深吸引了全球观众的眼球，使他们对武术产生了极大的兴趣。

在电视剧中，武术元素则以其丰富的文化内涵，丰富了剧情，增强了观看的趣味性。而在电子游戏中，武术元素的加入，无论是角色的技能设计，还是游戏的动作设计，都使得游戏更具吸引力，大大提升了游戏的娱乐性和趣味性。

这些娱乐产品的出现，不仅将武术推向了更广泛的领域，也使武术的影响力越来越大，使更多的人了解和欣赏到武术的魅力。未来，随着科技的发展，武术在影视娱乐领域的应用将更加广泛，武术的影响力也将进一步扩大。

第二节　武术技能训练的有效策略

一、武术技能训练的基本原则

武术技能训练的基本原则植根于多个维度，其中包括训练的系统性、个性化、科学性和连续性。这些原则不仅适用于中国的武术训练，也适用于其他各种体育运动和技能训练。

系统性原则意味着武术的训练需要全面考虑训练对象的身体、技术和心理等各个方面。武术是一门融合了力量、敏捷、技巧、身心平衡等多种元素的综合体育项目，因此，武术训练不能仅限于某个单一的方面，而需要全面提升。同时，各种训练内容之间也需要相互关联，使训练成果能在实践中得以整体应用，发挥出最大的效益。

个性化原则强调训练应根据每个人的身体条件、技术水平、兴趣爱好以及进步速度等进行个性化的调整和规划。每个人的身体条件和能力都有所不同，因此，在进行武术训练时，需要根据个人情况制订最适合的训练计划，以实现最有效的提升。

科学性原则要求武术训练必须遵循人体生理、心理发展规律，以及武术技能学习、提高的规律。武术训练的过程实际上是对人体肌肉、神经、骨骼等各个系统进行训练的过程，因此，必须遵循科学的方法，才能确保训练的效果，同时避免伤害。

连续性原则意味着武术训练需要持之以恒，不断地进行。武术技能的提高并非一朝一夕之功，而需要长期的、持续的训练。在训练过程中，不能因为一时的困难或挫折而轻易放弃，要坚持下去，不断积累经验，逐渐提高技能水平。

二、身体基础训练

（一）柔韧性训练

柔韧性是武术训练的基础要素之一，它涉及武术者的身体各部位，特别是关节和肌肉的伸展和弯曲能力。优秀的柔韧性能够扩大武术者的动作范围，提高技术动作的准确度，同时也有助于降低运动伤害的风险。

武术中的柔韧性训练主要包括动态和静态两种形式。动态柔韧性训练，也被称为活动性拉伸，一般在热身阶段进行，目的是为即将进行的武术训练做准备。它主要通过模拟武术动作，让身体在运动中自然地进行肌肉伸展。常见的动态拉伸动作有腿部摆动、臂部摆动、身体扭转等。

相对应地，静态柔韧性训练则更多地应用在武术训练结束后的放松阶段，目的是通过放松和伸展肌肉，来加强肌肉的柔韧性和恢复能力。静态拉伸的方法是通过特定的姿势，长时间保持肌肉的伸展状态，从而使肌肉得到放松。常见的静态拉伸动作有猫背伸展、蝴蝶式伸展、前臂伸展等。

针对武术特性，柔韧性训练还需要特别强调全身的协调性和平衡性。在进行柔韧性训练时，应尽量确保身体的各部位都得到均匀的拉伸，避免某些部位的过度拉伸而造成不必要的伤害。同时，也需要保持身体的稳定性和平衡性，以免在训练过程中因失去平衡而受伤。

在武术训练中，柔韧性训练是不可或缺的部分。通过科学、有序的柔韧性训练，不仅能够提高武者的身体素质，更能在深层次上培养武术者对身体的感知和掌控，从而更好地理解和掌握武术的精髓。

（二）力量与耐力训练

力量与耐力在武术训练中起着举足轻重的作用。无论是打击力度、招式的坚持时间，还是动作的执行速度、连贯性，力量与耐力都扮演着关键的角色。下面的内容将探讨武术训练中力量与耐力训练的具体实施方式和它们在武术技术中的应用。

力量训练在武术中的应用主要包括两方面，即爆发力和肌肉力量。爆发力是指在短时间内迅速产生最大的力量，比如在瞬间发出重拳或踢出高腿。肌肉力量则涉及肌肉对长期或重复负荷的应对能力，如维持一个招式的稳定或持续的拳脚输出。

针对这两方面，力量训练的方法可以有多种。一般而言，爆发力训练更侧重于短时间内的高强度训练，如重量举提、阻力跑或者拳脚力道的打击训练。而肌肉力量的提升则更多依赖于对单个肌肉群的重复训练，比如深蹲、俯卧撑、仰卧起坐等。

耐力训练在武术中主要指的是心肺耐力和肌肉耐力的提高。心肺耐力的提高需要进行有氧运动训练，如长跑、游泳、跳绳等，可以增强心脏的供血能力和肺部的供氧能力，从而提升武术者在连续活动中的体能表现。肌肉耐力的提高则更多地通过肌肉群的反复训练，使肌肉能够在长期活动或重复活动中保持稳定的输出。

力量与耐力的训练不能孤立进行，它们应当与武术的实际动作和技术相结合，形成一种融合的训练方式。例如，通过模拟武术的招式来进行力量训练，或者在进行耐力训练时模拟比赛的环境和强度。这样不仅可以提高训练的有效性，也有助于提升武术者的技术能力和战术理解。

在进行力量与耐力训练时，也需要注意训练的安全性和适度性。训练的强度和量要根据武术者的身体状况和技术水平进行调整，不能一味追求高强度或大量，避免过度训练和运动伤害。同时，也要注重训练的结构性和连续性，以确保训练效果的持久性和稳定性。

通过有效的力量与耐力训练，武术者可以提升自身的身体素质，更好地执行武术动作，增强自我保护的能力，同时也能进一步理解和体现武术的精神内涵。

（三）平衡与协调训练

在武术训练中，平衡和协调能力占据了重要地位。平衡能力指的是在动作过程中，武术者能够保持身体稳定，不受外力或自身动作改变的影响而失去平衡。协调能力则是指武术者可以准确、流畅地完成一系列复杂的动作，包括身体各部位的相互配合和节奏的掌控。这两种能力对于武术的学习和精进都至关重要。

平衡能力的训练可以从简单到复杂、从静态到动态进行。对于初学者，可以先从静态的平衡训练开始，比如站立、单脚站立等，然后逐渐增加动作的难度和复杂度，如走平衡木、跳跃等。对于有一定基础的武术者，可以进行更复杂的动态平衡训练，比如转体、空翻等。

协调能力的训练通常需要在指导下进行，因为需要有准确的动作模仿和反馈。基本的协调训练可以通过模仿武术基本动作，如手势、步法等，来逐步提升。随着技术水平的提高，可以进行更复杂的套路训练，通过连续的动作序列来提升协调性。

在进行平衡和协调训练时，还需要注意以下三点。首先，训练要有序进行，从简单到复杂，从基础到提高，不要急于求成。其次，要根据个人的身体状况和能力来制订训练计划，避免因过度训练或不适合的训练方法导致伤害。最后，要保持持之以恒的态度，因为平衡和协调能力的提高需要一定的时间和持续的练习。

通过有效的平衡和协调训练，武术者不仅可以提升自己的技术水平，还能够提升自己的身体素质和运动能力，更好地进行武术学习和实战应用。

（四）敏捷与灵活训练

武术的实质是一种高度的身体和精神的协调活动，其中，敏捷性和灵活性是两个非常重要的训练元素。敏捷性主要体现在动作的速度、反应的迅速以及身体的灵活转变，而灵活性则更偏向于身体各部位的柔韧度以及在各种动作中的自如转换。

敏捷性训练主要通过对速度、力量、反应和变向能力的训练来提升。基本的敏捷性训练方法包括短距离冲刺、快速变向、反应力训练等[1]。在进行这些训练时，一定要注意身体的协调性，全身各部位要有机地配合，才能更好地提升敏捷性。

---

① 张宝禹，吴博，赵明旭，等. 武术散打运动员灵敏性测试研究 [J]. 武术研究，2023，8（6）：29–33.

灵活性训练是对身体柔韧性的训练，包括关节的活动度、肌肉的伸展能力等。基本的灵活性训练方法包括拉伸、柔韧性动作、瑜伽等。在进行灵活性训练时，一定要注意动作的准确性和呼吸的协调性，以免造成伤害。

在武术训练中，敏捷性和灵活性的训练是相辅相成的。一个优秀的武术者需要在攻防转换、招式演练中做到迅速反应、动作灵活，只有这样才能将武术的技艺发挥得淋漓尽致。

（五）姿势与形态训练

武术训练中，姿势与形态的训练是至关重要的一环，它涉及武术动作的规范、美观以及对武术理念的传达。每个武术动作都有其特定的姿势和形态，它们组合起来，形成了每个流派或者武术风格的独特表现形式。

训练姿势主要是让练习者掌握并熟练地运用武术中所包含的各种基础姿势，比如马步、弓步、仆步、虚步等，这些都是构成武术动作的基础。在姿势训练中，要求练习者注意力集中、身体松弛、呼吸均匀，动作要尽可能做到大开大阖、寓刚于柔、寓快于慢、形象生动、内外相合。

形态训练主要是指练习者通过姿势的运用，做到动作的连贯和流畅，使得一套拳术或者武器的表演有生动性和观赏性。在形态训练中，练习者需要注意动作的起势、过程、收势要一气呵成，让观众能够看到动作的逻辑和连贯性。

无论是姿势训练还是形态训练，都需要练习者具备一定的身体素质和技术基础。其中，力量、灵活性、协调性、敏捷性等身体素质的训练是基础，而力量的运用、动作的准确性、节奏感的把握等技术要素的训练是关键。

三、基本武术技巧的磨炼

（一）打拳与踢腿技巧

在武术的基本技巧中，打拳与踢腿技巧占据了非常重要的地位。它们是武术训练的基本元素，同时也是衡量一个练习者武术功力的重要标准。在实际的搏击和实战中，有效的打拳与踢腿技巧往往能直接决定战斗的胜负。

打拳是武术中的基本功之一。有效的打拳需要掌握一定的技巧，包括但不限于拳型的正确、力量的发放、速度与节奏的掌控、呼吸与动作的配合等①。比如，在发拳时，五指并拢，指关节微曲，以第二节指骨和大拇指的第一节指骨为主要力点，同时伴随着身体的运动和腰腿的力量，做到"内外合一"。在训练中，通过不断的反复练习，可以使打拳的动作更加流畅、力量更加充沛。

踢腿同样是武术的重要组成部分。有效的踢腿不仅需要灵活的身体，还需要准确的目标感知和强大的爆发力②。在踢腿的技巧中，重要的是要做到"上下连贯，内外相合"，即腿的动作要与身体的动作、呼吸的节奏相协调，同时，踢腿的内力要与腿部的外在动作相结合，以达到最大的威力。踢腿训练的过程中，一定要注意保护膝关节，避免因为过度使用或者使用方法不当而受伤。

（二）抓拿与擒制技巧

武术中的抓拿与擒制技巧是一门深奥的技艺，它的主要目标是通过精确的力量控制和身体协调，实施有效的攻防。这些技巧不仅仅要求练习者有出色的身体素质，还需要有深厚的武术理论基础和丰富的实践经验。

抓拿技巧，主要包括抓、扭、拿、点等动作，主要通过对对方关节或肌肉的控制，限制其活动，甚至产生疼痛，达到控制和制服对方的目的。在实施抓拿技巧时，一定要求速度快、力量准、位置准确，否则很可能被对方反控。因此，这种技术需要练习者长期的训练和磨炼。

擒制技巧是武术中一种更为高级的技术，它主要目标是完全控制住对方，使其无法动弹。擒制技巧往往需要对人体结构、力学原理以及疼痛机制有深入的理解。在实施擒制技巧时，不仅要控制好自身的力量和节奏，更要洞察对方的动态，灵活应对。

抓拿与擒制技巧的训练，需要练习者具备极高的专注力和对身体的敏感度。在训练中，练习者需要在导师的指导下，通过反复的实践，逐渐掌握各种技巧的运用。在实际对抗中，还需要结合实际情况，灵活运用这些技巧，以达到制

① 陈菲，牛雨田，郝思源. 武术散打运动员核心力量训练研究 [C]// 中国班迪协会，澳门体能协会，广东省体能协会. 第八届中国体能训练科学大会论文集. 第八届中国体能训练科学大会论文集，2023：1448-1453.
② 李振兴. 武术散打特色技术之侧踹腿探析 [J]. 中华武术，2023（6）：92-95.

胜的目的。

整体来看，抓拿与擒制技巧的训练是一个既复杂又艰巨的任务，需要练习者有足够的耐心和恒心。但只要通过不断的学习和磨炼，就一定能够掌握这一技术，并在实际应用中发挥出强大的威力。

（三）套路与形式训练

武术套路与形式训练是武术训练的重要组成部分，通过具体的动作组合，表达出武术的基本理念和技巧。套路训练不仅能够提升技术技能，更可以增强体能，培养良好的身心协调能力。

套路通常是一系列预设的动作，包括拳法、腿法、身法、步法等，它蕴含了武术的精髓，每个动作都有明确的意义和用途。通过反复练习套路，可以使学员熟练掌握武术的基本技巧，并且提高其力量、灵活性、平衡和协调性。

形式训练强调的是动作的标准化和规范化，训练者需要严格遵守每个动作的标准要求，注重动作的精确和协调。形式训练有助于提高训练者的专注力和自我约束力，对提高武术技术有着非常重要的意义。

在套路与形式训练中，学员需要注意以下几点：保持专注，注意呼吸的配合；严格执行动作标准，熟练掌握动作顺序；注重动作之间的连接与过渡，体会每个动作的意义。

同时，套路与形式训练也需要根据学员的个体差异进行适应性调整。对于初学者，应该从简单的动作和短小的套路开始，随着技术的提高，逐渐过渡到复杂的动作和长套路。对于有特定需求的学员，如比赛选手或者专业演员，需要执行专门的训练计划，以满足其特定的需求。

（四）持器操练与武器技巧

在武术的世界中，持器操练与武器技巧是武术训练的重要组成部分，它们代表着武术的一个重要方向和层次。具有熟练的武器技巧和持器操练能力，对于武术爱好者或专业人士来说，都有着重要的意义。

持器操练主要是指通过运用各种武术器械进行训练，如剑、枪、棍、刀等。这些器械既是武术实战的工具，也是武术形式演练的重要内容。持器操练能够锻炼人的协调性、灵敏度、力量和速度，同时也是提高武术综合能力的重要手段。

武器技巧则主要是指使用武器进行实战或表演时所需的技巧，包括器械的掌握、使用和运用等。每种武器都有其特殊的运用技巧，如剑的点、刺、削、扫；枪的抽、戳、撩、打等。熟练掌握武器技巧，能够使武术训练更具实战性和观赏性。

在进行持器操练与武器技巧训练时，需要注意以下几点。

（1）安全第一：无论是持器操练还是武器技巧训练，都应将安全放在首位。要正确使用器械，避免对自己或他人造成伤害。

（2）基础打牢：在进行复杂的持器操练或武器技巧训练之前，一定要确保基础动作扎实，这将为后续训练打下坚实的基础。

（3）训练有度：持器操练与武器技巧训练需要一定的体力和精力，应根据自己的身体条件适度进行训练，避免过度训练造成伤害。

（4）指导正确：应在专业教练的指导下进行训练，以确保动作准确，达到训练效果。

（五）自卫技能与实战应用

武术起源于远古人类生存的自我防卫需要，因此，自卫技能与实战应用始终是武术训练的核心内容之一。学习和熟练掌握自卫技能，不仅可以增强个体在面临危险时的自我保护能力，也有助于提升自信心和精神韧性。

自卫技能通常包括防护、躲避、闪躲、反击等基本动作。通过对这些动作的熟练掌握，可以在面临威胁时，迅速做出反应，有效地保护自我不受伤害。同时，通过对自卫技能的反复训练，也可以提升个体的反应速度、身体协调性和判断力。

实战应用则是对自卫技能的实际运用和检验。在训练中，可以通过模拟实战的方式，对自卫技能进行实践和提升。例如，可以设置一些模拟攻击情景，让训练者运用自卫技能进行应对，通过这样的方式，既能够检验自卫技能的实际效果，也能进一步提升自卫技能的实战水平。

在进行自卫技能和实战应用的训练时，以下几点需要注意。

（1）训练环境：为了确保训练安全，应选择适宜的训练场所，避免在有伤害风险的环境中进行训练。

（2）基础训练：自卫技能的掌握需要扎实的基础训练，包括力量、速度、灵活性等方面的训练。

（3）规则守则：在进行模拟实战训练时，需要严格遵守规则，避免不必要的伤害。

（4）持之以恒：自卫技能的提升需要长期、持续的训练，不应急于求成。

（5）指导教练：在训练中，应在专业教练的指导下进行，以确保动作的正确性和训练的有效性。

四、武术训练的心理素质培养

（一）专注与冷静训练

武术训练不仅是对身体技能的提升，同样也是对心理素质的锤炼，其中，专注力与冷静的训练尤为重要。无论是在武术的基础训练中，还是在对抗比赛中，专注力与冷静的态度都是决定成败的关键因素。

专注力是武术训练中不可或缺的要素。只有高度专注，才能将全部精力集中在动作的执行上，做到动作的准确和熟练，从而提高技能水平。专注力的培养需要通过反复练习和不断提高自我意识的方式来实现。在训练中，可以通过专注于自身的呼吸、动作的每一个细节，以及对环境的感知等方式来提高专注力。同时，也可以通过冥想等方式，训练自我专注的能力，提高对自我内心世界的感知。

冷静是武术训练中的另一个重要心理素质。面对挑战和压力，保持冷静的态度，是克服困难、取得成功的关键。冷静可以帮助人们更好地分析情况，制定出最适合的策略，并且在执行动作时，更加准确和自如。在训练中，应时刻保持冷静的态度，无论面对何种挑战，都不应慌乱，而应冷静应对。通过对冷静态度的培养，可以提高在压力下的应变能力，提高在比赛中的竞争力。

（二）意志力与毅力训练

在武术的训练中，意志力与毅力的培养同样显得至关重要。无论是技能的练习，还是实战模拟，甚至是在日常的训练中，均需要坚定的意志力与强大的毅力来支撑和驱动。

意志力是指面对困难与挑战时，坚持目标不放弃的心理品质。它的存在，使得我们在遭遇挫折或困难时，不轻易放弃，而是勇往直前，以期达成设定的目标。在武术训练中，无论是基础的力量训练，还是技巧的习得，或是实战模拟，都有其困难与挑战。在这些过程中，只有充足的意志力，才能使我们坚持到底，不断克服困难，最终达成训练的目标。

毅力则是指在长期坚持某一目标的过程中，不畏艰难、始终如一、坚持到底的心理品质。在武术训练中，技能的习得与提升需要长期且持续的训练，这在很大程度上，需要我们有足够的毅力去坚持。通过反复的训练，我们的技能才能得到提升，武术水平才能有所突破。

（三）自信心与自律训练

在武术的世界中，自信心与自律精神是不可或缺的重要组成部分。这两种心理素质对武术的学习和修炼，乃至整个人生观都有深远的影响。

自信心是每一位练武者都应具备的素质。无论在武术的学习过程中，还是在比赛和实战中，强烈的自信心都能使武术者更好地表现出自己的技能和实力。这种自信来自对自身能力的了解和认可，以及对自身潜力的信念。一个具备自信心的武术者，会勇往直前、无惧挑战，他会相信自己有能力克服前方的困难和挑战。反过来，自信心也能刺激武术者更加努力地训练和提升自己，因为他们深信自己有能力成为更好的自己。

而自律精神则是武术者自我约束和自我管理的体现。武术训练是一个长期且艰辛的过程，它需要武术者坚守训练规程、坚持每日的训练、控制自身的情绪，以及坚持良好的生活习惯。这就需要武术者具有强烈的自律精神。一个自律的武术者，能够按时完成训练任务，按照计划进行训练，不受外界干扰，同时，他还会主动寻求提升自己的方法，时刻保持学习和进步的状态。

自信心与自律精神并存，将极大地提升武术者的实力。自信心让他们有勇气接受挑战，自律精神让他们有毅力完成挑战。两者相辅相成，推动着武术者不断进步，向着更高的目标迈进。

（四）战略与战术思维培养

在武术的训练中，战略与战术思维的培养具有极高的重要性。这种思维方式能够帮助武者对整个训练过程和比赛情况有更全面深入的把握，从而能够更快、更准确地做出反应和决策。

战略思维是一种长期、全局的视角。在武术训练中，战略思维的培养体现在武术者如何规划自己的训练路径，如何设定短期与长期的目标，如何对自身的优势与不足进行全面的认识与分析，以及如何根据这些分析去调整自己的训练计划和方法。这种思维方式对保持训练的持久性和有效性，以及在更长的时间尺度上提高武术水平具有极高的价值。

战术思维则关注的是短期、具体的情况和问题。在武术比赛或实战中，战术思维的培养关乎如何快速地分析对手的动作和策略，如何根据自身的特点和当前的情况选择最佳的动作和反应，如何利用有限的时间和空间去创造有利的局面。这种思维方式对提升武术者的应变能力和战斗效率有着关键的作用。

战略思维和战术思维是相辅相成的两种思维方式。战略思维决定了武术者的训练方向和目标，而战术思维则决定了如何具体实施这些训练和如何在实际情况中发挥自己的能力。在武术的训练中，我们需要同时培养这两种思维方式，以此来提升武术者的整体实力和竞争能力。

（五）武术与道德修养的结合

在谈及武术时，人们不仅在谈论一种身体技巧的训练，还在谈论一种生活哲学、一种精神文化。武术与道德修养的结合是中国武术特有的特色之一，与西方的武术训练相比，它更注重武德的塑造和人格的修炼。

武德是指武术者应有的道德风范，如忠诚、勇敢、谦逊、尊重、公正、纪律等。武德不仅体现在实战中的自我保护和合理防卫，还体现在日常生活中的行为举止和待人接物上。它要求武术者在掌握技巧的同时，也要养成良好的品质和习惯。

在训练中，道德修养的教育贯穿始终。从入门开始，就要让学员明白武术是用来防身、强身健体和塑造性格的，而非用来欺凌和斗殴的。学员要尊敬师长、团结同伴、刻苦练习、积极进取。武术训练不仅要求技艺的提高，更要求道德素质的提升。

同时，道德修养也会反过来影响武术的发展。一个品德高尚的武术者，会更有毅力去克服训练中的困难，更有决心去不断提高自己，更有勇气去面对比赛或实战中的挑战。这是因为他们明白，武术不仅是一种技术，更是一种生活态度、一种精神追求。

在这个意义上，武术与道德修养的结合不仅是中国武术的核心特色，也是其长期发展的关键因素。这种结合使得武术不仅能提高人们的身体素质和防身能力，更能提升人们的道德素养和精神境界，使其在面对生活的挑战时更有勇气和信心。

五、武术技能的综合应用与实战训练

（一）对抗训练与实战模拟

对抗训练与实战模拟是武术训练中的重要环节，它能帮助武术者实际运用所学技巧，提升实战应对能力。这一阶段的训练需要在教练的指导下进行，确保安全性和效果。

对抗训练，即模拟实战对战，让学员与对手一对一对阵，或者以一对多、多对多的形式进行。这种训练强调战术应用、应变能力和实战技能的运用，通过对抗训练，可以提升武术者的实际应对能力，增强其在真实环境下的反应速度和判断能力。此外，对抗训练还能激发武术者的斗志，培养其不怕困难、勇往直前的精神。

实战模拟，即模拟实际的战斗环境，使武术者能在较真实的环境中进行训练。这可以是通过设置特定的环境，如暗夜、雨中、草地等，也可以是模拟真实的敌人攻击，如多人同时攻击、突然袭击等。这样的训练能帮助武术者适应各种不同的环境和情况，提高其在实际战斗中的生存能力。

在进行对抗训练和实战模拟时，必须强调安全为首要考虑。在任何时候，武术者都应遵守安全规则，尊重对手，避免不必要的伤害。同时，教练应提供适当的指导和监督，以确保训练的有效性和安全性。只有在安全的前提下，武术者才能充分发挥其技能，实现训练目标。

（二）协同与团队合作训练

协同与团队合作训练在武术技能训练中占有重要的地位，尤其是对于一些需要多人配合执行的武术表演或团队比赛。通过团队合作训练，武术者可以更好地理解和执行复杂的技巧和策略，增强团队间的默契与协作，同时也能培养武术者的团队精神和责任感。

协同与团队合作训练强调的是每个个体在团队中的角色和责任。每个武术者需要理解自己在团队中的定位，明确自己的任务，并在执行过程中与团队成员进行有效沟通、协作。团队合作训练需要武术者遵守团队规则、尊重他人、接受反馈，同时也要能提供有效的反馈。

在训练过程中，教练需要指导和监督团队的训练，确保每个成员都能在团队中找到自己的位置，提供正确的指导和反馈，帮助团队建立有效的沟通和协作机制。教练也应鼓励团队成员积极参与训练，贡献自己的想法和意见，共同解决问题，以提升团队的整体表现。

在协同与团队合作训练中，团队的目标和每个成员的个人目标应当相辅相成。团队成员要为共同的目标努力，同时也要关注自身的技能提升和成长。只有这样，整个团队才能在协作中实现最佳的表现，提高训练效果，达成预设的目标。

（三）考核与比赛的角色

考核与比赛在武术技能训练中具有重要的作用，它们不仅能让武术者了解自己的实力，也能促使他们不断提升技能和精神状态。此外，比赛也是展示和传播武术文化的重要环节，它使得武术得以在更广阔的范围内得到欣赏和理解。

考核是训练过程的重要组成部分，它通过设定和评估标准，使得武术者能客观地了解自己的技能水平和训练效果，指明了进一步提升和改进的方向。教练通常会进行定期的考核，评估武术者在力量、灵活性、技巧、精神集中等方面的表现，通过反馈帮助他们找出自身的优势和不足，制订合适的训练计划。

比赛是武术者展示自己技艺的舞台，同时也是他们检验自己训练成果的最佳机会。通过比赛，武术者不仅能感受到技术的较量，还能体验到在压力下发挥自己能力的挑战。比赛能激发武术者的竞争意识，使他们有更强烈的动力去提升自己。此外，比赛还提供了向他人学习和互相交流的机会，让武术者能够从中汲取有益经验，提升自身。

（四）武术传统与现代融合

武术的发展历史悠久，充满了丰富的传统元素，如儒家、道家和佛家的哲学思想，力量、柔韧性、速度、耐力等身体训练，以及内功的修炼等。然而，在现代社会，我们也看到武术和现代科技、教育理念等相融合，带来了更多的创新和发展。

在科技方面，现代科技的应用为武术的传播、学习和研究提供了新的途径。例如，网络技术的应用使得武术教学可以通过网络平台进行，极大地扩大了武术的影响力和传播范围。同时，现代科技如运动生物力学、人体工程学等的应用，也可以帮助我们更科学地理解和分析武术的动作，从而提高武术技艺的精度和效果。

在教育理念方面，现代教育理念强调个体差异和全人教育，这也与武术教育的理念相契合。现代武术教育不仅关注技术的传授，更关注武术者的身心健康、道德品质和人格塑造。这种全人教育的理念，使得武术更能适应现代社会的需求，对社会的人才培养起到积极作用。

第八章 健美操、体育舞蹈与瑜伽的文化透视与训练

第一节 健美操的文化透视与训练

一、健美操的历史与发展

健美操作为一种深受全球群众欢迎的运动方式，以其独特的魅力，向人们展示了身体协调、力量、柔韧性、节奏感和艺术表现力的完美结合。从诞生起至今，健美操的历史是一部充满活力和创新的历史，也是人类对运动美学和身体艺术追求的历史。

健美操的起源可以追溯到 19 世纪的欧洲，当时的体操运动含有许多健美操的元素，例如，对身体线条的重视、对柔韧性和协调性的培养等。但直到 20 世纪 60 年代，健美操才被正式定义并开始在世界各地流行起来。这个时期，人们开始注重运动的审美性，追求身体的力与美的完美结合，这也是健美操走向主流的重要原因。

20 世纪 70 年代，随着科技的进步和运动理念的更新，健美操开始融入了更多的现代元素，如音乐、舞蹈、戏剧等，从而进一步丰富了健美操的表现力和观赏性。这个阶段，健美操开始成为一种全民健身的运动方式，深受各年龄层人士的喜爱。

进入 21 世纪，健美操的发展进入了一个全新的阶段。健美操已经超越了运动的范畴，成了一种艺术形式，它的影响力不仅体现在体育领域，还深入时

尚、娱乐、教育等多个领域①。如今，健美操的比赛不仅有专业的运动员参与，还吸引了大量的业余爱好者，比赛项目也更加丰富多样，如艺术健美操、竞技健美操、群体健美操等。

可以预见，随着科技的进步和人们对身心健康意识的提高，健美操将会以更加多元化、个性化的形式继续发展和演变，以满足人们对运动美学和身体艺术的追求②。因此，研究健美操的历史与发展，不仅可以帮助我们了解这项运动的演变过程，也可以为我们预测和引导健美操的未来发展方向提供有价值的参考。

二、健美操的文化意义与价值观

健美操作为一种集体运动和艺术形式，不仅在全球范围内深受欢迎，而且被赋予了丰富的文化内涵和价值观。健美操的文化意义和价值观反映在它对身体健康、个人发展和社会和谐的重视上。

健美操的核心价值观之一是对身体健康的重视。它强调全身协调，力与美的完美结合，提倡人们通过健美操训练改善体质，提升身体素质，达到健康、和谐、美的身体状态。而在训练过程中，也倡导健康的生活方式，比如规律的作息、均衡的饮食等，这对现代社会中的健康问题如肥胖、亚健康等具有重要的预防和治疗作用。

健美操强调个人成长和发展。健美操训练不仅锻炼身体，更锻炼意志。通过持之以恒的训练，人们可以在面对困难和挑战时展现出毅力和坚持，这在人生的其他领域也是极其宝贵的品质。同时，健美操的艺术性和表演性，也帮助人们提高自我表达能力，增强自信心，促进个人的全面发展。

健美操体现了社会和谐的价值观。健美操是一种团体运动，它需要队员们之间密切配合，以达到最佳的效果。这不仅需要队员们具有良好的团队精神，更需要他们理解、尊重和信任彼此。这种团队协作精神和相互尊重的价值观，

---

① 赵旭昆. 健美操与高校体育赛事融合发展的路径研究 [J]. 文体用品与科技，2023（7）：178 –180.

② 赵旭昆. 新时代背景下健美操产业化营销现状及策略 [J]. 文体用品与科技，2023（9）：85 –87.

对构建和谐社会具有重要的指导意义。

健美操的文化意义和价值观体现在对身体健康、个人发展和社会和谐的重视上，这些价值观对个人和社会都具有深远的影响。健美操不仅是一种运动方式，更是一种生活方式和人生哲学，它教导我们如何与自己和他人和谐相处，如何积极面对生活的挑战，如何追求健康和美的生活品质。

三、健美操的身体塑造与健康效益

健美操起源于 20 世纪 70 年代，凭借其深受欢迎的动感节奏、和谐的音乐旋律、优美的动作编排以及对健康和身体塑造的显著效果，成为一种全球范围内的流行健身运动。其背后的科学原理与方法论，正是我们能从中获取的宝贵知识与资源。

健美操的基本概念是通过规律的、有氧的运动，结合音乐的节奏和独特的舞蹈动作，提高人体的心肺功能，增强肌肉的耐力和柔韧性，以达到改善身体状况、塑造身材的效果。而它对健康的益处并不止于此。

心肺功能的提升是健美操最直接的健康效益。持续、有氧的运动可以显著提高心肺功能、增强心脏的力量、改善血液循环，可以有效地预防和降低心血管疾病的风险。同时，这种运动可以提高人体对氧气的利用效率，增强身体的耐力和体能。

健美操对身体塑造的效益也是显而易见的。通过有目的的动作训练，可以有效地塑造和改善身体线条，增强肌肉的力量和柔韧性，改善身体的协调性。特别是对腹部、背部、臀部和大腿等常见的问题部位，健美操可以提供非常有效的塑造方法。

此外，健美操对身体的平衡和协调能力也有显著的提升效果。运动中的复杂动作组合需要身体各部分的紧密配合，这种训练对身体的平衡感和空间感有很大的提升作用。长期的训练可以明显提高身体的敏捷性和反应速度，使身体更具活力。

再者，健美操的健康效益也表现在精神层面。音乐与动作的结合，既能帮助释放压力，也能增强情绪管理能力，让人在运动中找到乐趣，从而提高生活质量。

四、健美操基础技能与动作要素

（一）姿势与形态训练

健美操的训练过程中，姿势与形态的正确性是十分关键的。首先，正确的姿势能够提升训练效果，避免运动伤害。其次，优美的形态则是健美操的核心魅力之一，也是评价一项动作是否达标的重要指标。

在健美操的训练中，姿势主要包括身体的基础对齐，包括头、肩、背、髋、膝和脚的关系。正面对齐中，应注意头部直立，不前倾或后仰；肩部放松，不耸肩或下拉；背部保持自然的弧度，不过度前倾或后仰；髋部居中，不前倾或后仰；膝关节微弯，不过度伸直或弯曲；脚尖向前。侧面对齐时，要注意身体各部位形成一条直线。不正确的身体对齐，不仅会降低动作的美观度，还可能导致运动伤害[①]。

形态训练则是通过特定的动作和组合，强调动作的美感和流畅性。在健美操中，形态训练包括各种基础步法、转体、跳跃、平衡和旋转等元素。通过有节奏的音乐和动作配合，强调动作的连贯性和舞蹈感，使整个动作看起来和谐、流畅。

在进行姿势与形态训练时，应注重以下几点。

1.强化核心力量：核心肌群是维持身体稳定、保证姿势正确的基础，因此应通过一系列针对性的训练，强化腹部、背部和髋部的力量。

2.注意身体对齐：无论是站立、行走，还是做复杂的动作，都应保持身体各部位的正确对齐。

3.动作的控制：每一个动作的开始和结束，都应清晰、准确，避免模糊不清、过度或欠缺。

4.动作的流畅性：整个动作过程应流畅连贯，避免断裂和僵硬。

5.表情与眼神：面部表情和眼神也是形态训练的一部分，需要配合动作，展现出积极、自信的精神风貌。

---

① 　张奥瑶，李林. 健美操、啦啦操若干相似运动表征的训练差异探讨 [J]. 文体用品与科技，2023（6）：111–113.

通过持续不断的训练和实践，才能熟练掌握姿势与形态，并以此为基础，进一步学习和提升更复杂的技巧。

（二）身体灵活性训练

在健美操运动中，身体的灵活性显得尤为重要。灵活性不仅关系运动员能否顺利完成动作，也直接影响运动员的运动效果和安全性。而提升身体灵活性需要经过系统的训练，涉及身体的各个部位和关节。

肌肉的伸展和柔韧性是决定身体灵活性的关键因素。肌肉如果足够柔软，能够有效地伸展，那么它就能够支撑运动员完成各种广度和深度的动作。全身的主要肌肉群，如大腿后侧的肌肉群、脊柱、肩部和手腕等，都需要经过有针对性的伸展和柔韧性训练[①]。这种训练可以使肌肉保持弹性，避免在运动中受伤，同时也能帮助运动员增大动作的幅度，使得在健美操动作中更能做出优美的姿态。

关节的活动度也是影响灵活性的重要因素。关节的活动度决定了身体各部分可以做出的动作幅度，是身体灵活性的重要组成部分。通过专门的关节活动度训练，运动员能够提高关节的灵活性和稳定性，从而防止在运动过程中发生扭伤或拉伤。

身体的协调性是灵活性的另一个关键因素。只有当身体各部分能够协同工作，运动员才能够完成流畅、连贯的健美操动作。因此，协调性训练在灵活性训练中占有重要的位置。通过协调性训练，运动员可以提高身体各部分之间的协同性和动作的流畅性。灵活性训练还包括动态与静态的训练。静态的训练主要是对肌肉的伸展和关节的活动度进行训练，而动态的训练则更加注重协调性和节奏感。动态训练可以帮助运动员在动作的转换和连贯性上更加自如，使得健美操动作更具表现力。定期的灵活性测试与评估也是训练过程中必不可少的部分。通过对运动员的身体灵活性进行测试与评估，教练可以了解训练效果，以便及时调整训练方法和计划。例如，如果某个运动员的关节活动度没有达到

---

① 杨佳宇，符碧萱. 柔韧素质训练对健美操练习者的重要性 [C]// 中国体育科学学会体育社会科学分会. 2023 年体育社会科学分会年会论文集. 2023 年体育社会科学分会年会论文集，2023：479－481.

预期的标准，那么教练可能需要增加该运动员的关节活动度训练。同样，如果某个运动员的肌肉柔韧性很好，但动作的连贯性和流畅性还有待提高，那么教练可能需要为该运动员增加协调性和节奏感训练。

身体灵活性的训练是一项长期的任务，需要运动员持续努力和练习。只有通过这样的系统性、全面性的训练，运动员才能达到理想的身体状态，从而在健美操中展现出自如的动作，最大限度地发挥自己的潜力。同时，身体灵活性的训练也有助于运动员防止运动过程中的伤害，提高运动的安全性。在训练过程中，教练需要针对运动员的实际情况，制订出合适的训练计划和方法。例如，对于肌肉柔韧性差的运动员，教练需要增加肌肉伸展和柔韧性训练的时间和强度；对于身体协调性较差的运动员，教练则需要重点进行协调性训练。

（三）节奏感与韵律感培养

健美操的魅力不仅在于身体的力量、柔韧性、平衡和协调，更在于它的节奏和韵律。一个优秀的健美操运动员不仅要做出精准、流畅的动作，还要能够捕捉音乐的节奏，用身体语言表达音乐的情感和气氛，这就需要健美操运动员有很强的节奏感和韵律感。

节奏感与韵律感的培养是一个长期和细致的过程，需要运动员在日常训练中持续关注并不断提升。以下是一些关于健美操节奏感与韵律感培养的策略与方法。

1. 基础音乐训练：节奏感与韵律感的培养，首先需要对音乐有一定的理解和感知能力。运动员可以通过接受基础的音乐理论知识和节拍训练，了解音乐的结构和节奏，提高对音乐节拍的感知能力。

2. 动作与音乐的结合训练：在掌握基本音乐知识的基础上，运动员需要学习如何将动作与音乐结合起来。通过对音乐的分析，明确动作的起止点，根据音乐的节奏和强弱变化，调整动作的速度和力度，使动作与音乐达到和谐统一。

3. 身体律动训练：通过一些特定的律动训练，如步伐训练、舞蹈训练等，加强运动员的身体感觉和节奏感。让运动员在不同的节奏和速度下，做出准确、流畅的动作，提高身体的律动能力。

4. 创意编舞与实践：除了基础训练外，运动员还可以通过创意编舞，自我实践和探索，加深对音乐和动作关系的理解，提升节奏感和韵律感。这不仅可以帮助运动员更好地理解和把握健美操的精髓，也有利于提高运动员的创新能力和艺术表现力。

5.反馈与修正：对运动员的表演进行录像，通过观看回放，运动员可以更清楚地看到自己的动作是否与音乐节奏相匹配，从而进行及时的调整和修正。

在这个过程中，运动员还需要充分了解自己的身体，熟悉每一块肌肉、每一个关节的运动方式，了解自己的身体如何在各种音乐节奏中运动，以便在表演时能更自由、更灵活地控制自己的身体。通过不断的训练和实践，健美操运动员能够更好地把握节奏感和韵律感，让健美操表演更具艺术感和观赏性。

（四）力量与耐力训练

健美操是一种全身性的运动，它要求运动员具有良好的力量和耐力。力量训练和耐力训练对于健美操运动员来说是非常重要的一环。这不仅可以增强运动员的身体素质，提高动作的执行质量，还可以减少运动伤害的风险。以下是一些针对健美操运动员力量与耐力训练的策略和方法。

1. 力量训练

力量训练是健美操运动员提升身体素质和运动表现的关键环节，其目标是全面提升运动员的身体力量、爆发力和核心稳定性。

健美操力量训练的特点主要在于全身性和复合性。由于健美操是一种对身体全局力量和协调性要求极高的运动，全身的复合训练是保证运动员能够顺利完成各种复杂动作的基础。复合训练对多个肌肉群进行同时训练，与单一肌肉的孤立训练相比，复合训练更能提升肌肉之间的协调性，增强身体的整体稳定性和力量输出能力。

健美操力量训练的核心部分是对核心肌群的强化。核心肌群是人体动力的中心，也是保持身体稳定性和平衡性的关键。在健美操中，核心肌肉的力量水平直接影响运动员的动作质量和安全性。因此，对核心肌群的训练是健美操力量训练的重要组成部分。一些具有很高核心肌群训练效果的动作，如深蹲、硬拉、俯卧撑和卷腹，应作为核心力量训练的重要内容。

健美操中的一些高难度技术动作，如飞跃、旋转和翻滚等，都需要运动员有非常强大的爆发力。爆发力的强弱，往往直接决定了运动员能否成功完成这些高难度动作。因此，提升爆发力是健美操力量训练的另一重要目标。通过有氧运动和速度训练，可以有效提升运动员的心肺功能和肌肉爆发力，使其能够在短时间内产生大量的力量输出。

健美操力量训练的原则和方法，其实反映了力量训练的一般性原理。既要注重全局性和协调性，又要重视局部肌群的强化；既要增强肌肉的持久力，又要提高爆发力。健美操运动员在力量训练中，不仅能够提升自身的运动表现，也能够通过全面的身体素质提升，进一步提高自身的身体健康水平和生活质量。

2. 耐力训练

健美操运动员的耐力训练，旨在增强其心肺功能、提高肌肉耐力和爆发力，以保证运动员在比赛过程中能够持续稳定地输出力量。耐力训练的具体实施方式主要包括有氧训练、间歇训练和肌肉耐力训练。

在健美操的耐力训练中，有氧训练的作用不容忽视。长时间的有氧运动可以有效地增强心肺功能、提高血液的运输效率，从而提供持久稳定的能量输出。这对于健美操运动员在比赛中的表现至关重要。因此，有氧训练，如跑步、游泳、骑自行车等，应作为健美操耐力训练的基本内容，被纳入训练计划。

与有氧训练相辅相成的是间歇训练。这是一种通过短时间的高强度运动和一段时间的休息交替进行的训练方式，能有效提升运动员的心肺耐力和肌肉爆发力。对于健美操运动员来说，训练过程中的间歇训练，既可以提高其在比赛中短时间内的高强度运动能力，也可以通过改善肌肉的恢复能力，提高运动员的整体耐力水平。

肌肉耐力训练是健美操耐力训练的重要组成部分。健美操运动员需要通过大量的肌肉重复训练，提高肌肉的耐力。具体来说，可以通过使用较小的负荷进行多组多次的力量训练来实现。这种训练方式不仅能够提高肌肉的耐久力，同时也能够提高肌肉的力量和爆发力。

（五）舞台表演与表达技巧

健美操并非仅仅是对身体的考验，更是一种深深植根于音乐，以及通过舞台表演将情感和主题传递给观众的艺术形式。因此，健美操运动员需要超越一般体育运动员的训练框架，更要注重培养和提高在表达技巧、音乐感、舞台感、个性化训练和心理调适等方面的能力。

表达技巧是健美操的核心要素之一。一名优秀的健美操运动员需要通过精湛的表演技巧，以面部表情、手势、身体姿态等形式展现音乐和编舞的主题，同时也要尽力表达出自己的情感。这种需求无疑对运动员的表演技巧和舞蹈基础提出了更高的要求。此外，教练也需要对运动员的表达技巧进行专门的指导和训练，以确保他们在舞台上可以准确地传递主题和情感。

音乐是健美操表演的灵魂。因此，健美操运动员需要深入理解音乐，提高自己的音乐感，以便能够随着音乐的节奏和情感进行动作的演绎。这意味着健美操运动员除了需要通过听音乐、学习舞蹈等方式提升自己的音乐感以外，还要学会如何将音乐的节奏和情感融入自己的表演。

舞台是健美操运动员展现自己的平台。一名出色的运动员需要学会如何在舞台上展现自己，如何吸引观众和评委的注意，如何利用舞台空间，如何在动作之间进行自然的转换，以及如何与观众进行互动，等等。这就要求运动员不仅要有出色的技术技能，还要有强烈的舞台感，才能在舞台上给大家留下深刻的印象。

个性化训练也是健美操训练中的一个重要方面。每个运动员都有自己的特点和风格，教练需要找到这些特点，将其融入健美操的表演，以此来突出运动员的个性。只有这样，运动员的表演才能够具有独特的魅力，才能在众多的运动员中脱颖而出。

五、健美操训练计划与技能提升

（一）训练目标与计划制订

健美操训练计划与技能提升是一个复杂的过程，需要考虑许多因素，包括个人的身体状况、技能水平、训练目标等。

1. 训练目标

（1）提高身体的柔韧性和力量：健美操需要高度的身体柔韧性和力量，因此，训练的主要目标之一是提高这两个方面。

（2）提高技术水平：健美操包含许多技术动作，如跳跃、翻滚、平衡等，因此，提高技术水平是训练的重要目标。

（3）提高表演能力：健美操不仅是一项体育运动，也是一种艺术表演，因此，提高表演能力也是训练的重要目标。

2. 训练计划

训练计划应根据个人的身体状况和技能水平制订，以下是一个例子。

第一阶段（1～2个月）：基础训练。主要目标是提高身体的柔韧性和力量，以及学习健美操的基本动作。训练内容包括热身运动、拉伸运动、力量训练、基本动作训练等。

第二阶段（3～4个月）：技术训练。主要目标是提高技术水平，包括跳跃、翻滚、平衡等动作的训练。

第三阶段（5～6个月）：表演训练。主要目标是提高表演能力，包括音乐感、表情、动作的连贯性等。

第四阶段（7～8个月）：比赛准备。主要目标是为比赛做准备，包括提高动作的精确度、提高表演的完整性、提高心理素质等。

以上是一个大致的训练计划，具体的训练内容和时间安排应根据个人的实际情况进行调整。训练过程中应注意身体的反应，避免过度训练，保证充足的休息和恢复。

（二）动作组合与流畅性训练

健美操作为一种高度集技术性与艺术性于一身的运动，其核心训练之一便是动作组合与流畅性。一场成功的健美操表演，往往需要运动员以一种连贯而流畅的方式，将一系列复杂的动作组合在一起，以此打造出一个具有感染力和吸引力的整体表演。

健美操的动作组合设计可以说是一门科学，也是一门艺术。这需要教练员充分考虑运动员的身体条件、技术水平以及表演风格，设计出一套既符合运动员特点，又富有挑战性和创新性的动作组合。其中涉及的动作的选择、顺序安排、动作之间的过渡，都需要经过精心的策划和设计。例如，动作的选择应该既能体现运动员的技术特长，又能符合表演的主题和风格；动作的顺序安排则需要考虑动作的难易程度和动作之间的关联性，以确保表演的流畅性和观赏性。

而在实际的训练中，动作的连贯性是需要特别重视的一点。这对于健美操运动员来说，绝非一蹴而就的任务。它需要运动员对各种动作有深入的理解，能在动作之间找到自然的过渡点，将一系列的动作组合为一次连贯、流畅的表演。这也意味着，运动员需要对每个动作的细节、步骤、节奏等有清晰的认识和掌控，只有这样，运动员才能在表演中，将一个个孤立的动作，融合成为一次完整、有韵律感的表演。

与此同时，作为健美操动作组合中的重要组成部分，各种技术动作的训练也不容忽视。例如，跳跃、翻滚、平衡等技术动作，都需要运动员通过大量、反复的训练来提高其执行水平。技术动作的完成质量、精确度以及其在整个表演中的表现，都直接影响着表演的总体效果和大众的评价。因此，运动员需要在训练中，持续提高自己的技术动作水平，使之可以流畅、自然地融入动作组合，为整个表演增添更多的观赏性和技术含量。

在这里，我们还需要提到的是音乐与节奏的配合。健美操表演通常是在音乐的伴随下进行的，这就需要运动员能够将动作与音乐节奏、情感紧密结合起来。要做到这一点，运动员需要有一定的音乐感，能够理解音乐的节奏和情感，并能将这种理解转化为动作的设计和执行。这也是健美操表演中，艺术性与技术性结合的一个重要体现。

与此同时，心理素质的培养也是健美操动作组合与流畅性训练中的重要一环。动作组合的执行需要运动员有高度的专注力和冷静的心态。表演时，运动员面临的不仅仅是技术上的挑战，还有来自观众、评委以及自我期待的压力。因此，通过心理训练，运动员可以学会如何在表演中保持冷静，掌控动作的节奏和转换，以此达到最佳的表演效果。

最后，我们还需要强调的是反馈与修正在训练中的重要作用。通过录像回放、教练的指导和自我观察，运动员可以及时发现自己在动作组合执行过程中的问题，然后对其进行调整和优化。这样的过程是提高动作组合质量和表演流畅性的重要手段，也是每个运动员提高自我表现、提升自我水平的必经之路。

（三）舞台演绎与表现能力提升

健美操的舞台演绎与表现能力的提升，是一场艺术与技术的深度融合。运动员不仅要展示出精湛的技巧，还要通过身体语言与音乐的互动，传达出内在的情感和故事，形成一次富有艺术感和观赏性的表演。

一方面，健美操的艺术性是其不可或缺的一部分。运动员在表演过程中，需要将动作、音乐和故事融为一体，形成一次富有艺术感和感染力的表演。这需要运动员有深入的音乐理解能力，能够解析音乐中的情感和节奏，然后用适当的身体语言去表达出来。与此同时，他们还需要掌握一些基本的表演技巧，比如，如何有效地掌控舞台，如何维持和吸引观众的注意力。

另一方面，心理训练在健美操的舞台表演中也占有重要地位。在短时间内做出正确的决策，应对可能出现的突发情况，这都需要运动员有良好的心理素质和应变能力。通过心理训练，运动员可以提高自己的决策能力和抗压性，更好地应对比赛中可能出现的各种压力和挑战。

在健美操的表演中，视觉效果的创造也具有关键性的作用。这包括运动员如何在表演中有效地利用空间，选择合适的服装和道具，以及如何通过身体语言和动作来塑造一个印象深刻的角色形象。通过对视觉元素的合理运用和创新，运动员可以在表演中创造出独特的视觉效果，增强表演的吸引力，给观众留下深刻的印象。

最后，反馈和改进是提升舞台演绎和表现能力的重要手段。运动员需要接受和处理来自教练、裁判甚至观众的反馈，学会批判性思考，以此不断调整和改进自己的表演。这需要运动员具有较高的自我反思和自我调整能力，这对于他们在舞台上展现出最好的自己具有关键性的作用。

（四）创意构思与编排技巧

在健美操中，创意构思和编排技巧是至关重要的。一个好的编排不仅需要结合动作难度和技术性，还需要注入创新的元素和艺术表现。编排者需要将音乐、动作和情感完美融合，创造出既有技术含量又有观赏性的表演。

音乐是健美操表演的灵魂，是推动整个表演进程的重要力量。编排者需要全面理解音乐的节奏、情感和结构，然后根据音乐的特点来设计动作，使得动作和音乐能够完美配合。在音乐的节奏中，动作应该与音乐同步，以音乐为线索，动作与之相呼应，创造出流畅的视觉效果。在音乐的情感中，动作应该能够准确地表达音乐的情感，使观众能够通过动作感受到音乐的魅力。

动作设计是健美操表演的核心，是展示运动员技术水平和身体素质的主要方式。编排者需要根据运动员的技术水平和身体条件来设计和选择适合的动作。同时，动作之间需要有良好的连贯性，确保整体的表演效果。动作的设计还应富有创新和独特性，使得表演具有吸引力和印象深刻。

在健美操的表演中，情感的表达是至关重要的，它是让表演生动、有感染力的关键元素。每一首音乐，每一个动作，都蕴含着特定的情感色彩，而运动员的任务就是通过自身的表演，将这些情感准确、生动地传达给观众。对于情感的理解，需要编排者和运动员深入音乐和动作，感知其中的情感基调，如快乐、悲伤、兴奋或平静。同时，这些情感的表达也需要通过具体的动作设计和音乐来体现。例如，快乐的情感可以通过轻快、活跃的音乐以及动作来表达，悲伤的情感则可能需要柔和、缓慢的音乐以及低落的动作来体现。在编排过程中，情感的流动和转换需要经过仔细考虑和设计。情感的流动应该和音乐、动作的变化保持一致，形成一个自然、流畅的过渡。例如，在音乐的节奏由慢到快时，情感可能由平静转向兴奋；在动作由低矮转向高昂时，情感可能由低落转向振奋。除此之外，运动员的面部表情和身体语言也是传达情感的重要途径。例如，笑脸可以表达快乐和满足，而泪水可以表达悲伤和痛苦。身体语言，如舞动的手臂、弯曲的腰身、旋转的身体等，也可以根据需要表达不同的情感。

第二节　体育舞蹈的文化透视与训练

一、体育舞蹈的历史与发展

体育舞蹈的起源和发展是一个丰富且复杂的过程，它的历史可以追溯到古代，人们通过舞蹈来庆祝、祈祷、娱乐和交流。

在古代社会，舞蹈被视为一种宗教仪式的一部分，以祈求神灵的庇护。在埃及、希腊和罗马等古代文明中，舞蹈常常作为体育比赛和宗教节日的重要组成部分。这些早期的舞蹈形式不仅展示了人们的身体能力和协调性，也提供了一种情感和精神的表达方式。

随着社会的发展，舞蹈逐渐脱离了宗教仪式，变得更加多样化和专业化。在中世纪的欧洲，舞蹈成为宫廷和贵族生活的一部分，如宴会舞、柯特利舞等。这一时期的舞蹈强调优雅的姿势和精致的步伐，对舞者的身体协调性和节奏感有着高度的要求。

步入近代，随着体育活动的普及，舞蹈又被赋予了新的意义和价值。人们开始意识到舞蹈不仅可以作为一种艺术形式，也可以作为一种健身和竞技活动。因此，体育舞蹈这个新的概念开始出现。体育舞蹈结合了舞蹈的艺术性和体育的竞技性，注重舞者的身体素质、技术水平和表演技巧。一些舞蹈，如芭蕾、现代舞、爵士舞、街舞等，都被纳入体育舞蹈的范畴[①]。

现代体育舞蹈在全世界范围内得到了广泛的发展和推广。许多国家和地区都建立了体育舞蹈协会，组织各种比赛和培训活动，以提高舞蹈水平、推动舞蹈发展。同时，体育舞蹈也成为学校体育教育的一部分，通过舞蹈训练，提高学生的身体素质，培养学生的艺术素养和团队协作能力。

二、体育舞蹈的文化意义与价值观

体育舞蹈作为一种融合了艺术和体育的活动形式，其文化意义和价值观尤为深远。

体育舞蹈作为一种文化的载体，它反映了一种文化的精神和价值观。不同的舞蹈风格往往代表了不同的文化背景，如拉丁舞代表了热情奔放的拉丁美洲文化，芭蕾舞则象征了优雅和纯粹的欧洲古典文化。通过学习和欣赏不同的舞蹈，我们可以理解和接触多元的文化，从而增进对世界多元文化的认识和理解[②]。

体育舞蹈是身心健康的推动者。从体育角度来看，舞蹈能有效提升身体的

---

① 　张欣荣. 基于全民健身计划背景下体育舞蹈发展路径分析 [J]. 现代商贸工业，2023，44（5）：87–89.
② 　陈根炎. 体育美学视阈下体育舞蹈的美学特征分析 [J]. 文体用品与科技，2022（21）：94–96.

灵活性、协调性和力量，是一种全方位的身体锻炼方式。从心理角度来看，舞蹈作为一种艺术表现，可以帮助人们表达情感、缓解压力，达到身心和谐。

体育舞蹈也是一种社会交往的平台。舞蹈的本质是人与人之间的交流，无论是在训练中还是在比赛中，舞者需要与他人进行互动和合作。通过这种方式，人们可以建立起友谊和团队精神，增进社会交往能力。

体育舞蹈是个人成长和教育的重要途径。舞蹈的训练需要高度的专注力和毅力，舞者需要在训练和表演中克服困难，不断提升自己。这种过程不仅能提升舞者的舞蹈技巧，更能培养其自律、坚韧和创新的品质。

体育舞蹈作为一种独特的文化现象，既是文化多样性的展示，也是身心健康、社会交往和个人成长的推动器。无论是对于个人还是对于社会，体育舞蹈都具有不可忽视的文化意义和价值观。

三、体育舞蹈的身体协调与表现力

在体育舞蹈中，身体协调与表现力是极其重要的两个方面。身体协调涉及身体各部分之间的和谐运动，而表现力则体现在如何通过舞蹈动作和表情，准确并深情地传达出内心的情感。

身体协调性对于舞者来说，是一种基础的技能，涵盖了身体各部分的协同工作，包括手和脚的协调、上肢和下肢的配合、身体的平衡控制，等等。训练身体协调性，首要任务是强化身体意识，通过各种训练提高身体各部分的敏感度和反应速度，增强身体各部分的力量和灵活性。同时，舞者需要在训练和实践中，不断探索和磨练自己的身体语言，形成一种流畅、自然、和谐的舞蹈动作。

而表现力是舞者通过舞蹈向观众传达情感和故事的能力。表现力的核心是情感的投入和真挚的表达。舞者需要在理解和体验音乐、理解和创造舞蹈的同时，将自己的情感融入其中，让每一个动作、每一个眼神都充满情感[①]。在训练表现力时，舞者可以通过角色设定、情境设定、音乐理解等方式，提高自己的情感表达能力和舞台表演技巧。

身体协调与表现力虽然是两个不同的方面，但在舞蹈中，它们是密不可分

---

① 周宏洋. 简析核心力量训练对体育舞蹈专业学生的影响 [J]. 文体用品与科技，2022(22)：145–147.

的。只有身体协调，才能更好地完成舞蹈动作，表达情感；而良好的表现力，也需要身体协调性的支持。因此，舞者在训练中，需要同时关注身体协调与表现力的提升，才能在舞蹈的道路上走得更远。

四、体育舞蹈的基本技术与舞姿要素

（一）节奏感与音乐理解

节奏感与音乐理解是体育舞蹈中的重要技术之一。它们是舞蹈表演的核心，是舞者与音乐、与观众之间建立连接的重要桥梁。

节奏感是舞蹈中的基本元素，是舞者身体运动与音乐节奏同步的能力。一个良好的节奏感能使舞者的动作与音乐完美融合，表现出舞蹈的流畅性和连贯性[1]。舞者可以通过各种节奏训练，如击掌、踏步、节拍器训练等，来培养和提高自己的节奏感。在这个过程中，舞者需要学会准确识别和把握音乐的节拍，将自己的动作与音乐节奏精确对齐。

音乐理解则是舞者对音乐内容、情感和结构的深入理解。每一种音乐都有其独特的节奏、旋律、和声、结构和情感表达，舞者需要通过听音乐、分析音乐、体验音乐，去捕捉和理解这些音乐元素，并将其转化为舞蹈的动作和表情。这需要舞者具有敏锐的听觉感知、丰富的音乐知识、深厚的艺术修养和丰富的生活体验。

在体育舞蹈的训练和表演中，节奏感与音乐理解是不可或缺的。只有将舞蹈与音乐紧密结合，才能真正发挥舞蹈的魅力，给观众带来深刻的艺术享受。

（二）姿势与舞蹈形态训练

舞蹈艺术的魅力在于其广阔的表现空间。其中，姿势与舞蹈形态的训练占据了极其重要的位置。这一部分涵盖的内容包括舞者的身体线条、姿态控制、空间利用以及舞蹈形态的创造和变换。

舞蹈中的姿势并非孤立存在，它们是一种视觉语言，是表达情绪、故事和

---

[1]　陈彦妮. 竞技体育舞蹈专项技能特点及多元价值研究 [J]. 文体用品与科技，2022（17）：94-96.

创意的手段。因此，有效的姿势训练必须建立在理解和表达舞蹈内在含义的基础上。这要求舞者在对技术的学习过程中，深入理解舞蹈的艺术性和创造性。训练中要引导舞者通过姿态和动作的变换，来体验和表达舞蹈的情感和情境。

身体线条是舞者姿态的基本组成部分，一个舞者的身体线条在很大程度上决定了其舞蹈效果的视觉印象。从训练的角度来看，我们应该重视身体线条的训练，包括舞者的身体姿态、肢体的伸展和弧度、身体的曲线等。特别是在体育舞蹈中，舞者需要展现出优美、协调、充满力量的身体线条。因此，身体线条的训练应始终贯穿舞蹈训练的全过程，而且必须对各个舞种的特点进行有针对性的训练。

姿态控制是舞蹈形态训练的另一重要方面。有效的姿态控制可以使舞者在舞蹈中显示出更高的技巧水平，并为观众提供更加流畅、连贯的视觉体验。姿态控制的训练包括对身体平衡的掌握、对身体各部分的精确协调、对力量和速度的适时调控等。在体育舞蹈中，不同的舞种对姿态控制的要求不同。例如，现代舞注重力量的运用和控制，拉丁舞则更加强调灵活度和速度。因此，姿态控制的训练需要根据舞种的特点进行具体的实施。

舞蹈形态的创造和变换是舞蹈表现力的核心部分。舞者通过创造和变换舞蹈形态，将自己的内在情感、思想和创意表达出来。因此，舞蹈形态的训练应着重于培养舞者的创新思维和艺术想象力。同时，也需要让舞者掌握各种舞蹈元素的运用和组合，包括舞步、舞姿、手势、眼神等，使他们能够自由、灵活地创造和变换舞蹈形态。

（三）舞步与舞蹈动作技巧

舞步与舞蹈动作技巧是构成体育舞蹈基础的两个核心元素。舞步的精准性和动作的艺术性共同塑造了舞蹈的整体效果。而对这两个方面的掌握，则需要对舞蹈技术有深入的理解和实践。

舞步是舞蹈的基础，它在许多方面影响着舞者的表演。舞步不仅包括脚步的移动，还包括身体的转向、倾斜、跳跃等动作。舞步的流畅性和节奏感对舞蹈效果有着极大的影响。在体育舞蹈训练中，舞者需要进行大量的舞步练习，以确保舞步的准确性和流畅性。对舞步的掌握并不只是单纯的动作复制。每一个舞步都有其内在的逻辑和节奏，这需要舞者通过反复练习来领悟。在训练过程中，舞者不仅需要对舞步的动作进行精细的分解和模仿，还需要理解舞步与音乐的关系，掌握舞步的节奏感。

舞蹈动作技巧是舞者表达自我和创新的重要手段。每一种舞蹈动作都包含了特定的技巧，如平衡、灵活性、力量、速度等。舞者需要通过训练来提高这些技巧，从而提高舞蹈的整体表现力。舞蹈动作技巧的训练并非一蹴而就的过程。舞者需要通过长期的练习，逐步掌握和提高各种技巧。在训练过程中，舞者需要注意动作的准确性和效率，以及动作与音乐的协调性。

不同的体育舞蹈有其特有的舞步和动作技巧。例如，芭蕾舞强调舞者的力量和平衡，而街舞则强调舞者的灵活性和创新性。因此，舞者需要根据自己的舞种特点，选择合适的舞步和动作技巧进行训练。

对于舞蹈的教学和学习，舞步与舞蹈动作技巧的训练是必不可少的。通过对舞步和动作技巧的训练，舞者可以提高自己的舞蹈技巧，从而提高舞蹈的表现力和观赏性。同时，舞步与舞蹈动作技巧的训练也有助于舞者提高自己的身体协调性和运动能力，对于舞者的身心健康也有很大的帮助。因此，对于舞蹈的教学和学习，舞步与舞蹈动作技巧的训练是必不可少的。

（四）舞蹈风格与表现表情

在舞蹈的世界里，每种舞蹈都有其独特的风格和情感表达。风格是舞蹈的灵魂，它决定了舞蹈的整体氛围和视觉效果。表情则是舞者与观众沟通的桥梁，它将舞者的情感和故事直接传达给观众。

舞蹈风格不仅体现在舞蹈动作的设计和组合上，更体现在舞者的动作执行和表情表现上。每种舞蹈风格都有其特定的运动特征和节奏感，如芭蕾舞的优雅和流畅，现代舞的力量和自由，爵士舞的活泼和热情，等等。体育舞蹈训练的目标之一就是让舞者能够准确地把握并展现出这些风格特征。

表现表情是舞蹈表演中的关键因素。真实且生动的表情能够使舞蹈更具感染力，使观众更能感受到舞者的情感和舞蹈的主题。在舞蹈训练中，舞者需要学习如何通过面部表情、身体语言和舞蹈动作来表达情感和故事。训练的重点应该是帮助舞者找到自己的舞蹈语言，使他们能够自由、自然地通过舞蹈表达自我。

训练舞蹈风格与表现表情的过程是一个不断探索和实践的过程。舞者需要通过大量的练习和表演，来感受和理解不同的舞蹈风格，学习如何通过自己的身体和表情来表达舞蹈的情感和主题。在这个过程中，舞者将会提高自己的舞蹈技术、增强自己的舞蹈表现力，同时也将会在舞蹈中发现和展现出自己的个性和创造力。

在现代舞蹈教育中，我们不仅要注重舞者的技术训练，更要注重他们的艺术素养和创新能力的培养。我们鼓励舞者在理解和尊重传统舞蹈风格的基础上，勇于创新，尝试用自己的方式来表达舞蹈。我们相信，每一个舞者都有其独特的舞蹈语言和表达方式，只有让他们自由地表达自我，才能真正发挥出舞蹈的魅力和力量。

（五）舞伴配合与舞蹈互动

舞蹈并非单一的艺术形式，而是在许多场合需要舞者与舞伴，甚至整个团队的精密配合。舞伴配合与舞蹈互动在体育舞蹈中占有重要地位，它们使舞蹈呈现出层次和深度，更显丰富与立体。

舞伴配合是指两位或更多的舞者在舞蹈中的相互配合和调适。在双人舞或团队舞蹈中，舞伴配合对于整个舞蹈效果至关重要。舞伴需要在动作执行、节奏掌控、空间运用等多个方面达成共识，形成一种默契，才能确保舞蹈的流畅性和观赏性。

在舞伴配合中，互相的理解与沟通极其重要。舞者们需要理解彼此的动作意图，预测对方的动作变化，实时调整自己的动作以适应整体的舞蹈节奏和形态。这不仅需要舞者具备高水平的舞蹈技术，还需要他们有良好的沟通和配合能力。

舞蹈互动则是在舞蹈中建立的互动关系，这包括舞者与舞者之间、舞者与观众之间的互动。通过互动，舞蹈表演不再是单向的，而是形成了一个能量的交换和共享。舞者通过自己的动作和表情来影响和激发观众的情感反应，观众的反应又反过来影响和激励舞者的表演。

舞蹈互动的实现，需要舞者具备高度的舞蹈感知能力和沟通技巧。他们需要能够感知和理解观众的反应，能够用舞蹈语言来引导和反映观众的情感。同时，他们也需要学会如何与舞伴和舞团成员进行有效的沟通和配合，以实现舞蹈的整体效果。

舞伴配合与舞蹈互动的训练，需要在舞蹈实践中不断实验和探索。舞者需要学会如何在舞蹈中与他人建立连接，如何通过舞蹈来表达和交流。这样的训练，不仅可以提高舞者的舞蹈技术和表现力，还可以增强他们的团队合作和沟通能力，对他们的个人成长和舞蹈发展有着深远的影响。

五、体育舞蹈训练计划与技能提升

（一）舞蹈类型与风格选择

在选择舞蹈类型时，舞者需要考虑自己的兴趣、体质、舞蹈经验等因素。不同的舞蹈类型有着不同的技术要求和艺术特点，如芭蕾舞要求舞者有良好的体态和柔韧性，街舞则需要舞者具备强烈的节奏感和独特的个人风格。舞者可以尝试不同的舞蹈类型，通过亲身体验来确定最适合自己的舞蹈类型。

选择舞蹈风格是舞者个性和风格形成的关键。同一种舞蹈类型可以有多种不同的风格，这取决于舞者对舞蹈的理解和创新。舞者可以在学习和练习的过程中，尝试并探索自己喜欢和擅长的舞蹈风格。他们可以借鉴其他舞者或舞团的风格，但更重要的是要发展和塑造自己独特的舞蹈风格。

选择舞蹈类型和风格是舞者舞蹈生涯的重要决定，它不仅影响了舞者的舞蹈技术和表演风格，也影响了他们的舞蹈观和艺术追求。因此，这一步骤需要舞者仔细思考和权衡，确保自己的选择能够符合自己的舞蹈目标和理想。

（二）技术训练与动作提高

舞蹈作为一种视觉艺术，依赖于动作的流畅性、精准性和表现力来传达情感和故事。因此，技术训练和动作提高在舞蹈学习中占据了核心地位。无论是基础的舞蹈步伐，还是复杂的跳跃和旋转动作，都需要舞者通过反复的训练来提高其技术水平和动作质量。

技术训练是舞蹈训练的基础部分，它涵盖了舞者需要掌握的所有基础动作和技术。舞者需要对这些基础动作和技术进行大量的练习，以确保他们能够准确、流畅地执行这些动作。在这个过程中，舞者需要关注自己的身体姿态、肌肉控制和节奏感，以确保动作的正确性和效果。动作提高则是舞蹈训练的进阶部分，它涉及更为复杂和高级的舞蹈动作和技术。这些动作和技术往往需要舞者有更高的身体素质和技术水平。因此，动作提高的训练往往更为困难、更具挑战性，需要舞者有足够的毅力和专注力。

在进行技术训练和动作提高的过程中，舞者需要注重动作的细节和精细度。他们需要对每一个动作进行详细的分析，了解其动作原理和动作要求，然后通过反复的实践来掌握这些动作。同时，他们也需要关注动作的连贯性和流畅性，以确保舞蹈的整体效果。无论是技术训练还是动作提高，都需要舞者有良好的身体意识和自我观察能力。他们需要能够感知自己的身体状态，了解自己的动作习惯和动作问题，然后进行有针对性的训练和改进。只有这样，他们才能在舞蹈的道路上不断进步，实现自我超越。

（三）舞蹈编排与创意构思

舞蹈作为一种艺术表现形式，其魅力在于创新和个性的展现。舞蹈编排与创意构思，正是在体育舞蹈训练中实现这种创新和个性展现的重要环节。

舞蹈编排是将舞蹈动作、音乐、表演空间等各个元素融合在一起，创造出完整的舞蹈作品。舞蹈编排的过程需要舞者充分理解舞蹈的主题和情感，然后通过合理的动作设计和音乐配合，将这些主题和情感具象化。舞蹈编排不仅需要舞者对舞蹈技术和表演的深入理解，更需要他们具备良好的艺术创新能力和审美观念。舞者需要根据自己的理解和感受，创造出独特的舞蹈语言和舞蹈形态。在这个过程中，舞者的个性和风格将得到充分的展现。

创意构思则是舞蹈创作的源泉，是舞蹈编排的前提。舞者需要根据舞蹈的主题，构思出独特的舞蹈故事和情感。创意构思的过程需要舞者开展大量的观察和思考，培养他们的想象力和创新思维。舞者可以从生活中获取创意灵感，也可以通过阅读、观看其他舞蹈作品等方式来寻找创意思路。无论何种方式，都需要舞者有足够的耐心和热情，去挖掘和发现自己的创意潜力。

舞蹈编排与创意构思的训练是舞蹈教育中非常重要的一部分。它不仅能够提升舞者的舞蹈技术和表演能力，更能够提高他们的艺术修养和创新能力。在这个过程中，舞者将有机会发现和展现自己的独特风格和个性，从而在舞蹈的世界中找到属于自己的位置。

（四）舞台表演与舞蹈呈现

舞台表演是舞蹈训练的终极目标，它是舞者将自己的技术、情感和创新全部展现给观众的场所。舞蹈呈现则是舞者通过舞台表演，将舞蹈的主题、情感和故事生动地传达给观众。舞台表演需要舞者有高度的舞蹈技术和表演能力。舞者需要准确、流畅地执行舞蹈动作，同时还需要用自己的表情和身体语言，将舞蹈的情感和故事表现出来。舞台表演对舞者的精神集中和身体控制能力有极高的要求。

而舞蹈呈现则是舞者将自己的舞蹈完美地展现给观众。舞者需要通过自己的动作和表情，使观众能够感受到舞蹈的情感和主题。舞蹈呈现不仅需要舞者有高超的舞蹈技术，更需要他们具备良好的艺术感知和情感表达能力。为了在舞台上成功地进行舞蹈呈现，舞者需要进行大量的舞台表演训练。这包括对舞蹈动作的反复练习、对舞蹈表情的细致塑造、对舞台空间的充分利用，以及对舞蹈节奏的精准把握。所有这些训练，都需要舞者投入大量的时间和精力，以达到最佳的舞台表演效果。

在舞台表演与舞蹈呈现的训练中，舞者不仅可以提高自己的舞蹈技术和表演能力，还可以进一步提升自己的艺术修养和创新思维。这不仅对舞者的舞蹈发展有着深远的影响，也对他们的个人成长和生活有着积极的意义。

第三节　瑜伽的文化透视与训练

一、瑜伽的起源与发展

瑜伽是一种起源于印度的生理、心理和精神的练习方式，其历史悠久，可以追溯到公元前 5000 年的古印度河流域文明。据瑜伽古籍《瑜伽经》记载，瑜伽一词最初的含义是"联结"或"结合"，象征着人类精神与宇宙精神的结合，身体、心灵和精神的和谐统一①。

瑜伽的发展历史可以分为古瑜伽、古典瑜伽、后古典瑜伽和现代瑜伽四个阶段。古瑜伽阶段（公元前 5000 年至公元前 500 年），主要是对身心的净化和激活，强调精神的自觉和控制。古典瑜伽阶段（公元前 200 年至公元 500 年），瑜伽经典《瑜伽经》的形成，标志了瑜伽由身体训练向精神修炼的转变。后古典瑜伽阶段（公元 800 年至公元 1700 年），瑜伽思想和实践得到进一步发展，瑜伽不再局限于僧侣和修道者，而是开始进入普通人的生活。现代瑜伽阶段（公元 1800 年至现在），瑜伽以健身和减压的方式在全球范围内流传和发展，成为现代人追求身心健康的重要方式。

至于瑜伽的发展，可以说是由东向西，从印度传到欧美，再从欧美传向全世界。现代瑜伽不仅包含古瑜伽的精神实质，还融入了现代科学的许多元素，如生物力学、人体工学、心理学等，更加注重瑜伽动作的正确性和安全性，瑜伽的教学方式也由单一的传统教学方式向多元化、个性化的教学方式转变。现代瑜伽以其独特的健身效果和身心调养效果，深受全世界人们的喜爱。

瑜伽的发展历程是一种由粗犷向精细、由体验向理论、由专业向普及、由传统向现代的转变过程。今天的瑜伽已经超越了地域、民族、宗教的限制，成为全球通用的身心健康修炼方式。

二、瑜伽的哲学与文化意义

瑜伽的哲学与文化意义博大精深，其本质不仅仅局限于身体的运动与健康，更是一种精神生活的哲学实践和深刻的文化沉淀。

在哲学上，瑜伽代表了一种追求内心平静和谐、精神自由的人生态度。瑜伽强调的是一种"心身合一"的健康状态，它倡导通过调息、冥想、体位等方式来达到精神安定、意识提升的目标②。瑜伽哲学主张人应超越物质追求，通过对内在自我深度认知，实现个体与宇宙的合一，以达到内心深处的安宁和自由。在这个过程中，个体通过深入了解和体验自我，以及自我与大我（整个宇宙）

---

① 钵颠阇利. 瑜伽经 [M]. 黄宝生, 译. 北京: 商务印书馆, 2020: 2.

② 陈翟鹿子. 健身瑜伽对大学生身心健康的影响研究 [J]. 长治学院学报, 2023, 40（2）: 61-65.

的关系，促进了自我意识的提升和精神世界的丰富。

从文化的角度来看，瑜伽是印度文化的重要组成部分，是东方古老智慧的重要载体。它包含了对生命、宇宙、真理的探索，是一种人生观、世界观和宇宙观的完整体系。在全球化的今天，瑜伽已经跨越了种族、国度、宗教和文化的界限，成为世界共享的人类文化遗产。

此外，瑜伽也具有重要的社会文化意义。一方面，它强调平等、尊重和包容，对增强人类的和平观念、改善人际关系、推动社会和谐发展具有积极的作用。另一方面，瑜伽作为一种健身方式，已经成了现代人生活中的一种方式，促进了人们对健康、生活质量的追求，改变了现代人的生活方式，为提升人类生活质量，开创健康、和谐的生活方式提供了新的可能性。

三、瑜伽的身心平衡与健康效益

瑜伽源自古代印度，已被全球人民广泛接受和实践，不仅因为它是一种能够帮助人们找到内心平静和谐的哲学实践，更是因为它在身心健康方面所展现出的巨大效益。

瑜伽的健康效益可以从多个角度来阐述。一方面，它以柔和、舒缓的方式改善身体功能。瑜伽体位法的运用可以增强身体的柔韧性、提高关节的活动度[①]。通过练习瑜伽，人们可以强化肌肉、提升身体的力量和耐力。另外，瑜伽还能够帮助改善人体的骨骼结构，防止骨质疏松，缓解各种慢性疼痛，如背痛、颈痛、关节痛等。

另一方面，瑜伽是一种深层次的呼吸和冥想实践，能够帮助人们释放压力、提升精神状态。瑜伽强调呼吸的重要性，通过调息法，可以使人们的呼吸更为深长，有助于放松身心，减轻焦虑和压力。冥想作为瑜伽的一个重要组成部分，可以帮助人们专注于当下，提高集中力，对于提升情绪、促进精神健康有显著效果。

而在心理层面，瑜伽的冥想和呼吸技巧有助于人们更好地管理情绪、处理压力。瑜伽练习者通常会发现他们的心态更为平静，能更好地处理生活中的压

---

① 揭玉，庄长宽. 现代瑜伽运动的养生意义探析 [J]. 武术研究，2023，8（7）：76-80.

力和挑战。这样的心理平衡对于维持精神健康、提高生活质量有着至关重要的作用。

最后，瑜伽也有助于提升人的意识水平。瑜伽不仅是一种体位和呼吸的练习，更是一种自我探索和自我意识提升的过程。瑜伽帮助人们认识并接受自己，增强自信，提高生活满意度。

总体来看，瑜伽的身心平衡与健康效益广泛而深远，无论是对于身体的健康，还是对于精神的平衡，瑜伽都提供了一种有效的方式。不论你处在生命的哪个阶段，都可以从瑜伽中受益，这也正是瑜伽如此受到欢迎的原因。

四、瑜伽基本姿势与呼吸法

（一）瑜伽体位法

瑜伽体位法（Asana）是瑜伽实践的重要组成部分，它强调对身体各个部位的控制与熟悉，旨在通过各种姿势的持续保持来实现身体的柔韧性、力量和平衡[①]。以下是对瑜伽体位法的详细阐述。

瑜伽体位法的实践要求，无论是站姿、坐姿还是卧姿，都需要注意身体的对称性和平衡性。对于新手而言，许多体位可能需要时间和训练才能完成。重要的是，练习者需要根据自己的身体状况进行调整，避免盲目追求难度或模仿他人。

（1）山式（Tadasana）。山式是所有站立体式的基础，帮助练习者意识到两脚的稳定性，感受脊柱的延伸，以及颈部和头部的对齐。

（2）下犬式（Adho Mukha Svanasana）。下犬式是一种常见的拉伸体式，对身体有很好的拉伸作用，有助于提高灵活性，同时也可以增强力量。

（3）猫牛式（Marjaryasana-Bitilasana）。猫牛式通过弯曲和伸直脊柱，帮助改善背部柔韧性，同时对腹部和颈部肌肉进行伸展和收紧。

（4）仰卧英雄式（Supta Virasana）。仰卧英雄式可以帮助打开胸部，增强腿部和臀部肌肉的力量，同时通过反向弯腰，有助于拉长脊柱，缓解背部的压力。

---

① 斯瓦米·库瓦雷阳南达. 瑜伽体位法 [M]. 常虹，译. 北京：中国青年出版社，2017：15.

（5）轮式（Chakrasana）。轮式是一种较难的体式，能够有效打开胸部，增强背部、腿部和手臂的力量。

这只是瑜伽体位法中的一小部分，实际上，瑜伽体位法种类繁多，针对性广泛，有的重点在增强力量，有的专注于提高柔韧性，还有的强调平衡和协调。因此，选择适合自己的瑜伽体位法，才能更好地发挥瑜伽的效果。

（二）瑜伽调息法

在练习瑜伽时，调息法（呼吸技巧）是一个不可或缺的部分。它帮助我们更好地控制身体，保持内心的平静，并且能够更深入地进入瑜伽的状态。下面介绍几种常见的瑜伽调息法。

（1）全息呼吸法。全息呼吸是一种最自然的呼吸方式，可以充分利用肺部的呼吸能力，使氧气充分地供应给身体。首先，深吸一口气，将肺部的下半部分充满气体；再将气体填充到肺部的上半部分。然后慢慢地吐出，先放松胸部，再放松腹部。全息呼吸法可以有效地放松身心，提高精神集中力。

（2）腹式呼吸法。腹式呼吸法侧重于使用腹部肌肉进行呼吸。吸气时，腹部会随着空气的进入而向外膨胀；呼气时，腹部会收缩。这种呼吸方式有助于深度放松，减轻压力，并可以在需要深度集中时使用。

（2）火焰呼吸法（kapalabhati）。火焰呼吸法是一种清洁和净化身体及思想的呼吸技巧。它是由一系列的快速、力量的吸气和强烈的呼气组成的。此法可以提高体内的能量和焦点，清理呼吸道，以及促进身体的解毒。

（4）海浪呼吸法（ujjayi）。海浪呼吸法也被称为"胜利的呼吸"，通过长时间、均匀和深沉的呼吸，使得呼吸声像海浪一样起伏。这种呼吸方式增强了自我觉察，能使人更专注于当前的体验[1]。

在做瑜伽的时候，无论你选择哪种呼吸方式，都要确保你的呼吸是平稳且有规律的。练习过程中，我们的注意力要始终集中在呼吸上，这样可以帮助我们更好地集中精神，从而达到瑜伽的最大效果。在练习的时候，如果感到不适或者困难，记得要停下来，调整呼吸，然后再继续。

---

[1]　李少波. 大学瑜伽教程 [M]. 成都：四川大学出版社，2020：65.

（三）瑜伽冥想与放松法

瑜伽的核心理念不仅包括身体的练习，还有大脑的训练，即冥想和放松。以下介绍几种常用的瑜伽冥想和放松法。

（1）观察呼吸法。观察呼吸法是一种非常基础但是极其有效的冥想技巧。坐在一个安静、舒适的地方，闭上眼睛，专注于自己的呼吸。不要试图控制呼吸，只是观察吸气和呼气的自然过程。这种方式能帮助您增强注意力、减少焦虑，并提升对内心世界的洞察。

（2）曼特拉冥想法。曼特拉（Mantra）是一种重复的音节、词或短语，它被用来集中注意力并引导精神。你可以选择一个对你有意义的曼特拉，如"我是爱"或"我是和平"，或者选择传统的梵文曼特拉，如"Om"。静坐并反复默念这个曼特拉，让你的注意力集中在这个声音和其意义上。

（3）扫描身体冥想。扫描身体冥想要求你将注意力放在身体的不同部位上，通常从头部开始，一直到脚部。在脑海中想象每一部分，意识到任何的感觉或紧张。这种冥想有助于提高身体意识、缓解身体紧张，并增强内心的平静。

（4）良好寝眠瑜伽冥想（Yoga Nidra）。良好寝眠瑜伽冥想也被称为瑜伽睡眠，是一种在放松和半觉醒状态中进行的冥想。在导师的引导下，你会在完全放松的状态中进行深入的内省，有助于深度放松、缓解压力和焦虑、改善睡眠质量。

（5）放松瑜伽姿势（Savasana）。放松瑜伽姿势也被称为"摊尸式"，通常在瑜伽练习的最后进行。躺在垫子上，放松全身，安静地呼吸，将注意力放在身体的感觉上，或者随着呼吸的起伏而飘浮。这是一种强大的放松和释放压力的方式。

瑜伽冥想与放松法是连接身体、心灵和精神的重要方式，通过练习，可以提高自我觉察，提升内心的和平、平衡和宁静，促进身心健康。

（四）瑜伽手势与锁定法

瑜伽，一个源自古印度的身心修炼体系，融入了呼吸控制、身体动作、冥想以及生活态度等各个方面。其中，瑜伽手势（Mudras）和锁定法（Bandhas）是瑜伽实践中的重要元素。这些元素与瑜伽体式和呼吸法相结合，形成了一种全面的健身方法，可以帮助我们改善身心健康、增强专注力，以及提高我们对自我身体的认识和控制。

1. 瑜伽手势

瑜伽手势，也被称为 Mudras，源自梵文，意为"印记"或"印章"。Mudras 在瑜伽、冥想和舞蹈中均有应用，它们通常由手的特定动作组成，但也可能涉及全身的动作。Mudras 被认为可以引导能量流动和增强冥想的深度。

（1）心灵印手势（Anjali Mudra）：最常见的手势，经常出现在瑜伽课程的开始和结束。双手合十在胸前，拇指轻轻按在胸骨上，代表了尊重和虔诚的心态。它能帮助我们更好地连接自我，引导我们进入冥想状态。

（2）知识印手势（Gyan Mudra）：大拇指和食指轻轻相触，其他手指自然伸直，可以放在膝盖上，或者在冥想时放在腹部。这个手势被认为可以提高记忆力和集中力，同时引导能量流向头部，提升智慧和洞察力。

（3）地印手势（Prithvi Mudra）：大拇指与无名指尖相接，其余手指自然伸直。这个手势被认为可以平衡元素，增强身体的稳定性，给我们带来自信和勇气。

2. 瑜伽锁定法

瑜伽锁定法，也被称为 Bandhas，是一种通过控制身体某部分的肌肉群来锁定能量和引导呼吸的技巧。Bandhas 有助于提高身体的力量和稳定性，改善呼吸控制，并帮助我们更好地连接自我。

（1）根锁（Mula Bandha）。Mula Bandha 的锁定点在于骨盆底部，需要你通过紧张和放松骨盆底部的肌肉来控制。它可以增强腹肌的稳定性，帮助维持脊柱的正直，并能引导能量从下往上流动[①]。

（2）腹部锁（Uddiyana Bandha）。Uddiyana Bandha 的锁定点在腹部，即在肋骨下和骨盆上之间的区域。通过吸气扩张腹部，然后在呼气的时候将腹部向脊柱方向拉紧。这可以增强核心的力量，改善呼吸，并有助于清理消化系统。

（3）喉锁（Jalandhara Bandha）。Jalandhara Bandha 的锁定点在喉部，需要你在吸气的时候将下巴向胸部靠拢。这有助于调整呼吸的节奏，增强脖子

---

① 陈碧清，Nataliia Litvinova. 瑜伽文化的传承方式及传播模式比较研究 [J]. 文体用品与科技，2023（11）：120-122.

的稳定性，同时可以让我们更加专注于自我。

瑜伽手势和锁定法的目标是提高我们的专注力，引导能量流动，并帮助我们更好地了解和连接自己的身体。熟练运用这些方法需要时间和实践，但结果会令人惊喜，它们不仅可以提高我们的瑜伽实践效果，还可以提升我们的生活质量，让我们在日常生活中更有意识、更专注、更有平衡。

（五）瑜伽净化法与精神修养

瑜伽净化法（Shatkarma）和精神修养是瑜伽学派的核心部分，这些方法主要是为了提升体验者的生理和心理健康，并促使他们达到身心和谐的状态。以下将对瑜伽净化法和精神修养进行详细阐述。

1. 瑜伽净化法

瑜伽净化法，或称为"Shatkarma"，是瑜伽的六种净化技巧，主要目的是清理身体，并确保重要的生理功能运作正常。这六种技巧包括洗鼻（Neti）、洗胃（Dhauti）、肠道净化（Basti）、气息净化（Pranayama）、眼部净化（Trataka）以及通过特殊的瑜伽动作排出身体内的毒素。每一种净化技巧都有其特定的目标，如改善呼吸、促进消化、清洁眼睛、增强视力等。虽然这些技巧在一般的瑜伽课程中不常见，但在一些深度瑜伽修炼或瑜伽治疗中会使用到。

2. 瑜伽的精神修养

瑜伽的精神修养主要涉及冥想（Meditation）和瑜伽哲学的学习。冥想是瑜伽实践的重要组成部分，它有助于安静思想、减轻压力、增强集中力、提升自我意识等。瑜伽哲学则涉及生命的本质，例如，人的本性是什么？生活的目的是什么？以及如何在日常生活中实践瑜伽，等等。

冥想的实践方法有很多种，有的冥想方法主要关注呼吸，有的关注身体的某个部位，有的关注内心的感受。瑜伽哲学的学习则需要阅读经典，如《瑜伽经》《奥义书》等，并在有经验的导师指导下进行思考和讨论。

五、瑜伽训练计划与技能提升

（一）瑜伽目标与练习计划

在构建瑜伽训练计划与技能提升策略时，初始步骤应确立清晰的目标和练习计划。在瑜伽实践中，目标和练习计划的设定对维持练习者的动力、追求进步和深化瑜伽经验具有重要意义。

目标设定在瑜伽实践中并不只是完成一种体位或动作，更重要的是追求身心的平衡和健康。瑜伽目标可以是提升体态，改善呼吸，减少压力，提高柔韧性，增强力量，提高自我意识，或者探索内心世界，等等。这些目标应当是具体的、可度量的，并且能够随着实践者的不断进步而适时调整。

瑜伽练习计划的制订应考虑实践者的物理条件、时间安排、个人目标以及喜好。这里的计划应当包括练习的频率、每次练习的时长、选择哪些体位法和呼吸法，以及冥想的时间等。例如，初学者可能从每周练习 2～3 次开始，每次 30 分钟，逐渐增加到每天一次，每次 60 分钟。而在体位法和呼吸法的选择上，初学者可能从基础体位开始，逐渐尝试更具挑战性的体位。

在练习计划中，渐进是关键。无论目标如何，应始终记住瑜伽不是一项比赛，而是一个个人的旅程。比较自我和他人只会带来压力和挫败感，而瑜伽的本质是接纳和包容，是寻找内心的平静和自我接纳。

总的来说，瑜伽目标的设定和练习计划的制订是实践者开始瑜伽之旅的重要步骤。通过设定目标，我们可以更好地了解自己的需求；通过制订练习计划，我们可以更系统地实践瑜伽，从而达到身心的和谐，提高生活质量。

（二）姿势流程与顺序设计

在瑜伽实践中，姿势流程与顺序的设计是对练习者个体状况的深入理解、对瑜伽哲学的精确把握，以及对身心效果的科学追求的体现。这一设计过程需要充分考虑练习者的身体条件、身心需求和实践目标，并结合瑜伽的基本原理和科学认识，以在练习中实现最大的效益。

设计瑜伽的姿势流程与顺序需要对一系列因素进行考虑：时间的长短，实践者的能力和灵活性，身体的疼痛或者不适，瑜伽的主题或者目标，等等。通常，一节瑜伽课的结构会包括开始的静坐或者暖身，接着是体位法的练习，再然后是冷却和放松，最后是冥想或者休息。

在设计体位法的顺序时，应该注意把力量和柔韧性的体位法交替进行，以充分调动身体各部分的肌肉，避免肌肉疲劳和伤害。同时，一些具有放松效果的体位法，如猫牛体位、下犬体位等，可以在强度较高的体位法之间插入，以达到调息和缓解压力的效果。

此外，体位法的顺序也应该从简单到复杂、从易到难，这样可以让身体有充分的热身，也可以让实践者在身心上都得到逐步的提升。而在结束的部分，通常会进行一些深度放松和恢复的体位法，如尸体式和一些冥想的实践，以帮助身心得到深度的休息和恢复。

瑜伽的姿势流程设计是一门艺术，同时也是科学。每个人的身体状况、心理状态和目标都有所不同，因此，最佳的瑜伽实践流程应当因人而异。以下是一种常见的瑜伽课程流程设计，以供参考（图8-1）。

开始冥想和呼吸练习：每节瑜伽课开始时，通常以一段时间的冥想和呼吸练习为导入。例如，坐在瑜伽垫上，闭上眼睛，将注意力集中在呼吸上，通过深呼吸，放松身心。

热身体位法：通过一系列温和的伸展和转动动作，如猫牛体位、山体位和太阳问候式，来唤醒身体，增强身体的灵活性和稳定性。

主体部分——强化和平衡体位法：这部分包括更具挑战性的体位法，如狼犬体位、战士体位系列和树立体位等，用以提升力量、平衡和柔韧性。

地面体位法：课程的这一部分，可以通过如鸽子体位、桥式、蝴蝶体位等对身体进行深度的伸展和放松。

冷却和深度放松：最后，通过腹式呼吸和尸体式，进行深度的放松。这是整个瑜伽实践的收尾，也是身心恢复的重要环节。

结束冥想：一节瑜伽课以冥想或短暂的静心结束，以帮助实践者集中精神，回归内心。

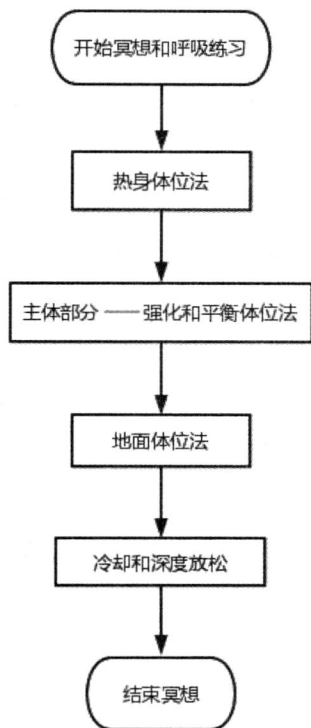

开始冥想和呼吸练习

热身体位法

主体部分——强化和平衡体位法

地面体位法

冷却和深度放松

结束冥想

图 8-1 常见的瑜伽课程流程设计

这仅是一个基本的瑜伽流程设计框架，具体的体位法可以根据实践者的实际需求进行调整。此外，所有体位法的进入和退出都应以呼吸为引导，让呼吸和动作同步。

（三）深化练习与稳定性提高

深化瑜伽练习与提高稳定性是每个瑜伽实践者的重要目标。在这个过程中，实践者需要从不同的角度对瑜伽进行研究，包括对体位法的深入理解、对呼吸法的掌握，以及对瑜伽哲学的理解。

瑜伽体位法的深入练习不仅仅是对某一个体位法更深层次的实践，而是要理解体位法之间的联系，理解每一个体位法如何影响身体的不同部位。例如，理解太阳问候式的动作流程，就需要理解每一个动作如何影响身体的柔韧性、力量、平衡和呼吸。

同时，深化瑜伽练习也需要将注意力放在呼吸法上。在瑜伽中，呼吸被认为是连接身体和心灵的桥梁，是瑜伽练习中的核心。通过对呼吸法的深入理解和实践，实践者可以更好地管理自己的能量、控制自己的情绪，从而提高身体的稳定性。

此外，深化瑜伽练习还需要对瑜伽哲学进行研究。瑜伽不仅仅是一种身体练习，也是一种心灵练习。理解瑜伽的哲学原理，如无执、觉照、瑜伽道等，可以帮助实践者找到内心的平静，提高精神层面的稳定性。

在深化练习与稳定性提高的过程中，也需要注意瑜伽实践的安全性。这需要实践者对自己的身体有深入的了解，知道自己的极限在哪里，如何正确地进入和退出体位法，如何通过呼吸来控制和引导动作。

当然，深化瑜伽练习并不意味着需要不断地追求更难的体位法。真正的深化瑜伽练习是对自我意识的提升，是通过身心的实践来实现内在的平衡和宁静。这需要实践者具有耐心和毅力，以开放的心态面对自己的瑜伽旅程。

（四）冥想与心灵凝聚力培养

瑜伽的实践既包括身体的练习，也涵盖了心灵的培养，其中冥想与心灵凝聚力的培养占据了重要的地位。冥想，或者称为静坐，在瑜伽中是一种探索和领悟内心世界的重要方式，同时也是提升心灵凝聚力的关键手段。

在瑜伽中，冥想被视为连接个人意识与宇宙意识的桥梁，是通向内心深处的一扇门。通过冥想，瑜伽实践者可以观察和理解自己的思绪，从而实现自我觉知。同时，冥想也有助于放松身心，减轻压力，提高情绪管理能力，从而在细腻的感知中找到身心的和谐与平衡。

与此同时，心灵凝聚力是瑜伽冥想实践中的重要成果，它体现在瑜伽实践者对自我、他人和环境的深刻理解和同情心，以及对生活的接纳和尊重。在瑜伽的观念中，一切都是相互连接的，我们的思绪、情绪和行为都会影响我们的生活，以及与我们有关的人和事。因此，提高心灵凝聚力就是提高我们内在的连通性，使我们能够更好地理解和接纳自我，同时也能更好地理解和接纳他人和环境。

提升心灵凝聚力的过程需要时间和耐心，它需要我们在日常生活中不断地实践冥想，观察自己的内心，接纳并处理自己的情绪。这个过程可能有挑战，但是随着时间的推移，我们会逐渐认识到自己的内在力量，找到内心的安宁和和谐。

冥想与心灵凝聚力的培养是瑜伽实践中不可或缺的部分，它们可以帮助我们实现内在的平衡，增强对生活的理解和接纳，从而带给我们更多的安宁和快乐。

第九章 游泳与户外运动的文化探索 与训练技巧

第一节 游泳的文化探索与训练技巧

一、游泳的历史与文化意义

游泳作为一种运动方式，历史可追溯至远古时期。古代人们游泳主要是为了生存，比如打猎、逃避危险等。然而，随着文明的发展，游泳逐渐从生存必需变为了一种休闲和竞技活动。

在古埃及，游泳被视为一种必备的技能，并在壁画中有所体现。古希腊人视游泳为军事训练的一部分，同时也将其视为教育的组成部分。而在古罗马，游泳更是被提升到了享受生活的高度，众多豪华的浴池见证了罗马人对游泳的热爱。

进入现代，游泳在全球范围内流行开来，人们不仅把游泳看作一种健身的方式，同时也看作一种娱乐和竞技的活动。无论是在奥运会上的激烈比赛，还是在海滩上的休闲娱乐，游泳都已经成了人们生活的一部分。

从文化角度来看，游泳也承载着深厚的意义，它象征着自由、灵活和和谐。游泳者通过与水的互动，体验到与大自然的连接，获得心灵的平静。在一些文化中，游泳甚至被视为一种净化的仪式。

游泳的历史及其在不同文化中的地位，证明了它的重要性和影响力。无论是作为一种生存技能，还是一种体育活动，或者一种象征，游泳都为人类社会的发展做出了贡献。

二、游泳的健康与身体效益

　　游泳是一种全身运动，因此，它对身体健康的促进具有广泛而深远的影响。游泳作为一种有氧运动，有助于提高心肺功能，可以改善心血管健康[①]。根据美国心脏协会的研究，定期游泳可以降低冠状动脉疾病的风险。通过持续、适度的身体活动，游泳可帮助提高心率，使心脏肌肉得到锻炼，同时改善血液循环。

　　游泳不仅可以帮助增强肌肉的力量和耐力，还能对骨骼健康产生积极影响。每一种游泳姿势，都能以不同的方式锻炼不同的肌肉群，因此游泳能全方位地锻炼身体。此外，游泳对关节冲击小，对于关节健康有益，尤其对于那些患有关节炎的人来说。

　　游泳也被证明对心理健康有益。在水中活动能帮助降低应激水平和抑郁症状，其原因可能在于游泳可以引发内啡肽的产生，这是一种可以带来愉悦感的脑内化学物质。对于那些患有焦虑和抑郁的人来说，游泳可能是一种有效的自我调整手段。

　　游泳是一种非常有效的燃烧卡路里的方式。每小时的游泳可以燃烧 500 ～ 700 卡路里，具体数值视游泳的强度和个人体质而定。因此，游泳是一种有效的体重管理方式，特别适合那些寻找低冲击、全身性运动的人。

　　研究显示，定期游泳的人更容易进入深度睡眠。游泳是一种消耗能量的运动，这有助于人们在晚上获得更好的睡眠。对于那些有睡眠困难的人来说，游泳可能是一个很好的解决方案。

　　游泳对增强免疫系统也有积极影响。研究表明，定期游泳的人往往具有更强的免疫功能。这可能是因为游泳能够提高新陈代谢率，从而帮助身体更有效地清除病毒和细菌。

---

① 李学萍. 全民健身背景下游泳运动的发展思考 [J]. 文体用品与科技，2023（11）：25–27.

三、游泳基本技术与姿势要素

（一）游泳姿势与身体平衡

游泳姿势与身体平衡是游泳基本技术的核心元素，关系游泳的效率和速度。正确的游泳姿势可以降低水阻、加快游泳速度；而良好的身体平衡则能使游泳者在水中更加稳定、更加流畅地执行各种动作。

1. 游泳姿势

游泳姿势主要涉及头部、躯干、四肢以及身体的整体线条的控制。首先，头部应保持稳定，目光平视水面或稍微向下，以保持颈部的自然线条。其次，躯干要尽可能地保持直线，并与水面平行，以减小水阻。此外，四肢的活动应与身体的中心线保持一致，以防止产生不必要的旋转。

2. 身体平衡

身体平衡在游泳中起着至关重要的作用。只有当身体在水中保持良好的平衡时，游泳者才能有效地施展力量，加快前进的速度。游泳者需要通过躯干的控制，调整身体的位置，使身体在水中始终保持稳定。同时，四肢的动作也要配合躯干，以维持身体的平衡。

无论是游泳姿势还是身体平衡，游泳者都需要通过不断的练习和调整，才能找到最适合自己的游泳方式。同时，专业的教练指导也能在这个过程中起到关键的帮助作用。

（二）游泳呼吸与节奏控制

游泳的呼吸与节奏控制是影响游泳性能的两个关键因素。理解和掌握正确的呼吸技巧以及保持稳定的游泳节奏，对提升游泳效率、减少疲劳，乃至提高游泳表现力具有至关重要的作用。

呼吸在游泳中占有显著的位置，因为它不仅为身体提供了运动所需的氧气，也是调节身体和心理状态的重要方式。游泳呼吸的特殊之处在于，它需要在有限的时间内，在头部短暂露出水面的瞬间进行，这就要求游泳者必须能在短时间内完成呼吸动作，同时保持游泳的连贯性和流畅性。为了做到这一点，游泳者需要掌握一些呼吸技巧，如提前吸气、深度呼吸，以及利用脸部的一部分在水面的短暂时间进行快速的呼吸等。

同时，游泳的节奏控制也非常重要。游泳节奏可以理解为游泳者进行划水、踢腿、翻身等动作的频率和节奏。好的游泳节奏可以使游泳者在游泳过程中保持连贯，提高游泳的效率，同时也可以节省能量，延长游泳的时间。游泳的节奏通常由教练或者通过专门的节奏器进行控制，游泳者需要根据给定的节奏进行游泳动作。

然而，理想的呼吸和节奏并非一蹴而就，而是需要经过大量的训练和实践才能得以实现。游泳者需要在教练的指导下，通过反复的训练，逐步掌握正确的呼吸和节奏。同时，每个人的身体条件和游泳技术都有所不同，因此，最佳的呼吸和节奏也因人而异，需要游泳者根据自身的条件进行适当的调整。

（三）游泳动作技巧

游泳融合了技巧、力量和节奏。游泳的每一个动作、每一种风格都涉及不同的身体部位，需要不同的技巧来完善。

自由泳是最常见的游泳形式之一。它需要游泳者用手掌朝下前伸，入水后手掌向外转并朝身体两侧用力拉动，手臂需保持一定的弯曲度，确保力量集中在身体的中心。同时，腿部交替上下踢，踢腿的力量要从髋关节发出，保持腿部伸直。在这个过程中，当一个手臂在水面上前伸时，游泳者可以迅速转头吸气。

蝶泳要求双臂同时向前伸展，然后大力地向外划，并利用上半身的力量朝两侧拉回。与此同时，腿部的动作也很有特色，需要双腿同步进行上下踢，踢腿的力量主要源于腰部和髋部的摆动。在蝶泳中，呼吸的时机是当双臂向身体两侧拉回时，迅速抬起头部，然后在手臂重新前伸时迅速将头放回水中。

仰泳与其他泳姿明显不同，因为它是在背部位置执行的。手臂的动作与自由泳相似，但方向相反。一个手臂从水下移动到水面上并前伸，同时另一个手臂在水面上朝身体的另一侧划动。腿部的踢腿动作也与自由泳类似，但更为放松。最大的优点是呼吸相对容易，因为头部始终在水面之上，可以随时进行呼吸。

蛙泳的特色是手臂和腿部的同步动作。手臂从前伸开始，向外打开，然后用力朝身体两侧拉回，呈现出一种心形的轨迹。与此同时，腿部需要像青蛙那样弯曲并向外展开，然后迅速用力合拢。在这个过程中，头部需要迅速抬起进行呼吸，然后在手臂前伸时迅速将头放回水中。

（四）游泳比赛规则与策略

游泳比赛规则和策略对于竞技游泳选手来说非常重要，理解并运用这些规则和策略可以帮助游泳者在比赛中取得更好的成绩。

在游泳比赛规则方面，国际泳联（FINA）规定了许多关于起跳、转身、划手、蹬腿、游泳姿势和完成比赛等方面的详细规定。例如，游泳者在起跳时必须保持身体接触起跳台，且不得提前跳水；在转身时，需要按照规定的方式触碰池壁，然后进行转身；在比赛过程中，需要严格遵守规定的游泳姿势和动作规范，否则可能被判罚犯规。

在游泳比赛策略方面，游泳者需要根据自己的能力和比赛的特点来制定合适的比赛策略。比如，在比赛初期，游泳者通常需要控制自己的速度，避免过早耗尽体力；在中期，游泳者需要保持稳定的速度和节奏，适时调整自己的呼吸和动作；在比赛的最后阶段，游泳者需要尽全力冲刺，争取获得更好的成绩。此外，游泳者还需要针对不同的比赛项目和对手，灵活调整自己的比赛策略。

四、游泳训练技巧与计划

（一）游泳训练目标与计划制订

游泳训练目标与计划制订是每个游泳者训练过程中不可忽视的环节。清晰明确的训练目标以及有针对性的训练计划，可以提升训练效率，让游泳者更快地提升自己的技能和体能。

在设定训练目标时，需要考虑游泳者的实际情况，包括他们的年龄、身体状况、技能水平和个人期望等因素。训练目标可以是短期的，如提升特定技能或者改善体能；也可以是长期的，如在一次比赛中取得优秀的成绩。无论何种目标，都需要明确、具体并能量化，以便在训练过程中对进步进行检测和评估。

在制订训练计划时，需要根据训练目标来确定训练的内容、频率、强度和持续时间。比如，如果训练目标是提升耐力，那么训练计划可能包括更长时间的持续游泳；如果训练目标是提升爆发力，那么训练计划可能包括一些短距离的高强度冲刺。训练计划也需要考虑恢复时间和休息日，以防止过度训练和伤病。

为了有效实施训练计划，游泳者需要维持良好的训练习惯，如按时开始和结束训练、维持适当的饮食和充足的休息。同时，训练计划不是一成不变的，可能需要根据游泳者的进步和身体反应进行适时的调整。

（二）游泳姿势与技术练习

游泳姿势与技术练习是游泳训练的核心内容之一。有效的技术练习可以提升游泳者的水中效率，减少因技术不当造成的运动伤害，并有助于游泳者在竞赛中取得优秀的成绩。

在游泳姿势的练习中，游泳者需要重点关注身体的对称性、线性和紧凑性。对称性有助于保持游泳者在水中的稳定性，线性有助于降低阻力并增加推进力，紧凑性可以减少不必要的动作并提升游泳效率。同时，游泳者也需要关注头部、躯干和腿部的位置，以保证整体姿势的合理性。

在技术练习方面，游泳者需要针对不同的游泳方式（如自由泳、蛙泳、蝶泳和仰泳）进行不同的技术练习。例如，在自由泳的技术练习中，游泳者需要重点关注手的进水、抓水、推水以及手的回收；在蛙泳的技术练习中，游泳者需要重点关注手脚配合的协同性、腿部的蹬腿动作以及上半身的伸展。

在进行技术练习时，游泳者不仅需要在水中进行实践，也可以在陆地上通过模拟游泳动作进行训练，以加强肌肉记忆、增强对游泳动作的理解。

（三）游泳耐力与速度提升

游泳耐力与速度的提升是游泳训练中的关键环节，无论是长距离的耐力游泳还是短距离的速度游泳，都需要运动员具备良好的体能和技术。

提升耐力的训练通常需要长时间的低强度训练。例如，进行一段较长的连续游泳，此类训练能够增强心肺功能，提高运动员的有氧能力，使其在长时间的游泳过程中保持稳定的速度。此外，间歇性的耐力训练，如在一段游泳后进行短暂的休息，也可以有效提升耐力。

提升速度的训练则需要强度较大的爆发力训练。这可能包括短距离的高强度冲刺，或者在水下进行有力的蹬腿和划水动作。通过这种方式，运动员可以增强肌肉力量，提高在短时间内的游泳速度。

无论是提升耐力还是速度，技术的运用都是至关重要的。运动员需要保持良好的游泳姿势，以降低阻力并提高推进效率。此外，有效的呼吸和节奏控制也是提高耐力和速度的关键。通过合理的呼吸节奏，运动员可以保持更好的体能状态，以应对高强度的训练。

（四）游泳比赛准备与心理素质

游泳比赛的准备和运动员的心理素质都是决定比赛成绩的重要因素。合理的比赛准备和稳定的心理状态可以帮助运动员在比赛中发挥出最佳状态。

在比赛准备中，运动员需要对比赛规则和流程有清晰的了解，并且在比赛前进行充分的热身。热身运动可以提高体温，加快血液循环，使肌肉和关节达到比赛需要的状态。此外，营养和水分补充也是比赛准备的重要环节，运动员需要确保比赛前身体的能量和水分达到适宜水平。

心理素质对于游泳运动员来说同样重要。在比赛压力下，保持冷静和专注是成功的关键。运动员需要学会自我调适，例如，通过深呼吸、积极自我暗示等方式来调节紧张情绪、增强自信心。同时，运动员也需要有面对失败和挫折的心理准备，以便在遇到困难和挑战时保持坚韧和毅力。

第二节　户外运动的文化探索与训练技巧

一、户外运动的历史与文化意义

户外运动是人类文明的一个重要组成部分，从古代的狩猎和攀登，到现代的各种户外活动，如登山、划船和滑雪，它们不仅仅是一种休闲活动，更是一种文化表达。在人类历史的初期，户外活动主要是为了获取食物和生存。那时候的人类需要面对自然，捕猎野兽，攀登山峰，甚至游泳跨越河流，这些都是为了生存所必需的技能。然而，随着社会的发展和科技的进步，人们生存的压力逐渐减小，这些原本用于生存的户外活动，逐渐变成了一种休闲娱乐方式。例如，现在的人们可以选择登山、划船、滑雪等多种形式的户外运动，既可以锻炼身体，又可以享受大自然的美丽。

提及户外运动的文化意义，那就不能忽视它对人与自然和谐共生理念的弘扬。在广阔的自然环境中运动，让人们有机会亲身感受大自然的魅力，认识到人类与自然是紧密相连的，这种体验会深深地影响人们的世界观，使人们产生对大自然的敬畏，愿意去保护和尊重自然。正因如此，户外运动成了人类弘扬自然主义精神的一种重要方式。

另外，户外运动也是人类挑战自我、提升自我的一种方式。面对险峻的山峰、汹涌的河流或者茫茫的荒野，人们需要勇敢地去挑战，去克服困难。这不仅仅是一种体力和技能的考验，更是一种对个人意志和决心的考验。在这种挑战和克服困难的过程中，人们会学会坚韧不拔、勇往直前的精神，这对个人的成长和人格的塑造有着深远的影响。因此，户外运动不仅仅是一种运动，更是一种人生的磨砺和历练。

此外，户外运动还是人们交流、互动和团结合作的重要场所。在户外运动中，人们需要共同面对和解决问题，通过团队协作达到目标，这样的经历可以帮助建立和深化人与人之间的联系。在户外环境中，人们往往需要抛开日常的烦恼和差异，共同面对自然带来的挑战和困难。这种共同经历的困难和挑战，无疑会加强人们之间的关系，提升团队协作的能力。这种从中得到的互相理解和尊重，不仅对团队关系的建立非常重要，对社会的和谐发展也有着深远的影响。

二、户外运动的身体与心理益处

户外运动对人体的身体健康和心理健康都具有显著的益处。从身体层面来看，户外运动可以促进身体的各个系统，包括心血管系统、呼吸系统、肌肉骨骼系统等的健康运作，也可以有效地增强身体素质，增强免疫力，提高对疾病的防御能力。户外运动如徒步、游泳、骑行等都有助于保持体形、控制体重。

而户外运动的心理益处更是不可忽视。户外运动可以有效减轻心理压力，帮助人们从日常的工作学习中抽离出来，将注意力转向大自然，放松心情，提升心理的舒适感。同时，户外运动也有助于提升自信，增强团队合作精神和社交技能。在户外运动中，人们需要挑战自我，克服各种困难，这种过程能够增强人的自我效能感，提升对自身能力的信心。此外，户外运动中的团队协作也有助于提高人们的交际能力、提升群体的凝聚力。

户外运动以其独特的身心益处，深受人们的喜爱。无论是对身体的锻炼，还是对心理的调适，都使得户外运动成为现代人健康生活方式的重要组成部分。

三、登山与攀岩的技术要素

（一）登山装备与安全知识

登山与攀岩活动是户外运动中的一项重要项目，而正确的装备选择与深入的安全知识是其重要的技术要素，这些元素对提高运动效果、保障运动安全都具有极其重要的作用。

在登山与攀岩活动中，合适的装备是必不可少的。登山鞋应选择抓地力强、舒适度高的专业款式；运动服装要根据天气和登山环境的变化选择适合的材质和厚度；而登山包、睡袋、炊具等也应根据实际需求合理选用。登山装备中还有一些是用于应对紧急情况的，如急救包、登山绳、安全带、头盔等，这些都是保障登山者生命安全的重要装备。

除了装备的选择，对登山安全知识的了解和掌握也同样重要。在登山过程中，了解山区的地形地貌，熟悉路线，了解天气变化，都是避免发生危险的重要方式。对于登山者来说，还需要掌握一些基本的求生知识，如野外生存技巧、野外定位和方向识别、简单的野外医疗救护等。

另外，体能的储备与训练也是登山与攀岩的重要因素。登山与攀岩需要大量的体力与耐力，所以要进行相应的体能训练，如力量训练、有氧训练等。

在攀岩活动中，更需要一些专业的技术与知识，如熟练掌握各种攀岩技巧，了解攀岩装备的使用方法，掌握安全保护的方法，等等。此外，攀岩者还需要有良好的心理素质，能够在面临困难和危险时保持冷静，做出正确的判断和决策。

（二）岩壁攀爬与抓握技巧

岩壁攀爬是一项技术性极强的运动，其中的抓握技巧尤为关键。一个好的攀岩者必须学会如何巧妙利用自己的力量，结合正确的技巧，有效地攀爬岩壁。以下就是岩壁攀爬与抓握技巧的一些基本内容。

在攀岩中，抓握力的使用需要根据岩石的形状和位置来调整。岩壁上的抓握点形状多样，包括边缘型、洞穴型、裂缝型等，运动员需要学会如何根据不同的抓握点来调整自己的抓握方式和力度。例如，在抓握边缘型抓握点时，需要使用手指尖的力量；在抓握洞穴型抓握点时，可以使用手掌和手指的力量。

同时，攀岩者还需要学会利用身体的其他部分帮助攀爬，如利用脚跟或膝盖支撑，减轻手部的负担，这也要求攀岩者具有良好的身体协调性和空间感知能力。

在抓握力的运用上，攀岩者需要注意节省力量。如果一直用力过猛，可能使手部很快疲劳。因此，攀岩者需要学会在攀爬中寻找恢复的机会，比如在找到稳定位置时松开一些力度，让手部得到休息。

在姿态控制方面，攀岩者应尽量保持身体靠近岩壁，尽量减小重力对身体的拉扯。这样可以帮助保持身体的平衡，减少不必要的体力消耗。

另外，安全永远是攀岩的第一要素。在进行岩壁攀爬时，一定要使用正确的安全设备，如攀岩绳、安全带、头盔等。同时，无论熟练程度如何，都应在有经验的教练或伙伴的指导和监督下进行。

（三）攀登姿势与体能训练

攀登姿势和体能训练是攀岩技术要素的重要组成部分。无论是初级的攀岩爱好者还是专业的攀岩运动员，都需要注重这两方面的训练和提升。

在攀登姿势方面，一个合理的攀登姿势可以让攀登者更有效地使用力量，更快地攀上岩壁。通常，我们会建议攀登者保持身体贴近岩壁，这样可以更好地保持平衡，减少不必要的体力消耗。同时，攀登者应该尽量使自己的重心保持在两脚之间，这样可以更好地控制自己的身体，防止由于重心偏移导致的失衡。

在使用手臂和脚的时候，我们也有一些建议。在攀爬过程中，手臂应尽可能保持直立，以避免过度疲劳。脚的使用则需要根据实际情况灵活变通。通常，我们会建议攀登者用脚尖而不是脚掌接触岩壁，这样可以提供更精确的支撑点，同时也可以减少身体与岩壁的摩擦力，使移动更加流畅。

在体能训练方面，对于攀岩者来说，增强核心力量、上肢力量和下肢力量都非常重要。核心力量可以帮助攀登者保持稳定的攀爬姿势，减少由于重心不稳导致的身体摇摆。上肢力量可以提高攀登者在攀爬过程中对抓握点的控制能力，使他们可以更好地使用手臂和手部的力量。下肢力量则主要用于推动身体向上移动。

具体的体能训练方式可以有很多种，包括但不限于举重、引体向上、深蹲等。此外，还可以进行一些有氧运动，如跑步和游泳，以提高攀登者的心肺功能和耐力。训练的时候，我们建议攀登者根据自己的身体状况和目标来制订训练计划，同时也要注意适当的恢复，以避免过度训练带来的伤害。

另外，安全始终是最重要的。在进行攀岩活动时，一定是要确保装备的正确使用，以及遵守相关的安全规定。同时，无论在训练还是在攀登过程中，都应保持清醒的头脑和稳定的情绪，以确保自身和他人的安全。

（四）绳索技术与固定点设置

在攀岩中，绳索技术和固定点设置是确保安全的两个重要环节。绳索技术主要是指在攀岩中如何正确地使用绳索，如何制作适当的绳结，并在攀岩过程中有效地利用绳索。而固定点设置则涉及如何在攀岩过程中寻找或设置可靠的固定点，以及如何正确地将绳索固定在这些点上。

在绳索技术方面，有许多种类的绳结供攀岩者选择，不同的绳结有不同的特点和用途。例如，八字环结是一种常见的安全绳结，它结构简单、易于检查，可用于连接主绳和安全带[①]。斯图阿特结则是一种用于连接两段绳子的绳结，它结构紧凑，承重能力强。在使用绳索时，还需要注意绳索的保养和检查，以确保绳索的安全性能。

固定点的设置是攀岩中的另一个重要技术。固定点可以是自然的，如岩壁上的裂缝或突出部分；也可以是人造的，如钉子或螺栓。在设置固定点时，应选择结构稳定，能承受足够重力的地方。同时，还需要注意固定点的位置和高度，

---

① 罗欣，封玉环，毛大雄，等.自然岩壁攀爬的危险因素及对策探讨 [J].体育世界（学术版），2019（8）：10，8.

以保证在攀岩过程中能有效地保护攀岩者。

绳索和固定点是攀岩中的生命线，它们的正确使用与设置直接关系攀岩者的生命安全。因此，无论是新手还是经验丰富的攀岩者，都应该重视这两方面的技术，并在有经验的教练或指导者的指导下进行训练和实践。

除此之外，攀岩者还应时刻保持警惕，对各种可能的风险因素保持敏感，并随时做好安全防护。在攀岩中，应尽量避免单独行动，最好是有至少一位伙伴陪同，以便在遇到危险时互相帮助。

（五）登山风险管理与救援策略

登山活动中的风险管理和救援策略是攀岩运动中不可忽视的一部分，它们旨在预防并应对可能出现的危险和紧急状况。针对性的风险管理和救援策略能大大提高攀岩活动的安全性，降低意外发生的可能性。

风险管理首先从风险识别开始。登山者需要了解可能出现的危险，包括不稳定的地形、恶劣的天气、野生动物、身体受伤等，并对这些风险因素进行评估和预防[1]。例如，检查攀岩设备，学习和了解天气变化，制定适应的登山路线，进行适当的体能训练等，都是有效的风险管理措施。

在紧急状况下，救援策略是保护登山者生命安全的重要手段。当危险发生时，正确的急救措施能够在最短时间内缓解伤病，保护生命安全。基本的救援技能包括但不限于 CPR 心肺复苏技术、处理骨折和扭伤、止血、热射病和低温症的处理等[2]。

此外，心理的救援也同样重要。应对紧急状况时，保持冷静和理智，做出正确的判断和决定是非常关键的。因此，心理准备和应急心态的培养也是风险管理和救援策略中的重要内容。

---

[1] 郭健. 登山户外运动风险特征研究 [J]. 体育世界（学术版），2017（3）：17，16.

[2] 韩梅. 宁夏登山户外运动安全风险管理研究 [D]. 北京：北京化工大学，2019：62.

四、水上运动技巧与安全

（一）皮划艇与划船技术

皮划艇与划船作为一种深受人们欢迎的水上运动，其技术主要包括掌握基本的桨法和艇体控制，以及理解并能适应各种水流环境。其中，基本桨法涵盖前进桨、后退桨、停船桨、转向桨等，而艇体控制则要求运动员能准确控制皮划艇或划艇的平衡、速度和方向。

在皮划艇或划艇前进时，运动员需要保持身体的稳定，配合腰背力量和手臂力量共同完成划桨行动。划桨时，手臂应保持略弯曲，以腰背为主导，通过躯干的旋转来带动手臂划动。划桨深度应恰当，以避免浪费力气或打乱船的稳定性。

艇体控制也是十分重要的技术之一，包括控制艇的稳定性、方向和速度。运动员需要学会如何控制自己的体重和力量分布，以维持艇的稳定；同时，也需要学会如何通过改变桨力的大小和方向，以控制艇的移动方向和速度。此外，对水流环境的理解和适应也是必备技能。比如，了解并能应对激流、浪涌、旋涡等情况。

对于水上运动来说，安全意识和措施更是必不可少的，这包括但不限于总是佩戴救生衣和头盔，遵守当地的水上运动规定，不在不熟悉或危险的水域活动，以及学会基本的水上求救技能，等等。

（二）冲浪与帆板技巧

冲浪和帆板运动是水上运动中的两种具有挑战性的项目，同时也需要技巧和训练的支持，它们的基础技巧主要围绕在平衡控制、板的操作，以及与环境因素的互动等方面。

冲浪运动中，最基础的技巧就是要学会在不断移动的波浪上保持平衡，这需要运动员有良好的身体协调性和反应能力。初级的冲浪者常常会从躺在冲浪板上开始，然后学习如何在合适的时机起身，站稳，从而控制冲浪板。接下来，运动员需要学习如何根据波浪的变化调整自己的身体姿态，以保持平衡并控制冲浪板的方向。此外，对海洋环境的理解也是重要的一环，包括了解潮汐、浪的类型和形成等知识。

与冲浪相比，帆板运动除了需要良好的平衡感和身体协调性外，还要求运动员能够有效地操作帆板上的帆。操作帆的基本技巧包括握帆、升帆、改变帆的方向等。在帆板运动中，风是一个重要的因素，运动员需要学习如何利用风力，通过调整帆的角度和位置来控制帆板的速度和方向。在帆板运动的高级阶段，运动员甚至可以学习一些高难度的动作，如跳跃、翻转等。

（三）水上摩托与快艇驾驶技巧

水上摩托与快艇驾驶都是刺激且需要技巧的水上运动。由于在水上环境中进行，因此驾驶者需要特别关注安全，理解和遵守相关规则，并且掌握一定的驾驶技巧。

水上摩托的驾驶对平衡感和驾驶技巧有较高的要求。驾驶者需要学会如何控制自己的身体平衡以保持摩托艇的稳定，同时，通过操作把手上的油门和刹车来控制速度[①]。转弯时，驾驶者需要倾斜身体，用身体重心来帮助改变方向。同时，驾驶者还要随时关注周围环境，预测和避免可能的风险。

快艇驾驶相比水上摩托更为复杂，需要更高的驾驶技巧。除了需要保持艇体的平衡，驾驶者还要学会如何在不同的海况下控制快艇的稳定性。比如，在平静的海面、小浪和大浪等不同条件下的驾驶技巧是不同的。在驾驶过程中，保持适当的速度和距离是非常重要的，特别是在与其他船只相遇时，要遵守相关规则，保持安全距离。同时，对于快艇的各种操作设备如方向舵、油门、刹车等都需要熟练掌握，且在任何情况下都要保持冷静，随时准备应对可能出现的紧急情况。

（四）水上安全意识与紧急情况处理

水上活动无论是娱乐还是竞技，安全始终是首要考虑的因素。水上安全意识的培养和紧急情况处理技巧的掌握，成为每一个参与水上活动者必备的知识。

水上安全意识的核心是以预防为主，意识到水上活动的风险，以预防性的

---

① 刘鸿毅. 都市人喜欢水上休闲 [J]. 航海，1996（6）：40.

态度参与活动。这包括正确的装备选择，如始终佩戴救生衣、适合活动的服装和防护用品等。而在活动中，遵守规则，不超越自己的能力边界，对于环境和天气的变化保持敏感，保持与伙伴的通信，尊重和保护环境，这些都是对于安全意识的体现[①]。

紧急情况处理则需要了解并掌握一些基本的水上求生和救生技巧。比如，如何在水中保持浮力，如何在无法立即获得救援时自我保护；在遇到危险动物，如鲨鱼、水蛇等时的应对方式；或者在船只出现问题，如翻船、撞击、发动机故障等时的处理方法。

除此之外，了解基本的急救知识也是非常重要的。例如，如何进行心肺复苏、如何处理创伤和抽筋等。如果可能，每一个水上活动者都应该接受一些基本的水上求生、救生和急救训练。在水上活动中，只有安全意识的高度重视和紧急情况处理技巧的娴熟掌握，才能确保参与者得以安全、愉快地享受水上运动带来的乐趣。因此，水上安全意识和紧急情况处理的学习和实践，是每一个水上运动爱好者和专业运动员必备的技能和素质。

五、滑雪运动技巧

（一）雪地滑行姿势与平衡控制

滑雪运动是一种富含乐趣的户外运动，但是能够熟练控制滑雪板并在雪地上自由滑行，需要掌握正确的滑行姿势和平衡控制技巧。

滑雪的基本姿势主要由站立、弯腰、弯膝和前倾的角度构成，这些要素组合在一起，形成了滑雪运动员独特的体态。站立的时候，身体需要略微前倾，保持重心在脚前部，而不是脚跟[②]。膝盖弯曲，形成弹簧般的状态，可以吸收滑行中的震动，并提供动力。上身则保持直立，双臂自然下垂，双手握住滑雪

---

① 张志刚.基于水上运动等体育竞赛的学生安全意识培养研究——评《水上运动竞赛》[J].给水排水，2022，58（5）：170-171.

② 丛鹏宇，高俊. 关于滑雪初学者的体能训练 [C]// 中国体育科学学会体能训练分会. 2022 年首届"一带一路"国际体能高峰论坛交流大会论文摘要集. 2022 年首届"一带一路"国际体能高峰论坛交流大会论文摘要集，2022：13.

杆指向滑行方向，眼睛看向前方。

平衡控制是滑雪技术的另一关键部分，滑雪运动员需要学会如何在滑雪板上调整身体的重心，来改变滑行的方向和速度。当需要向左转弯时，就将身体的重心稍微向左倾斜；反之，向右转弯就将重心向右倾斜。调整重心的技巧要求滑雪者有很好的身体协调性和感知能力，这需要通过大量的实践和训练才能掌握。

掌握了正确的滑行姿势和平衡控制技巧，滑雪者就可以更好地控制自己在雪地上的滑行，不仅能更加安全，也能更好地享受滑雪带来的乐趣。此外，这些技巧还为进一步提高滑雪技术，如学习做各种动作，或参加滑雪比赛等提供了基础。

（二）单板滑雪与双板滑雪技术

单板滑雪和双板滑雪都是冬季流行的户外运动，各有其独特的魅力和技术要求。两者的主要区别在于滑雪板的数量和使用者的站立方式。

1. 单板滑雪

单板滑雪是一项极富挑战性且令人兴奋的冬季运动。其独特之处在于，运动员的双脚被同时固定在一块滑雪板上，保持侧向滑行。单板滑雪技术的核心包括平衡、调速、转向以及执行空中跳跃和旋转等高难度动作。让我们深入了解以下一些基本的单板滑雪技巧。

（1）直线下滑的目标是帮助滑雪者找到对速度和板上平衡的感觉。要练习这项技巧，身体重心应放在前腿，手臂向前，腰背挺直，膝盖微弯，以保持身体的平衡稳定。

（2）正面左右滑行是一个基础的转向技巧。滑行时，身体正面面向下坡，重心放前腿，手指指向前进方向。变向时身体及指向手臂向身后上坡方向转，同时将重心移到后腿，此时后腿变前腿，换另外一条指向臂，循环重复。

（3）刹车技巧主要是练习对单板边刃的熟练控制。这是转弯的基础，分为正向刹车和背向刹车。无论正向还是背向刹车，都需要注意保持身体重心在前腿，刹车时的动作则会有所不同①。

---

① 　刘祎童. 大众单板滑雪运动项目及训练内容研究 [J]. 冰雪体育创新研究，2023（6）：137–139.

（4）正向推板是一个用来控制速度的技巧，与正确站姿关系密切。通过弯曲膝盖、挺直腰背、抬头向前看，以及适时的脚尖和脚跟操作，可以实现对速度的微调[①]。

（5）背向左右滑行是另一个基础的转向技巧。进行时，身体正面朝向山坡，重心放在前腿，手指向前进方向。转弯时，手臂慢慢指向上坡，同时将重心移到后腿，后腿变前腿，换手臂指向另一个方向。

（6）反向推板是一种用于控制速度的技巧，与背向滑行配合使用。进行时，身体重心放在前刃上，脚跟抬起放松，脚尖用力控制速度，膝盖弯曲，重心降低。

（7）转弯是单板滑雪的重要组成部分，包括脚尖转脚跟和脚跟转脚尖两种。这需要滑雪者熟练控制身体重心，合理使用脚尖和脚跟，同时保持良好的站姿。中级连续转弯是进阶技巧，肩膀在这个过程中起到重要作用。在转弯时，滑雪者需要保持身体重心在前腿，注意观察前进的方向，同时掌握好脚的力度，确保整个脚都踩在板子上，并且要踩实。

2. 双板滑雪

双板滑雪是运动员站在两块分开的滑雪板上，面向山坡下滑行。双板滑雪主要的技术包括平衡、转弯和摔倒站起等。运动员通过身体重心的前后移动控制速度，通过左右移动控制转弯。在初学阶段，学习如何在摔倒后正确站起来是非常重要的一项技能。

（1）平行练习：一开始可以在平地上练习，两只雪板保持平行，然后像步行一样一步步向前走动，也可以尝试向侧面移动。为了更好地找到平衡感，不建议使用雪杖。在不干扰他人的前提下，在缓坡上尝试侧向行走和横滑行。

（2）犁式滑行：这个阶段的特点是雪板呈"V"形，即两雪板对向，尾部分开。你需要稍微抬起两只雪板的内侧钢边（这叫作"立刃"），然后试着缓

---

① 刘祎童. 大众单板滑雪运动项目及训练内容研究 [J]. 冰雪体育创新研究，2023（6）：137-139.

慢下滑，这就是犁式滑行①。你可以通过增加立刃和双板尾部的分离程度来降低滑行速度，直至停止，这种技术被称为犁式制动。

（3）犁式转弯：需要慢慢地将身体重量从两只雪板上均匀地移向转弯弧线的外侧，同时确保外侧雪板的内刃（钢边）紧压雪地表面。想要停止转弯时，将身体重心重新分布在两只雪板上即可。

（4）犁式摆动回转：需要保持两只雪板的平行，并在滑行过程中，快速将身体的重心移至下山侧的雪板，这需要下山的腿有很好的力量和控制能力以免失去控制。然后，你可以将上山侧的雪板移至与另一雪板平行的状态，完成一个犁式摆动回转。

（三）雪地滑行速度与转向技巧

雪地滑行中速度控制和转向技巧是非常重要的技能。理解和掌握这些技巧不仅可以提高滑行的效率，同时也可以确保滑雪者的安全。

滑雪速度的控制主要通过改变身体姿势和滑雪板的角度来实现。通常来说，当滑雪者向前倾斜时，滑雪板的接触面积减小，摩擦力减小，从而增加滑行速度；相反，当滑雪者向后倾斜时，滑雪板的接触面积增大，摩擦力增大，从而减少滑行速度。此外，通过变化滑雪板与雪地的角度，也可以有效地调整滑行速度。

转向技巧则是通过调整滑雪板的方向和倾斜度来实现的。滑雪者通常会使用一种叫作"平行转弯"的技术，即通过同时改变两个滑雪板的倾斜度和方向，来实现平滑的转弯。在执行转弯动作时，滑雪者需要先将身体的重心移向想要转向的一侧，然后迅速将滑雪板的前端指向新的滑行方向。

无论是速度控制还是转向技巧，熟练地运用都需要大量的练习。滑雪者应该在安全的环境下，逐渐提高自己的技术水平。同时，理解和遵守滑雪场的规则，以及在必要时采取保护性动作，也是确保安全滑行的重要因素。

---

① 　吕宁，朱俊杰，汪作朋，等．双板滑雪初学者的常见错误与应对策略 [C]// 中国班迪协会，澳门体能协会，广东省体能协会．第七届中国体能训练科学大会论文集．[出版者不详]，2022：113–118.

（四）雪地安全知识与意外事故预防

在滑雪运动中，对于雪地的安全知识与防止意外事故的重视无疑是至关重要的。一个明智的滑雪者应具备良好的安全意识，并且在运动前进行充足的准备和预防措施。

要理解雪地的特性是安全滑雪的前提。比如，知道雪的不同类型（新雪、湿雪等）会对滑雪行为产生怎样的影响，以及在不同的天气条件下（阳光、雾、大风、暴雪等）如何应对[①]。此外，滑雪者需要了解雪山的地形地貌，包括山坡的倾斜度，是否存在峭壁、冰瀑、薄冰或其他潜在危险。

滑雪器材的检查也是防止意外事故的关键。这包括对滑雪板或滑雪鞋的状况进行检查，确保绑带紧固、雪板无损坏等。同时，滑雪者也需要装备必要的保护器材，如头盔、护膝、护腕、滑雪眼镜等。

在滑雪过程中，应遵循一些基本规则以保证安全。比如，遵守滑雪区的标识和警告，保持适当的速度，尽量在视线清晰、人少的区域滑行。另外，对于初学者或技术不熟练的滑雪者，选择适合自己技术水平的滑雪道，或者在有经验的教练指导下进行滑雪。

面对突发情况，如迷路、雪崩等，滑雪者需要知道怎样求救或自救。在出发前，了解附近的救援中心位置，携带信号发射器，随身携带热保温毯、轻便食品等都是必要的措施。总的来说，滑雪的乐趣在于安全，只有做好充足的准备和预防措施，才能更好地享受滑雪带来的乐趣。

六、定向运动的技巧与安全

（一）定向运动的起源与发展

定向运动作为一项起源于 19 世纪的军事训练活动，如今已发展成为一种全球流行的体育运动。它诞生于欧洲北部的瑞典——一个地理环境复杂多变的

---

① 邹强，房英杰. 浅谈离心训练对高山滑雪运动员肌肉力量的影响 [C]// 中国班迪协会，澳门体能协会，广东省体能协会. 第八届中国体能训练科学大会论文集. 第八届中国体能训练科学大会论文集，2023：1147-1151.

国家，土地上覆盖着浩瀚的森林和无数的湖泊、城镇、村庄，人们生活交通主要依靠那些隐现在林中湖畔的弯弯曲曲的小路[①]。这样的环境条件迫使人们必须具备精确辨别方向的能力，以防迷失方向，而这就是定向运动的雏形。

1918 年，瑞典的童子军领袖吉兰特首次组织了一次名为"寻宝游戏"的活动，这便是定向运动的最初形态。定向运动从此开始向民众普及，并在瑞典和其他斯堪的纳维亚地区的学校中得到推广。到了 1932 年，首次世界定向运动比赛在瑞典举办，这标志着定向运动从军事训练转变为一项体育比赛。

定向运动的发展不仅在技术上取得了突破，也在形式上进行了创新。1950年，挪威的 Knut Valstad 成功绘制出第一张彩色定向地图，并在当年的比赛中开始使用。这是定向运动在地图技术上的一次重大突破。

定向运动的发展历程中，一个里程碑式的事件是 1961 年，来自十几个国家的定向运动积极分子在丹麦首都哥本哈根成立了国际定向运动联合会（International Orienteering Federation，IOF）。IOF 不仅确定了正式的比赛项目，还制定了一系列的比赛规则与技术规范。到 2002 年底，IOF 已经有包括中国在内的 62 个成员国和地区。IOF 作为世界定向运动的行政实体，也是国际单项体育联合总会的会员，定向运动也被正式承认为奥林匹克体育项目。

定向运动在中国的发展始于香港。1979 年 3 月，香港的定向运动爱好者在各界人士的支持下成立了香港野外定向会（Hong Kong Orienteering Club，HKOC）。1983 年，定向运动在中国内地被正式引进，作为一项体育活动和比赛项目进行。

进入 21 世纪，随着科技的发展，定向运动也开始发展出新的形式和技术。例如，GPS 导航技术的引入以及山地自行车定向、滑雪定向、城市定向等多元化形式的推广。科技的应用降低了定向运动的参与门槛，也使得比赛和教学更加便捷。尽管如此，传统的地图和指南针技巧仍然是定向运动的核心技能。

（二）定向运动的文化意义与价值观

在全球化快速发展和技术无止境前行的时代里，人类社会正在面临着与自

---

① 　唐生华. 定向运动训练在体育教学中的应用 [J]. 当代体育科技，2022，12（23）：95–97.

然环境和内在自我重新连接的挑战。在这样的大背景之下，定向运动的文化意义和价值观便浮现出来。对于大多数人来说，定向运动可能仅仅是一种体育活动，然而，从一个更广阔的视野来看，定向运动其实也是对个体与社会、自然和文化之间关系的重新定义。

定向运动，一种以地图为基础，结合判断和速度进行的竞技体育，对参与者提出了许多挑战。在不断适应和应对这些挑战的过程中，参与者可以提升自身在复杂环境中思考和决策的能力，促进自我认知和自我挑战的过程，从而实现人的全面发展。定向运动对人的成长的推动力，使得参与者能够更好地在生活中抵御困难，塑造了他们勇敢、有决心和富有自信的品质，激励他们拥抱未知、适应环境变化，并不断寻求可能的解决方案。从这个角度来看，定向运动无疑是人类精神独立、自由与智慧的体现。

从社会角度来看，定向运动以其特有的方式激发了集体协作和公平竞争的精神。在比赛中，参与者需要公平对待每一个对手，尊重每一位队友，用团队精神去完成比赛。在这个过程中，公平、尊重和团队精神这些社会价值观得到了彰显和传播，深深地烙印在了每一位参与者的心中。这无疑对社区参与、社会融入和文化交流提供了无数的可能性，进一步强化了社会的联结和彼此的理解。

对于人与自然的关系，定向运动则倡导尊重自然、和谐共生的价值观。在比赛中，参与者需要尊重环境，避免对自然环境造成破坏。这让参与者有了更多的机会接近自然、了解自然，享受与自然的和谐相处，从而增强了对环保、绿色生活的认识和实践。

此外，定向运动也为文化传承和创新提供了独特视角。参与定向运动的过程，其实也是一次对本地文化、历史的探索和学习。随着全球化的不断推进，定向运动的活动方式不仅让人们有机会了解和感知不同的文化，同时也成了文化交流和理解的桥梁，有力地推动了文化的交流和理解。

（三）定向运动的基本技术与技巧

对于定向运动，不可或缺的技术之一是地图解读。运动员需要具备解读地图的能力，明白地图上的符号和线条的含义，包括地形、地貌、道路等信息。

运动员应该熟悉地图的比例和方向，以准确判断出地图上的一个单位距离在实际地形中的长度。地图的颜色也应引起注意，因为它们代表了不同类型的地形。例如，绿色通常代表森林，蓝色代表水源。

熟练运用指南针也是一项必备技能。运动员应该了解如何将指南针与地图对准，确定前进方向，以及如何识别并适应磁偏角。直线导航技术的练习则是另一项关键的技能。运动员需要将实际的物理环境与地图上的线条对应起来，理解这些线条所代表的地形特征，如山脉、河流、道路等，这需要运动员具有很强的空间感和观察力，只有通过不断练习和实践，才能做到在复杂的环境中选择最佳的路径，有效地提升户外运动的能力。

定向运动也强调策略性的决策。运动员需要评估各种可能路径的利弊，以选择最有效的路线。这包括考虑地形，比如，是否要穿过森林或者爬上陡坡；也包括判断哪些控制点的顺序可以最有效地完成比赛。

在进行定向运动时，控制点识别是必不可少的技能。控制点是地图上标记的特定地理位置，通常使用特殊的标志物来表示。运动员需要清楚地识别这些标志，并在找到它们时迅速做出决定，以便决定下一步的行动。

（四）定向运动的户外安全与应急处理

定向运动是一项结合智力和体力的户外运动，由于它在自然环境中进行，因此运动员需要关注户外安全并具备应急处理的能力。以下内容将探讨定向运动中的安全措施及可能遇到的突发情况的应对方案。

在户外安全方面，了解并判断天气状况是至关重要的。运动员需要在活动开始前查看当地的天气预报，并根据预报的天气情况，选择适当的装备，如防晒霜、帽子、雨衣或者保暖衣物等。同时，要及时调整比赛策略，如天气恶劣则应考虑缩短路程或选取更为安全的路径。

准备适当的户外装备也是保障安全的一种方式。基础的户外装备包括适合户外运动的服装、足够的食物和饮水、防虫驱蚊用品以及急救包等。对于定向运动来说，地图和指南针是必不可少的。同时，可以考虑携带 GPS 设备或手机，以备不时之需。

在户外环境中，了解基本的野外生存知识也非常重要。例如，如何避免和处理与野生动物的接触，如何在没有清洁水源的情况下获取水，如何在迷路的情况下自救等，这些知识在紧急情况下可能会有所帮助。

在应急处理方面，如果运动员在比赛中受伤，应立即进行简单的急救处理，如止血、清洁伤口、包扎等，并及时寻求专业医疗援助。如果迷路，应该立即停止移动，用指南针确定方向，找到最近的明显地标或路线，并尽量与组织者取得联系。如果遇到恶劣天气，应立即寻找遮蔽物避雨或避雪，保持身体温度。

七、野营和露营

（一）帐篷选择和搭建

对于室外露营，帐篷的选择及其搭建方式是决定露营体验的重要因素。考虑露营的具体环境和需求，帐篷应遵循一定的选择标准。

帐篷的尺寸直接决定了其容纳人数的能力，帐篷选择的一个重要原则就是根据露营活动的人数来决定。通常，为了确保足够的空间存放露营装备，通常建议选择的帐篷尺寸要稍大于实际的需求。

季节性是帐篷另一个重要的选择标准。三季帐篷主要适用于春季、夏季和秋季，这种帐篷主要设计为应对温暖气候，帐篷的设计通常重点考虑通风和防虫。而四季帐篷则能在四个季节都提供良好的保护，尤其是在冬季，能提供更好的保暖和防风效果。

帐篷的重量对于徒步露营者来说是至关重要的，轻便的帐篷能大大减轻背负的重量，对于长距离的徒步露营更为重要。然而，如果露营者主要通过车辆运输，那么帐篷的重量可能就不再是主要考虑因素。

帐篷的价格通常反映了其质量和功能的多少，高价位的帐篷通常采用高质量的材料制成，功能也更为齐全。但并不是所有的露营者都需要高价位的帐篷，根据实际需求选择价格适中的帐篷，也能满足大多数露营活动的需要。

耐用性是评价帐篷的重要指标之一，高耐用性的帐篷能在各种环境条件下提供持久的保护。考虑露营的环境多变，选择耐用性好的帐篷能降低帐篷损坏的可能性，提高露营的安全性。

帐篷搭建是露营准备过程中的重要环节。合理的搭建方式不仅能提高帐篷的使用寿命，而且能增强帐篷的防护功能。在搭建帐篷时，需要先选定一个合适的地点，最好选择地面平整、没有尖锐物体的地方。在帐篷搭建过程中，要按照帐篷的设计和说明书正确安装帐篷的各个部件，如帐篷杆、帐篷钉等。完成帐篷的基本搭建后，还需要通过调整帐篷的位置和方向，确保帐篷能提供最好的保护效果。

（二）篝火和烹饪

篝火在露营中是一个重要的环节，无论是用于烹饪，还是用于取暖或驱赶野生动物，它都起着重要的作用。然而，与其说篝火是一个技巧，不如说它更是一种科学，涉及一系列复杂的化学反应和物理原理。

创建篝火，核心是掌握火的三大要素：燃料、氧气和热量。燃料通常指的是可燃的木材或纸张等物质，氧气源于空气，热量则需要由火种或者火柴等产生[①]。这三者缺一不可，缺少任何一种都无法成功燃烧。且在篝火的创建过程中，要注意避免过度燃烧，即需要控制火势的大小，防止火势失控导致安全问题。

此外，烹饪是篝火的主要功能之一。烹饪的基础是熟悉各类烹饪设备，包括烤架、烤网、铁锅等，并了解其各自在烹饪过程中的作用和使用方法。露营烹饪通常以简单、易做、营养丰富为原则，可以根据个人口味和营地条件选择适合的烹饪方式，如烤肉、煮面或制作炖菜等。

对于初次露营者来说，可能面临各种挑战。例如，如何快速有效地点燃篝火，如何在野外烹饪等。因此，学习篝火和烹饪技能前，必须进行充分的理论学习和实践训练。例如，可以参考相关书籍或网络教程学习篝火技巧，参加烹饪培训课程或向有经验的露营者学习。同时，了解一些基本的火灾预防知识也是必不可少的，这可以增加露营的安全性。

在实际操作中，要注意的是，无论是点火还是烹饪，都要尽量保持清醒和冷静。在操作过程中，安全始终是第一位的。严格遵守安全规定，如非必要，避免在易燃物附近点火，或不在无人看护的情况下留下篝火等。

---

① 孙红梅. 户外运动训练课程在大学体育中的实施策略[J]. 当代体育科技，2022，12（26）：195-198.

（三）露营装备和用品

露营装备和用品是影响露营体验的重要因素，合适的装备不仅可以增加露营的舒适性，还可以应对各种可能出现的情况，提高露营的安全性。因此，对露营装备和用品的选择需要有明确的目标，明确需要哪些装备，以及如何使用这些装备，是每个露营者必须面对的问题。

露营装备的选择主要基于露营活动的类型、地点、季节和持续时间等因素。例如，对于长期或远程的背包徒步露营，轻量化和多功能性的装备是首选；而对于短期或靠近交通便利区域的露营，舒适度和便利性可能是装备选择的重点。

露营装备通常包括帐篷、睡袋、烹饪设备、水源处理设备、头灯、导航设备、急救包等，这些装备各有不同的功能，为露营者在不同的环境和情况下提供支持。例如，帐篷和睡袋为露营者提供了舒适的休息环境；烹饪设备让露营者可以在户外烹饪食物；水源处理设备可以确保露营者饮用水的水质；头灯在夜间提供照明；导航设备可以帮助露营者确定位置和方向；而急救包则可以在紧急情况下提供必要的医疗支持。

对于初次露营者来说，可能对如何选择和使用露营装备感到困惑。这时，可以通过阅读相关的书籍、文章或参加露营训练课程来获取必要的知识和技能。同时，实践经验也是非常重要的，通过实践，露营者可以了解自己的真实需求，从而更好地选择和使用露营装备。

（四）野外生存技巧

野外生存技巧是露营活动中必不可少的一部分，尤其是在偏远或者困难环境下的露营，掌握一些基本的野外生存技巧可以在遇到紧急情况时增加生存的机会，同时也能提高露营的舒适性。

在众多的野外生存技巧中，寻找和处理水源是基础的一环。在大自然中，清洁的水源不一定随处可见，因此，知道如何找到水源以及如何处理水源以确保其安全饮用，对于露营者来说至关重要。这包括但不限于了解水源的可能位置，如溪流、湖泊、雨水、露水等；以及熟知水源处理的方式，如沸腾、使用净水药片或净水滤网等。

同样重要的是食物的获取和处理。虽然在大多数露营情况下，露营者会带足够的食物，但在某些情况下，掌握一些野外求生技巧如捕猎、采集、钓鱼等可能很有用。在这种情况下，了解哪些植物或动物是可以安全食用的，以及如何正确处理食物以确保其安全消费，就显得尤为重要。

此外，方向感和导航能力也是露营者需要具备的基本技能。在没有现代通信设备的情况下，如何根据地形、太阳位置、星象等自然现象来确定方向和位置，对于避免迷路和找到回家的路至关重要。同时，了解如何使用传统的导航工具如指南针和地图，也是一项宝贵的技能。

为了应对突发状况，急救知识和技能也是每个露营者都应该掌握的。这包括怎样处理常见的外伤如割伤、骨折等，以及处理一些常见的突发病状如晕倒、中暑等。对这些常见状况的处理知识和技能的掌握，对于保护自身和他人的安全是非常必要的。

（五）防虫和安全

防虫和安全是露营中不能忽视的问题。因为在大自然中，露营者必然与各种昆虫接触，而其中一些昆虫可能携带病原体或具有侵扰性，如蚊子、蜱虫、蜜蜂等。因此，对于如何有效防虫，以及在遇到昆虫咬伤时如何应对，需要进行深入研究。

防虫策略包括防范和应对两个方面。防范是指尽可能地避免与昆虫的接触，这可能涉及选择合适的露营地点。例如，避开昆虫集中的地方，如靠近水源的地方、花朵繁多的地方等。此外，露营者可以通过穿着长袖衣服、长裤，以及使用驱虫剂等手段来减少与昆虫的接触。应对则是指在被昆虫咬伤后如何处理，这可能包括使用药膏、药片或通过物理手段如用镊子取出蜱虫等。

另外，露营中的安全问题涵盖了许多方面，包括但不限于火灾安全、水源安全、食物安全、动物威胁以及极端天气等。这些安全问题需要露营者进行全面的考虑和准备，包括理论知识的学习、实际操作的训练以及现场的警惕等。

火灾安全包括正确地处理篝火、正确地处理易燃物品等；水源安全则需要注意水源的选择和处理，以防止由于饮用了污染水源而导致的疾病；食物安全包括食物的储存和烹饪，以防止食物中毒；动物威胁则涉及如何避免与野生动物的接触，以及在必要时如何保护自己；而对极端天气的应对，则需要预先了解天气情况，并根据可能的极端天气来选择和携带装备。

参考文献

专著：

[1] 常静. 新编大学体育文化与运动教程 [M]. 长春：吉林大学出版社，2013.

[2] 陈华东，王常青，罗金满. 当代大学体育文化 [M]. 北京：中国农业出版社，2012.

[3] 丛伟. 大学体育文化发展研究 [M]. 青岛：中国海洋大学出版社，2016.

[4] 董国珍，孙增礼. 学校体育运动训练指南 [M]. 北京：高等教育出版社，1992.

[5] 杜文. 大学体育文化中的审美教育研究 [M]. 成都：西南财经大学出版社，2011.

[6] 冯世勇. 体育文化与实践研究 [M]. 北京：中国政法大学出版社，2019.

[7] 冯婷. 体育运动与训练研究 [M]. 北京：九州出版社，2018.

[8] 郭庆. 体育运动中的体能训练分析 [M]. 北京：北京工业大学出版社，2019.

[9] 何巧红. 大学体育文化与运动训练研究 [M]. 长春：吉林科学技术出版社，2020.

[10] 侯彦朝. 现代体育教育与运动训练协同发展研究 [M]. 长春：吉林人民出版社，2022.

[11] 黄武胜. 体育训练与运动心理学研究 [M]. 北京：中国商务出版社，2019.

[12] 姜志明，樊欣. 大学校园体育文化研究 [M]. 北京：中国林业出版社，2010.

[13] 蒋玉梅. 大学体育与校园文化 [M]. 武汉：中国地质大学出版社，2010.

[14] 居向阳，朱舰，王克权. 大学体育运动与训练教程 [M]. 北京：现代教育出版社，2012.

[15] 康丹丹，施悦，马烨军. 高校体育文化建设与大学生体育健康 [M]. 长春：吉林人民出版社，2020.

[16] 黎玉浓，刘威. 大学体育与体育文化研究 [M]. 延吉：延边大学出版社，2019.

[17] 刘建. 体育运动与科学训练 [M]. 吉林出版集团股份有限公司，2022.

[18] 刘淑梅，田世华，宋湘勤. 大学体育文化与运动技能教程 [M]. 西安：陕西人民教育出版社，2018.

[19] 沈建敏. 体育教学创新与运动训练研究 [M]. 北京：新华出版社，2018.

[20] 唐进松，陈芳芳，薛良磊. 现代体育运动训练理论与方法探索 [M]. 北京：中国商务出版社，2019.

[21] 唐明. 当代大学体育的文化审视 [M]. 延吉：延边大学出版社，2017.

[22] 佟贵锋. 大学体育课程文化 [M]. 大连：大连理工大学出版社，2011.

[23] 吴国生. 青少年体育运动训练 [M]. 北京：新华出版社，2008.

[24] 谢宾，王新光，时春梅. 高校体育教学与运动训练研究 [M]. 长春：吉林人民出版社，2021.

[25] 徐冬园. 大学体育文化与健康研究 [M]. 长春：吉林大学出版社，2016.

[26] 闫莉莎. 大学体育文化审美与教育概论 [M]. 昆明：云南人民出版社，2010.

[27] 于洋. 高校体育运动理论与训练方法实践研究 [M]. 北京：北京工业大学出版社，2019.

[28] 张波，牟其林，李睿. 体育训练与运动人体科学研究 [M]. 长春：吉林大学出版社，2017.

[29] 郑焕然. 大学体育文化与运动教程 [M]. 北京：北京理工大学出版社，2020.

[30] 周梅芳. 大学体育运动与康复训练研究 [M]. 西安：西安交通大学出版社，2017.

[31] 朱云，张巍，胡琳. 休闲体育文化之运动训练教程 [M]. 北京：中国书籍出版社，2018.

[32] （USTA）A T S U. Dynamic Tennis Warm-Ups[M].Illinois：Human Kinetics，Inc.；Human Kinetics，2004.

[33] A. R S. Play-by-Play：Radio，Television，and Big-Time College Sport[M]. Baltimore：Johns Hopkins University Press，2001.

[34] ADRIÁN M，GABRIEL M. Historia mínima del Yoga[M]. Mexico：El Colegio de México，2019.

[35] BELANGER K. Invisible Seasons：Title IX and the Fight for Equity in College Sports[M].Syracuse：Syracuse University Press，2016.

[36] BENNETT T J. Intercollegiate Athletics，Inc.[M]. London：Taylor and Francis，2019.

[37] BOWEN G W，Levin K S，Shulman L J，et al. Reclaiming the Game：College Sports and Educational Values[M].New Jersey：Princeton University Press，2011.

[38] FUNK. D C，ALEXANDRIS A，MCDONALD H. Sport Consumer Behaviour：Marketing Strategy[M].London：Taylor and Francis，2016.

[39] CHRISTIAN L，THEDA L V，EVA F H. Medical Yoga professional[M].Stuttgart：Georg Thieme Verlag，2020.

[40] CHU A D. Power Tennis Training[M].Illinois：Human Kinetics，1994.

[41] DANYLCHUK L. Yoga for Trauma Recovery：Theory，Philosophy，and Practice[M]. London：Taylor and Francis，2019.

[42] DEKERLE J. High Performance Youth Swimming[M].London：Taylor and Francis，2020.

[43] HOFFMAN L J. College Sports and Institutional Values in Competition：Leadership Challenges[M].London：Taylor and Francis，2020.

[44] IYENGAR，S. G，KELLER，et al. Iyengar Yoga für Mütter und werdende Mütter[M].Stuttgart：Georg Thieme Verlag，2019.

[45] LAWRENCE G. Teaching Power Yoga for Sports[M].Illinois：Human Kinetics，Inc.，2018.

[46] LEEMING J. Yoga and the Bible：The Yoga of the Divine Word[M].London：Taylor and Francis，2018.

[47] PORTO B. The Supreme Court and the NCAA：The Case for Less Commercialism and More Due Process in College Sports[M]. Michigan：University of Michigan Press，2012.

[48] R. S H，K. J D. Scandals in College Sports[M].London：Taylor and Francis，2017.

[49] ROETERT P E，KOVACS S M. Tennis Anatomy[M].Illinois：Human Kinetics，Inc.，2019.

[50] SATCHIDANANDA S，KESHAVADAS S，GELBERMAN J R，et al. Living Yoga：

The Value of Yoga in Today's Life[M].London：Taylor and Francis，2018.

[51] SHULMAN L J，BOWEN G W. The Game of Life：College Sports and Educational Values[M].New Jersey：Princeton University Press，2011.

[52] WHITE K R，GIROUX H，GIROUX S S，et al. Sport and the Neoliberal University：Profit，Politics，and Pedagogy[M].New Jersey：Rutgers University Press，2018.

[53] ZIMBALIST A. Unpaid Professionals：Commercialism and Conflict in Big-Time College Sports[M].New Jersey：Princeton University Press，2001.

硕博论文：

[54] 陈慧. 我国大学体育学科建设研究 [D]. 武汉：武汉大学，2011.

[55] 陈思伟. 核心力量训练方法在游泳专修教学中的应用效果研究 [D]. 哈尔滨：哈尔滨体育学院，2022.

[56] 陈子涵. 赛前高原训练对我国残疾人越野滑雪运动员机能状态和运动表现的影响研究 [D]. 北京：首都体育学院，2023.

[57] 程靖娜. 竞技健美操 C715 难度动作的运动学分析 [D]. 北京：首都体育学院，2023.

[58] 董雪. 专项步法训练对体育院校网球运动员体能影响的实验研究 [D]. 广州：广州体育学院，2022.

[59] 都屹泓. 短式网球训练对低年级小学生心理健康与执行控制能力的影响研究 [D]. 南昌：华东交通大学，2022.

[60] 冯乐乐. 心梗后过度运动加重心肌不良重构的机制研究 [D]. 西安：中国人民解放军空军军医大学，2022.

[61] 蒋菠. 竞技走向健美：大学体育人文精神重塑 [D]. 重庆：西南大学，2012.

[62] 李航. 登山锻炼对成年人心率变异的影响 [D]. 北京：国家体育总局体育科学研究所，2014.

[63] 刘慧子. 基于体育美育的高校健美操公共选修课程改革研究 [D]. 景德镇：景德镇陶瓷大学，2023.

[64] 马进. 步法移动训练对网球专项学生底线正反手击球效果影响研究 [D]. 天津：天津体育学院，2022.

[65] 毛乐天．快速伸缩复合训练对陕西省男子越野滑雪运动员下肢力量的影响 [D]．西安：西安体育学院，2022．

[66] 邱新毅．山东省高校户外运动拓展训练课发展趋势研究 [D]．济南：山东体育学院，2013．

[67] 商浩宇．高水平健美操运动员 B589 难度动作表面肌电与运动学分析 [D]．西安：西安体育学院，2023．

[68] 谈安然．快速力量训练对越野滑雪运动员速度素质影响的实验研究 [D]．石家庄：河北师范大学，2021．

[69] 王鑫．核心稳定性训练对竞技健美操艺考生难度动作完成质量的影响研究 [D]．北京：首都体育学院，2023．

[70] 王亚荣．益生菌补充对陕西省男子越野滑雪运动员训练期蛋白质代谢及力量素质的影响 [D]．西安：西安体育学院，2023．

[71] 王一帆．间歇训练法在高校游泳队的应用效果研究 [D]．南昌：南昌大学，2022．

[72] 王真．功能性训练对青少年网球技术的影响研究 [D]．重庆：西南大学，2022．

[73] 吴昊．论我国大学体育课程文化自觉 [D]．北京：北京体育大学，2015．

[74] 徐洪倩．健身登山训练对大学生体质健康的影响 [D]．北京：中国地质大学，2015．

[75] 徐伟．大学体育人文教育理论与实践研究 [D]．北京：北京体育大学，2013．

[76] 许智勇．越野滑雪运动员耐力训练期补充坚果肽棒生理生化指标和有氧能力的变化 [D]．西安：西安体育学院，2023．

[77] 杨家根．户外耐力跑有氧能力的训练设计与实践研究 [D]．北京：中国地质大学，2013．

[78] 于可红．世界一流大学与体育文化互动发展研究 [D]．福州：福建师范大学，2014．

[79] 于跃．高强度间歇训练对高校女子排球运动员专项运动素质的影响研究 [D]．临汾：山西师范大学，2021．

[80] 余贺新．我国短距离游泳运动员余贺新 50 米自由泳速度训练突破的途径研究 [D]．广州：华南理工大学，2022．

[81] 原冰洋. 核心力量训练对青少年网球基本技术的影响研究 [D]. 成都：成都体育学院，2022.

[82] 张晓凯. 论大学竞技文化的特征、表现形式及影响 [D]. 长沙：湖南大学，2012.

[83] 张志伟. 上肢力量训练对高校网球二级运动员上肢素质与底线击球效果的影响 [D]. 武汉：武汉体育学院，2022.

[84] 张尊. 户外拓展训练效用研究——一个民族志调查 [D]. 泉州：华侨大学，2012.

[85] 赵斌. 体育：大学文化传承的有效载体 [D]. 长沙：湖南师范大学，2008.

[86] 赵璐. 核心力量训练对高山滑雪运动员慢性腰肌劳损影响的研究 [D]. 哈尔滨：哈尔滨体育学院，2022.

[87] 钟莉. 竞技健美操运动员体能训练方法的研究 [D]. 苏州：苏州大学，2010.

期刊论文：

[88] 蔡雪梅. 体育文化与大学体育教学改革 [J]. 当代体育科技，2014，4（13）：69，71.

[89] 曹伟. 青少年越野滑雪运动员有氧耐力训练研究 [J]. 冰雪体育创新研究，2023（4）：138-140.

[90] 陈碧清，Nataliia Litvinova. 瑜伽文化的传承方式及传播模式比较研究 [J]. 文体用品与科技，2023（11）：120-122.

[91] 陈翟鹿子. 健身瑜伽对大学生身心健康的影响研究 [J]. 长治学院学报，2023，40（2）：61-65.

[92] 陈菲，牛雨田，郝思源. 武术散打运动员核心力量训练研究 [C]// 中国班迪协会，澳门体能协会，广东省体能协会. 第八届中国体能训练科学大会论文集. 第八届中国体能训练科学大会论文集，2023：1448-1453.

[93] 陈根炎. 体育美学视阈下体育舞蹈的美学特征分析 [J]. 文体用品与科技，2022（21）：94-96.

[94] 陈樨. 全民健身背景下排球运动项目推广研究 [J]. 文体用品与科技，2023（12）：19-21.

[95] 陈彦妮. 竞技体育舞蹈专项技能特点及多元价值研究 [J]. 文体用品与科技，2022（17）：94-96.

[96] 丛鹏宇，高俊．关于滑雪初学者的体能训练 [C]// 中国体育科学学会体能训练分会．2022 年首届"一带一路"国际体能高峰论坛交流大会论文摘要集．2022 年首届"一带一路"国际体能高峰论坛交流大会论文摘要集，2022：13.

[97] 董朝灵，许传坤．高校瑜伽方向专业人才培养质量提升路径思考 [J]．当代体育科技，2023，13（03）：193–198.

[98] 范欣茹．健美操运动在全民健身中的推广及实施 [J]．文体用品与科技，2023（9）：16–18.

[99] 宫朝铭．网球发球技术要点与训练研究 [J]．网球天地，2022（12）：94–96.

[100] 顾华文．网球训练中专项体能训练对策研究 [J]．网球天地，2023（02）：71–73.

[101] 关伟杰．越野滑雪运动训练中常见问题及应对探究 [J]．冰雪体育创新研究，2022（23）：154–156.

[102] 郭亚琼，王哲．瑜伽运动对大学生全面素质的影响探讨 [J]．当代体育科技，2023，13（17）：186–189.

[103] 韩凯．体育强国视域下高原体育运动训练发展策略分析 [J]．体育风尚，2020（12）：55–56.

[104] 黄青苗．合作学习教学法在中学排球课教学中的运用效果研究 [D]．西安：西安体育学院，2023.

[105] 黄潇仪，程茂滕．国际视阈下体育舞蹈研究现状、热点与展望 [J]．体育科技文献通报，2022，30（11）：57–61.

[106] 贾芳芳，余锋，宋欣，等．体医融合视域下健身瑜伽的医学价值探析 [J]．体育科技，2022，43（5）：8–9，12.

[107] 贾健，张会丽．体育文化在大学体育课程中的定位及超越 [J]．体育世界（学术版），2017（6）：89–90.

[108] 揭玉，庄长宽．现代瑜伽运动的养生意义探析 [J]．武术研究，2023，8（7）：76–80.

[109] 靳小雨．质疑、思辨与创新发展：构建现代竞技排球专位技战术分类新体系 [J]．山东体育学院学报，2023，39（3）：81–88.

[110] 赖晓珍．提升高校体育运动训练有效性的对策研究 [J]．产业与科技论坛，

2022，21（5）：275-276.

[111] 李嘉义，王昱琦，郅季炘. 多球训练法在网球教学中的应用与研究 [J]. 现代职业教育，2023（2）：45-48.

[112] 李路军，张硕. 武术散打项目的时代价值研究 [J]. 武术研究，2023，8（3）：31-34.

[113] 李明. 传统体育文化与大学体育教学的有机结合刍探 [J]. 成才之路，2022（15）：16-18.

[114] 李鹏举. 大学体育文化内涵建设发展研究 [J]. 体育风尚，2018（2）：212.

[115] 李田天. 高校武术散打教学中抢攻与防范步法的训练策略 [J]. 拳击与格斗，2023（6）：19-21.

[116] 李翔，贺沙. 核心力量训练对大学生网球运动员反手击球技术的影响 [J]. 体育视野，2023（6）：88-90.

[117] 李学萍. 全民健身背景下游泳运动的发展思考 [J]. 文体用品与科技，2023（11）：25-27.

[118] 李雪. 体育舞蹈运动对高校校园体育文化的影响研究 [J]. 文体用品与科技，2022（22）：175-177.

[119] 李雪. 艺术表现力在高校体育舞蹈教学中的培养对策分析 [J]. 当代体育科技，2022，12（23）：175-178.

[120] 李艳. 生态体育视域下的大学体育文化建设 [J]. 安徽工业大学学报（社会科学版），2015，32（5）：146-147.

[121] 李艳茹，王新梅. 健美操竞赛规则变化对动作编排影响的探讨 [J]. 青少年体育，2022（11）：84-86.

[122] 李毅. 大学体育与文化素质教育的关系探究 [J]. 当代体育科技，2014，4（32）：104，106.

[123] 李泽昊. 大学体育引领社会体育文化发展的有效对策研究 [J]. 汉字文化，2019（11）：180，187.

[124] 李振兴. 武术散打特色技术之侧踹腿探析 [J]. 中华武术，2023（6）：92-95.

[125] 厉晓婕，孙建华. 大学体育文化育人策略研究 [J]. 体育科技文献通报，2020，28（12）：93-95.

[126] 林才. 武术散打一体化课程体系建设路径探析 [J]. 武术研究，2022，7（12）：46-49.

[127] 林泰甫. "软梯训练"在高校网球训练中的运用 [J]. 网球天地，2023（3）：73-75.

[128] 刘畅宇，李春木，王宏. 武术散打段位制推广价值、困境与对策 [J]. 体育教育学刊，2023，39（1）：66-71.

[129] 刘建武. 浅谈大学体育文化建设的价值与策略 [J]. 山西青年职业学院学报，2021，34（3）：88-90.

[130] 刘娟. VR 技术在游泳运动的应用研究 [C]// 中国体育科学学会体能训练分会，全国学校体育联盟（游泳项目）. 奋进新征程——推动青少年和学校体育高质量发展——第四届国际水中运动论坛论文摘要汇编. 奋进新征程——推动青少年和学校体育高质量发展——第四届国际水中运动论坛论文摘要汇编，2022：257-259.

[131] 刘莉，史健. 高校健美操训练中的难度动作训练研究 [J]. 当代体育科技，2022，12（28）：52-55.

[132] 刘强. 现代信息技术在游泳训练中的运用 [J]. 文体用品与科技，2023（9）：190-192.

[133] 刘祎童. 大众单板滑雪运动项目及训练内容研究 [J]. 冰雪体育创新研究，2023（6）：137-139.

[134] 龙丽娟，史晓伟. 高校公共体育健美操课程思政教学研究与探索 [J]. 当代体育科技，2023，13（10）：146-149.

[135] 罗寿贵. 莫斯顿互惠分组教学法在高校游泳教学中的应用研究 [D]. 牡丹江师范学院，2023.

[136] 莫思城，张江福. 大众健美操与竞技健美操运动体能训练方法研究 [J]. 四川体育科学，2023，42（3）：77-82.

[137] 穆若颖，刘丽萍，党笛洋. 新时代全民健身背景下体育舞蹈与民族文化的传播研究 [J]. 文体用品与科技，2023（11）：31-33.

[138] 倪振华，龚慧敏. 高校体育教学和运动训练协调发展探讨 [J]. 体育风尚，2019（1）：200.

[139] 庞佳颖. 行动导向法在游泳教学训练中的应用研究 [J]. 当代体育科技，2023，13（2）：195-198.

[140] 齐元华，胡炜. 传统体育文化与大学体育教学的有机结合研究 [J]. 陕西教育（高教），2021（7）：39-40.

[141] 乔峰. 大学体育运动训练课程改革 [J]. 体育世界（学术版），2018（4）：141，137.

[142] 桑裕. 核心力量训练在高校网球训练中的应用 [J]. 网球天地，2022（12）：76-78.

[143] 宋娟，卢嘉欣，杨靖辰，等. 我国体育院校体育舞蹈发展困境与路径研究 [J]. 陕西教育（高教），2022（12）：48-50.

[144] 孙红梅. 户外运动训练课程在大学体育中的实施策略 [J]. 当代体育科技，2022，12（26）：195-198.

[145] 孙琴. 高校健美操训练方法的运用现状研究 [J]. 文体用品与科技，2022（22）：181-183.

[146] 田钿，郭文彬. 高校健美操教学训练一体化的要点分析 [J]. 冰雪体育创新研究，2022（16）：130-133.

[147] 汪健，张开媛. 渐进式核心力量训练对网球发球速度影响探讨 [J]. 洛阳师范学院学报，2022，41（11）：23-26.

[148] 王俊丰. 武术散打的专项特征及训练应用研究 [J]. 拳击与格斗，2023（4）：105-107.

[149] 王心迪. 关于滑雪队员体能训练的技术应用研究 [J]. 冰雪体育创新研究，2023（5）：149-151.

[150] 王雨洁. 形体训练在高校健美操运动中的运用研究 [J]. 鄂州大学学报，2023，30（1）：94-96.

[151] 王卓荦. 高山滑雪运动的技术特点分类及教学探讨 [J]. 冰雪体育创新研究，2023（6）：134-136.

[152] 魏健宁，孙基多，冯国超，等. 基于板块训练理论的网球专项训练研究 [C]// 中国班迪协会，澳门体能协会，广东省体能协会. 第八届中国体能训练科学大会论文集. 第八届中国体能训练科学大会论文集，2023：1359-1361.

[153] 武玲玲,邹烨. 体育舞蹈与中国传统文化元素融合路径研究 [J]. 滁州学院学报, 2022, 24 (5): 83–88.

[154] 薛可可. 大学体育教学中户外运动训练的探究 [J]. 当代体育科技, 2016, 6 (8): 16–17.

[155] 严舒宁,向超宗. 网球训练中多方向移动训练法的应用探索 [J]. 网球天地, 2022 (12): 73–75.

[156] 杨佳宇,符碧萱. 柔韧素质训练对健美操练习者的重要性 [C]// 中国体育科学学会体育社会科学分会. 2023 年体育社会科学分会年会论文集. 2023 年体育社会科学分会年会论文集, 2023: 479–481.

[157] 杨箫帆. 健美操与高校体育赛事融合发展的路径研究 [J]. 文体用品与科技, 2023 (2): 158–160.

[158] 杨小龙. 武术散打的速度训练技巧探究 [J]. 新体育, 2023 (2): 34–36.

[159] 叶子. 高校体育舞蹈专项体能训练内容及方法探究 [J]. 鄂州大学学报, 2022, 29 (6): 91–93.

[160] 衣帅,杨欢,李钢. 123 快易网球训练营学创融合运营模式创新路径分析 [J]. 冰雪体育创新研究, 2023 (2): 26–29.

[161] 于文博. 大学体育运动训练课程改革分析 [J]. 科技资讯, 2012 (10): 202.

[162] 袁小芳. 健美操运动在全民健身中的推广与实施 [J]. 文体用品与科技, 2023 (1): 38–40.

[163] 张奥瑶,李林. 健美操、啦啦操若干相似运动表征的训练差异探讨 [J]. 文体用品与科技, 2023 (6): 111–113.

[164] 张宝禹,吴博,赵明旭,等. 武术散打运动员灵敏性测试研究 [J]. 武术研究, 2023, 8 (6): 29–33.

[165] 张俭. 新时代高校排球课程改革建设的发展对策研究 [J]. 体育科技, 2023, 44 (1): 135–137.

[166] 张路遥. 论大学体育文化在体育教学中的重大作用 [J]. 佳木斯教育学院学报, 2014 (5): 412.

[167] 张欣荣. 基于全民健身计划背景下体育舞蹈发展路径分析 [J]. 现代商贸工业, 2023, 44 (5): 87–89.

[168] 张业琳子，李小娟. 竞技健美操训练理论与实践创新研究 [J]. 冰雪体育创新研究，2023（3）：43-46.

[169] 张紫炫，刘伟校. 论情感表达在体育舞蹈中的价值 [J]. 当代体育科技，2023，13（1）：190-193.

[170] 赵旭昆. 健美操与高校体育赛事融合发展的路径研究 [J]. 文体用品与科技，2023（7）：178-180.

[171] 赵旭昆. 新时代背景下健美操产业化营销现状及策略 [J]. 文体用品与科技，2023（9）：85-87.

[172] 周红阳，唐茹. 全国武术散打冠军的时空分布特征及影响因素 [J]. 湖北体育科技，2023，42（5）：422-426.

[173] 周宏洋. 简析核心力量训练对体育舞蹈专业学生的影响 [J]. 文体用品与科技，2022（22）：145-147.

[174] 周雅竹，王振宇. 浅析武术散打进校园的发展策略 [J]. 冰雪体育创新研究，2023（10）：92-94.

[175] 朱海楠，王李楠. 大学体育文化建设现状及对策研究 [J]. 陕西教育（高教），2018（6）：5-6.

[176] 朱佳琪. 高职排球课程中思政元素的挖掘与融入研究 [J]. 辽宁高职学报，2023，25（6）：42-46.

[177] 邹强，房英杰. 浅谈离心训练对高山滑雪运动员肌肉力量的影响 [C]// 中国班迪协会，澳门体能协会，广东省体能协会. 第八届中国体能训练科学大会论文集. 第八届中国体能训练科学大会论文集，2023：1147-1151.

[178] 邹文超，穆涛. 大学体育教学中体育与心理训练融合的策略探究 [J]. 当代体育科技，2016，6（36）：49-50.

[179] MANUEL K, KARLHEINZ W. [Winter sports nation Germany-injuries in alpine ski racing and mass sports： Statistics and injury mechanisms in winter sports and current trends in sports science].[J]. Orthopadie（Heidelberg，Germany），2022，51（11）：920-928.

[180] ZHENG Y. Exploration of the connotation construction of university sports culture and its realization path[J]. BASIC & CLINICAL PHARMACOLOGY &

TOXICOLOGY，2021，128：125.

[181] LIU Q. Application Strategies of Football Games in College Sports Football Teaching[J]. Adult and Higher Education，2021，3（3）：417-425.

[182] PHIL K，XIANG Z，K J M，et al. Sun-safe behavior and perceptions during winter sports：an Austrian study based on the Theory of Planned Behavior.[J]. Psychology，health &amp；medicine，2022，28（2）：1-8.

[183] A H O，L P M. Winter Sports Issue.[J]. Seminars in musculoskeletal radiology，2022，26（1）：82-90.

[184] BENOÎT R，HUGUES B，TONY P. Injuries in Skating and Sledding Winter Sports：Patterns and Imaging Findings.[J]. Seminars in musculoskeletal radiology，2022，26（1）：1-2.

[185] MARINA C，AGRIS K G，JANIS V，et al. Measurement of ice friction and aerodynamic drag for sliding on ice：Faster sliding in winter sports[J]. MethodsX，2022，9：101899.

[186] CHAD C. Intercollegiate Athletics，Inc.：How Big-Time College Sports Cheat Students，Taxpayers，and Academics by James T. Bennett（review）[J]. Journal of Sport History，2021，47（1）：73-74.

[187] VALÉRIE B，JULIE T，LOUISPHILIPPE B. Serum and sputum MMP-9/TIMP-1 in winter sports athletes and swimmers：relationships with airway function.[J]. Biomarkers：biochemical indicators of exposure，response，and susceptibility to chemicals，2021，27（2）：21-29.

[188] SANG J Y，HOON D K. A Study on the Relationship between Guidance type in University Sports Culture class，Class Satisfaction and the Sports Continue Behavior[J]. Korean Journal of Sports Science，2019，28（2）：85-95.

[189] T E，C G，A B，et al. [Traumatic brain injuries in winter sports：An overview based on the winter sports skiing，snowboarding and ice hockey].[J]. Orthopadie（Heidelberg，Germany），2022，51（11）：929-938.

[190] A J D，D T K. TV Networks for College Sports：Implications for Institutional Subsidies.[J]. Research in higher education，2022，63（7）：41-46.

[191] CHRISTIAN D，THOMAS F，FLORIAN W， et al. On the black slope： analysis of the course of a blunt renal trauma collective in a winter sports region.[J]. European journal of trauma and emergency surgery ： official publication of the European Trauma Society，2021，48（3）：1-9.

[192] Ma Z. The Construction Research Of University Sports Culture Under The Background Of One Belt And One Road[C]//Research Institute of Management Science and Industrial Engineering.Proceedings of 2017 3rd International Conference on Economics，Social Science，Arts，Education and Management Engineering（ESSAEME 2017）.Atlantis Press，2017：267-271.

[193] MAARIT V，MATTI W，RAAKEL L， et al. Non-SARS-CoV-2 Respiratory Viruses in Athletes at Major Winter Sport Events， 2021 and 2022.[J]. Emerging infectious diseases，2022，28（10）：2096-2099.

[194] RODNEY F. College sports governance： "Amateurism" enforcement in big time college sports[J]. Economics of Governance，2022，23（3-4）：303-322.

[195] YUTONG Y，HAO S，CHENGHAO S， et al. Self-healing hydrogel with multiple adhesion as sensors for winter sports[J]. Journal of Colloid And Interface Science，2023，629（PA）：1021-1031.

[196] CHUAN M，YI T，FENGRUI Z， et al. Current Situation and Strategy Formulation of College Sports Psychology Teaching Following Adaptive Learning and Deep Learning Under Information Education[J]. Frontiers in Psychology，2022，12：766621.

[197] PENG F. To investigate the Sichuan Province University sports culture development and system innovation way[C]//International Research Association of Information and Computer Science.Proceedings of the International Conference on Information Engineering and Education Science.CRC Press/Balkema，2014：13-15.

[198] YI Y，SUN L. Characteristics Of Rehydration Knowledge And Attitude Of Elite Athletes In Chinese Winter Sports： 2545[J]. Medicine & Science in Sports & Exercise，2022，54（9S Suppl 2）：1.

[199] JOHN H，ALEXANDER G，ALEX D， et al. Winter sport musculoskeletal injuries： epidemiology and factors predicting hospital admission.[J]. European journal

of orthopaedic surgery & traumatology : orthopedie traumatologie，2022，33
（5）：1735–1743.

[200] JU X，WANG F. University Sports culture construction——comprehensive promotion
of extra–curricular sports activities among college students[C]//The Chinese Athletics
Association of Universities and Colleges.Proceedings of the Xi'an 2012 International
Conference of Sport Science & Physical Education Volume Ⅲ：Physical
Education and Health.World Academic Union（World Academic Press），2012：
344–347.

[201] JIANSONG W，YUXUAN X，YIPING B， et al. Risk assessment of large–scale
winter sports sites in the context of a natural disaster[J]. Journal of Safety Science and
Resilience，2022，3（3）：263–276.

[202] PAUL Z，JAN W，LUKAS Z， et al. Physiological Aspects of World Elite Competitive
German Winter Sport Athletes[J]. International Journal of Environmental Research and
Public Health，2022，19（9）：5620.

[203] FENGYU W，YITONG L，MAOHUA Z. Lessons from the Winter Paralympic Games
disclosing the epidemiology of winter sports injury in paralytic athletes： a meta–
analysis.[J]. BMC sports science， medicine & rehabilitation，2022，14（1）：
53.